小学班级管理

张永明　宋彩琴　主　编

图书在版编目(CIP)数据

小学班级管理/张永明,宋彩琴主编. —北京:北京大学出版社,2014.8
ISBN 978-7-301-24312-1

Ⅰ.①小… Ⅱ.①张…②宋… Ⅲ.①小学—班级—学校管理 Ⅳ.①G622.421

中国版本图书馆 CIP 数据核字(2014)第 118389 号

书　　　名：	小学班级管理
著作责任者：	张永明　宋彩琴　主编
责　任　编　辑：	于　娜
标　准　书　号：	ISBN 978-7-301-24312-1/G · 3830
出　版　发　行：	北京大学出版社
地　　　址：	北京市海淀区成府路 205 号　100871
网　　　址：	http://www.pup.cn　新浪官方微博:@北京大学出版社
电子信箱：	zyl@pup.pku.edu.cn
电　　　话：	邮购部 62752015　发行部 62750672　编辑部 62767857
	出版部 62754962
印　刷　者：	北京富生印刷厂
经　销　者：	新华书店

　　　　　　　　730 毫米×980 毫米　16 开本　17 印张　300 千字
　　　　　　　　2014 年 8 月第 1 版　2019 年 1 月第 3 次印刷

定　　　价：39.00 元

未经许可,不得以任何方式复制或抄袭本书之部分或全部内容。
版权所有,侵权必究
举报电话:010—62752024　　电子信箱:fd@pup.pku.edu.cn

前　言

在地方高校转型发展的背景下,教师教育专业招生的数量急剧萎缩,小学教育专业如何生存与发展,关键在于这个专业能否培养出基础教育发展所需要的高素质的小学师资。要把小学教育专业办成精品专业,教材建设是课程教学改革的核心内容之一。

班级管理,是学校管理的重要组成部分,班级管理的效率和质量高低,直接关系到学校教育目标的实现和学生素质的优劣。为此,我们在小学教育专业中开设《小学班级管理》课程,就是在培养学生教学能力的同时,注重培养他们的班级管理能力,并把能否胜任班级管理工作视为衡量师范毕业生是否合格的标准之一。在多年《小学班级管理》教学实施过程中,我们发现现有教材不理想:教材内容枯燥,脱离学生实际和小学教育发展的需要,尤其是缺乏适合本校办学层次和培养目标的小学班级管理教材等。因此,开发适合高职院校办学层次和培养目标的《小学班级管理》教材,是小学教育专业班级管理课程与教学改革的当务之急。

鉴于此,我们依据《教师教育课程标准》中关于小学教育专业教育类课程设置的要求,结合我校小学教育专业培养目标,认真研究高等师范院校教师教育专业班级管理教材的使用现状,深刻分析了现有小学教育专业班级管理教材的特点与不足,在充分汲取现有小学班级管理优秀教材营养的基础上,研究编写适合高职院校小学教育专业的班级管理教材——《小学班级管理》。力图使教材体系新颖、结构合理,内容充分反映时代特点及国内同类教材的优点,科学性、实用性和可读性有机结合,有助于提高小学班级管理的教学质量。

本教材的主要特点是将理论和实践有效地结合起来,以培养学生从事小学教育必备的班级管理能力和班队活动组织能力。每章以"教育写真"开始,每节引用案例,便于学生思考与讨论,每章结束后,安排课堂讨论活动和实践活动，为学生提供自由表达、质疑、探究、讨论问题的机会，让学生通过个人、小组、集体等多种实践活动形式，把自己所学知识应用于解决实际问题。教材内容科学合理，案例典型实用，体例设置丰富、灵活，新颖，与时俱进。

  参加本书讨论和编写的有张永明、李刊文、曾碧、马骊、宋彩琴、王莉萍、李莉环、何惠丽、周恩成、张建东等老师。具体编写分工如下：前言张永明执笔，第一章张永明执笔，第二章王莉萍执笔，第三章宋彩琴执笔，第四章马骊执笔，第五章何惠丽执笔，第六章宋彩琴执笔，第七章周恩成执笔，第八章曾碧执笔，第九章宋彩琴执笔，第十章张永明执笔。全书由张永明负责统稿。

  本书编写得到许邦兴、蒲向明、李刊文等教授的指导与支持，天水师范学院教育学院李刊文教授审阅了全稿。北京大学出版社的领导和编辑对本书的编写与出版给予了热情的鼓励和支持。本书在编写过程中参阅和引用了大量其他研究人员的成果。在此，我们一并表示深深的谢意。

  本书只是编写小学班级管理教材的一种尝试，由于编写者认识水平的局限和专业理论水平的限制，这种尝试一定存在诸多缺漏与遗憾，我们恳请同行提出宝贵的意见。

编写组
2014 年 5 月 10 日

目 录

第一章 小学班级管理工作的产生与发展
——走向"班主任专业化" ········· 1
第一节 小学班级管理的产生与发展 ········· 2
第二节 我国班主任制度的历史沿革及发展趋势 ········· 9
第三节 当前我国班主任工作面临的主要问题 ········· 13
第四节 走向"班主任专业化" ········· 18

第二章 小学班级管理的目标
——提升生命质量 ········· 24
第一节 小学班级管理的功能 ········· 26
第二节 小学班级管理目标的内容及实现 ········· 35

第三章 小学班级管理中的学生和班主任
——师生享有内在的生命尊严 ········· 52
第一节 小学班级管理中的学生 ········· 53
第二节 小学班级管理中的班主任 ········· 69

第四章 小学班级组织建设
——走向学习共同体 ········· 85
第一节 班级组织建设概述 ········· 88
第二节 班级学习共同体的构建 ········· 95
第三节 优秀小学班集体形成的标志 ········· 109

第五章 小学班级日常管理
——学生发展的有序与有效 ········· 120
第一节 小学班级日常行为管理 ········· 122

　　第二节　小学班级环境管理 …………………………………… 126
　　第三节　学生发展指导 …………………………………………… 133
　　第四节　小学班级日常管理中的奖惩 ………………………… 142

第六章　小学班级活动管理
　　——焕发学生生命活力 …………………………………………… 147
　　第一节　小学班级活动管理概述 ……………………………… 148
　　第二节　小学班级活动的形式与组织 ………………………… 162

第七章　小学班级文化管理
　　——充满成长气息 ………………………………………………… 182
　　第一节　小学班级文化概述 …………………………………… 184
　　第二节　小学班级文化管理的原则与策略 …………………… 190

第八章　小学班级偶发事件的管理
　　——教师生命智慧的显现 ………………………………………… 198
　　第一节　小学班级偶发事件概述 ……………………………… 200
　　第二节　处理小学班级偶发事件的原则与方法 ……………… 204
　　第三节　小学班级管理中偶发事件的应对 …………………… 210

第九章　小学班级管理过程中学校与家庭、社区的合作
　　——班主任工作精彩、轻松、有效的秘诀 ……………………… 217
　　第一节　学校与家庭的合作 …………………………………… 219
　　第二节　学校与社区的合作 …………………………………… 233

第十章　小学班级管理中的学生评价
　　——不只为过去，也是为未来 …………………………………… 243
　　第一节　小学班级管理评价的意义、内容与原则 …………… 245
　　第二节　小学班级管理评价的主要方式 ……………………… 249

第一章

小学班级管理工作的产生与发展
——走向"班主任专业化"

 内容提要

班级管理与班主任工作是班级管理课程中两个最基本的范畴。本章在解析小学班级管理的产生与发展基础上,论述了我国小学班主任制度的历史沿革及当前我国班主任工作发展的现状;最后分析了我国班主任工作面临的一些问题与挑战,提出了我国中小学班主任工作范式的转型路径——从"业余班主任工作"走向"班主任专业化"。

 学习目标

1. 了解小学班级管理的产生与发展趋势。
2. 了解我国小学班主任制度的历史沿革及班主任工作的发展趋势。
3. 分析我国小学班主任工作面临的挑战。
4. 如何理解"班主任专业化"。

 教育写真

"熟悉不熟悉班主任工作制没什么大不了"[①]

某一天,看到张老师正在阅读一篇关于班主任工作制探讨的文章,刘老师便和张老师说:"看这东西有啥用?你熟悉不熟悉班主任工作制没什么大不了!"

面对质疑,张老师笑着回答:"做班主任,应该了解自己的岗位是怎么来的,要

---

① 李爱玲.让班级成为孩子温馨的家[J].班主任之友,2007(5).

不然,我们的工作在起点上就存在价值观模糊的嫌疑。另外,了解了整个班主任工作的发展历程后,我们可以分析每一个发展时期岗位设置的利弊得失,在今后的班主任工作改革中有所借鉴。另外,'班主任'这个岗位带有明显的中国化的特点,它和国外的学生管理岗位有什么异同?是不是应该取人之长,补己之短呢?"

由于观点不同,刘老师和张老师在办公室里对这一个问题争论了很长时间……

应该说,在中小学,有像刘老师这样认识的班主任或任课教师为数并不少,他们普遍认为,描述中小学班主任工作制的文字是纯理论性的,跟自己的日常实践没有什么直接联系,没有必要去阅读。

既然在实践中存在着争论,而且观点还是针锋相对的,那么,在这场激烈的争论中,到底谁的观点更合理呢?难道对中小学班主任工作熟悉与否真的不重要?熟悉中小学班主任工作制又有何益处呢?要弄清楚这个问题,还得从班级管理的产生与发展说起。

第一节 小学班级管理的产生与发展

班级管理活动是班级教育目标得以实现的条件,同时也是班级目标实现的途径。班级群体包括不同的群体成员,成员之间的需要、兴趣以及能力等的差异,导致班级成员行为上的不同。班级作为一种正式群体,有其共同的目标,为了实现班级的目标,就需要对班级这个社会组织进行有效的管理。但班级与班级管理不是自古就有的,而是教育发展到一定历史阶段才产生的。

一、班级管理的产生

(一)原始教育形态下的学生教育与管理

在原始社会初期,由于社会生产力低下,教育还没有能力从社会生产中分离出来,也就没有独立的学校和专职的教育工作人员,更没有严格意义上的"学生教育与管理",这时的"学生教育与管理"活动是依附在生产与生活实践活动中,并不正规地进行的。"学生教育与管理"内容是原始人根据生产、生活的需要,由父母或部落中的长者凭长期积累的生活经验总结出来,形态比较单一。儿童或是接受父母或长者的教育,或是在生产与生活实践中通过观察模仿接受教育。

到了原始社会后期,社会生产力发展了。当剩余产品达到一定的富足程度时,私有制便产生了。私有制的产生决定了社会成员之间的不平等,这种来自社会的客观力量决定了原始人的人际关系需要用一定的规范和行为准则来调节。于是,相对正规意义上的社会道德产生了。后来,由于社会不平等的加剧,人类社会产生了阶级,德育也随之具有了阶级性。教育便逐步从生产、生活实践中分离出来并成为独立的社会部门,专职的教育工作人员也就有产生的可能了。

(二) 个别授课制时期的学生教育与管理

在奴隶社会和封建社会,中外各国都出现了早期的学校(私学或官学),普遍采用个别教学形式。这时的学生教育与管理是借助一个教师进行的:在一间房子里聚集着一群年龄有差别、知识积累程度不一的学生,由这个教师逐一地对每一个学生进行有差异的教育与管理。这时,一般没有固定的学制,更没有学期与学年的划分。因此,学生入学也是随机进行的,而毕业与结业也随时进行。学生的教育与管理主要是通过师生间的谈话、问答、讨论和教师示范等方式进行,教育者往往依靠自己的教育经验对学生进行教育和管理。比如,春秋末期,孔子创立儒家学派,并开设了私学,冲破了学术官守的局面,使教师成为一种专门职业。后经孟子、荀子等人的发展和充实,成为此后儒家教育的基本模式。再比如,14世纪,牛津大学率先实行导师制。导师是学生所选专业方面的学者,他负责指导学生的学业和品行。通过导师制,把学生的学业发展与个性发展、生活价值观教育等结合起来。今天的班主任的有些使命与"导师制"中导师的部分职能基本相同。

(三) 班级授课制时期的学生教育与管理

资本主义工业生产的发展,要求学校扩大教学规模,增加教学内容,加快教学进度,提高教学效率,班级授课制便应运而生,班级已成为了学校教育活动的基本单位。"班级"中的"班"是指一群人,"级"说明学生的成长程度。这为"班主任"的产生提供了制度可能。学生在固定的班级接受内容相对固定的教育,需要有人具体组织实施。这位教室内的工作人员便是后来的"班主任"岗位设置形式之一。

班级授课制是社会教育发展到一定历史阶段的产物,班级管理随班级授课的产生而产生,随师生结合方式的改变而发展。捷克著名教育家夸美纽斯在总结16世纪新旧各教派所兴办的学校中实行班级授课的初步经验的基础上,提出并全面系统地论述了班级授课制度。

夸美纽斯在《大教学论》(1632)中,首次系统地论述了"班级授课制"的基本问题,相应地,他也第一次论述了关于班级学生教育与管理工作的基本理论,为中小学班主任工作理论的建构进行了奠基。1650—1654年,夸美纽斯应邀在匈牙利主持泛智学校,进行教育改革,期间,完成了《泛智学校》《一个有秩序的学校的准则》等教育著作。① 他在《泛智学校》中对学校教育与管理进行了理论设想:给每个班指派固定的教师,由一个教师对全班的学生进行教学。而且,教师应当站在教室中适当位置,使他能看到所有的学生,而且能被所有的学生看见。② 他在《一个有秩序的学校的准则》一书中,又系统地从25个方面比较全面地论述了学校管理问题:"关于学校全体成员工作和纪律的规定""关于操行的规定""关于学校纪律的规定""关于学生的规定""关于教师的规定"等。另外,夸美纽斯还提出了以下几种班级教育与管理的方法:尽早开始正面教育、从行动中养成道德行为习惯、榜样、择友、教诲和规则。③

为了提高教学的效能,与学年制班级相配套,夸美纽斯选定了一套比较完整而严密的考试制度。学校的考试分为以下六种:(1)学时考查。由任课教师主持,在每节课上都进行考查。这种考查有时是观摩学生学习是否专心,有时是通过提问进行检查。如请重复我刚才讲的是什么,你是如何理解的,等等。(2)学习考查。由小组长主持,每天学校全部课程结束后,组长与其组员一起复习,检查一下所做的事情,组长应力求使小组的成员熟练掌握已经正确理解的材料。(3)学周考查。每周六午休时,学生自己对自己进行考查,提倡进行互换名次的比赛,任何一个名次比较低的学生有权与本组名次比较高的学生进行竞赛,甚至可以跨组竞赛。如果后者比赛失败,就应当让位给对手,改为低名次;如果没有失败,则保持其原来的名次。(4)学月考查。每月一次,由校长每月视察各班一次,进行严格的考查。(5)学季考试。由学校某一班主任与校长一起主持,以便了解谁的记忆力、语言表达能力更强些,作为公开表彰的依据。(6)学年考试。这是最重要、最隆重的一次考试,在学年结束时举行,学校各方面的负责人参加,全校的学生集中在操场上,通过抽签对学生进行口头上的检查和考试。这次考试将决定每位学生是否能升级。

从以上夸美纽斯所论述的这套考试制度来看,它并不完全是现代意义上的考试制度,只是一种非书面的检查学习的方法,它缺乏考试的规范化性质,但是,它把

---

① [捷克]夸美纽斯.大教学论[M].傅任敢,译.北京:教育科学出版社,1999:257.
② 任钟印.夸美纽斯教育论著选[M].任宝祥,等译.北京:人民教育出版社,1990:246.
③ [捷克]夸美纽斯.大教学论[M].傅任敢,译.北京:人民教育出版社,1984:183.

第一章 小学班级管理工作的产生与发展

对学生学习任务的检查作为学校工作中的一项内容,时刻关心学生的成长,从每天、每节课抓起,这对教学质量和教学效果的提高无疑是一种好的管理方法。同时,也显现出了对学生教育和管理的功能。

在教师的职责规定方面,要求每位教师应该给自己提出本班的目标和任务,并且要十分熟练,然后根据它来安排一切活动。在教学中,教师首先应该教给学生最必需的东西——笃信宗教,然后是待人接物方面的美德,最后才是生活的外部装饰品——科学知识。教师在道德培养方面要通过多种练习和介绍,培养学生的劳动能力,使学生渴望参加劳动。教师不仅在表面上,而且在事实上是他们教育学生要养成的各种美德的活生生的楷模,教师必须像父亲一样对待学生,真诚地希望他们取得成就,仿佛教师就是学生精神成长方面的父亲,因此,他们应该更温厚地而不是严厉地去做这一切。

小组长是十人集体的管理者。小组长具有以下管理职责:在校内,他在智慧、德行、虔信三个方面对学生进行管理,如在朗读、书写或做其他练习时,小组长要检查每一位组员的学习情况,主持每天的学习考查;在校外,小组长要注意同学是否有礼貌,保证每位学生认真地祷告。

对学生行为提出以下准则:在家教方面,每个学生应该真心实意地敬畏上帝,不做违背上帝旨意和自己良心的事,认真地祷告;在德行方面,学生应尊敬教师和小组长,与同学友好相处,保持身体和衣着的清洁和整齐,行为要符合礼节,与人交谈时要谦虚;在智慧方面,要求学生聚精会神地听讲和思考,对每周的考查应该做好充分的准备,拉丁语学校中的学生在校内都应用拉丁语交谈。

夸美纽斯非常重视纪律在班级管理中的作用,他认为班级没有纪律就无法正常有序地工作。维护纪律的办法有三种:一是不断地监视;二是谴责;三是惩罚。班级内无论谁都不得有任何破坏规章制度的行为。一旦出现了过失,则要根据过失的轻重程度给予惩罚。惩罚分合理的训斥、用树条赤身抽打和开除。在处罚中,要做到既严格、又温和,以利于错误行为的纠正。可见,那时的班级管理方式主要是倾向于专制式的管理。

二、班级管理的发展

在漫长的欧洲中世纪和中国封建社会时期,学校教育的目的是期望把受教育者培养成传承宗教思想和封建统治思想的工具。在那种状况下,学生作为"人"的自主性被剥夺,甚至受到"非人"的待遇,如体罚等。因此,那时的班级管理方式是专制式的、非人道的。

18世纪法国启蒙思想家卢梭不但对传统教育提出了有力的挑战,而且表述了关于教育对象的新构想。他指责当时的种种"智慧"都是"奴隶的偏见",人们受到自己习惯的奴役、折磨和遏制。"文明"人在奴隶状态中生,在奴隶状态中活,在奴隶状态中死。教育也成为奴役、折磨和遏制人的过程。他认为教育的三要素(称之为"三种教育")中,"人的教育"(教育者有目的的活动)、"事物的教育"(教育资料)都应配合所谓"自然的教育"(受教育者才能和器官的发展),这叫做"遵循自然"。①卢梭实际上把教育对象置于教育过程的中心地位,把教育过程变成自我教育的过程。卢梭认为,应该使一个人的教育适应这个人,而不是要去适应他本身的东西。这样,就相应地改变了传统的教育中教师的职能,他说,问题不在于要他去拿些什么东西去教导孩子,而是要他指导孩子怎样做人,他的责任不是教给孩子们以行为准绳,他的责任是促使孩子们去发现这些准绳。

卢梭认识到教育对象在教育过程中的主体地位,堪称关于教育对象的又一发现。这一发现对后世产生了深刻影响,成为20世纪初"儿童中心主义"的思想支柱,这一时期教师在教学过程中所采取的管理方式倾向于一种放任式的管理。教师的作用从原来的直接传递知识与价值观转变为从"旁"助成受教育者学习知识与形成价值观的自主活动。在这个转变过程中,对学生的管理方式由"纪律"的管理变成了"自律"的管理。从这里也能看出管理职能在不同时期的改变。在受教育者处于半人身依附关系的教育情境中,管理甚至成为教育者的主要职能。所谓"严师出高徒""教不严,师之惰"。"严"与"不严"都属管理问题。把教育成败的原因归结为"严"或"不严",可见在那种教育情境中管理职能的重要。到了近代,管理只是作为教育活动顺利进行的条件而成为教育者的派生职能。即使从经验上承认"管理也是教育",也只是从把它作为教育活动条件的意义上承认这种经验,或者说,在不严格的"教育"意义上承认这种经验。

三、班级管理的发展趋势

随着现代教育管理思想与理念的发展,传统的以"德育""教学"为中心的班级管理模式的局限性愈加凸显,表现在其忽视学生的主体性,并把学生视为"被控制者"。现代教育的核心理念是以学生发展为本,从而以学生发展为本的班级管理模

---

① [法]卢梭.爱弥儿[M].李平沤,译.北京:商务印书馆,1978:96.

式也应成为时代的主流,作为班级管理的主要组织者——班主任的影响力、管理方式都将发生重大变化。

(一) 班主任影响力的大小将由传统的权力性影响向非权力性影响过渡

班主任是班级社会体系中的领导者。其领导作用尽管不表现在对班级根本目标的预定上,但这一目标要靠班主任的具体工作来完成,而且在目标限定的范围内,教师也可以独立采取有一定创造性的行为以影响整个班级。班主任是班级的主要影响来源,他的行为影响着班级的人际关系和班级气氛。一般来说,班主任对学生的影响可分为权力性影响和非权力性影响。权力性影响是指由于社会赋予班主任的权威观念和班主任的资历而对学生产生的强制性影响,而非权力性影响则指由于班主任的知识、能力及个人品格、情感对学生产生的自然性影响。心理学家通过实验得出这样的结论:如果班主任具有渊博的知识、较强的能力、高尚的品格、丰富的情感,那么,在班级中极易形成民主、平等的人际关系,班级气氛良好,学生学习质量高,道德观念也会有很好的发展。随着社会的发展,在班级管理过程中,班主任的非权力影响力将越来越占有重要的地位。

(二) 班主任的管理方式将由过去的"专制式""放任式"管理向民主式管理过渡

从管理方式上看,存在专制式管理和放任式管理两个极端,在这两极中间又区分出多种中间的形式。完全的专制式管理和完全的放任式管理是很少见的,只不过更倾向于哪一端而已。从历史上看,传统教育过程中,在班级管理上多倾向于采取专制式的管理。这种专制式的管理方式不仅影响了师生之间的正常关系,也使学生的身心发展受到阻碍。追求民主化的管理方式无论在国内还是国外,都将成为一致的目标。当然,这不仅需要班主任转变自己的管理观念,还要相应地提高自己的管理能力和水平以适应这种管理的方式。因此,这将需要一个探索过程,但毕竟已成为一种必然的趋势。

(三) 在班级管理中注意发挥学生自我管理的功能

学生自我管理是指学生在班级中自己管理自己。注重发挥自我管理的功能,但不是完全实行自我管理,因为学生的自我意识、自我管理能力毕竟还没有发展到一定的程度。学生自我管理能力是通过学校组织有目的的训练和实践活动获得的。

从班级组织的功能来看,班级为学生自己管理自己提供了一个基本活动的舞台。班级组织是社会组织的雏形。在班级中,有一定的层次和分工,学生干部和其他成员有机地结成一个整体,班干部在班级自我管理的实践中,增强了民主作风,学生在班级管理中强化了民主意识。他们是班级的主体,不是消极地执行任务,而是参与组织决策、分工、沟通,学习怎样服从集体的领导和遵守群体规范,学会怎样控制自己的行为,学会对人与事的正确评价和总结等社会行为。学生在完成任务和参与组织活动的过程中体验了自己所处的地位,认识了领导者和被领导者的权利和义务。总之,班级中实行自我管理,能够促进学生多方面才能的发展,如学生组织能力、理解能力和社会活动能力等的发展。因此,在今后的班级管理中,将进一步强化学生的自我管理作用。

 案例1-1

A:分粥的启示

有七个人住在一起,每天分一桶粥。困难的是,每天粥量都是不够的。一开始,他们抓阄来决定分粥顺序,每天只有一个人有分粥的权力。于是乎每周下来,他们只有一天是饱的,就是自己分粥的那一天。后来他们开始推选出一个道德高尚的人来分粥。有强权就会产生腐败,大家开始挖空心思地去讨好他、贿赂他,搞得整个小团体乌烟瘴气。然后大家开始组成三人的分粥委员会及四人的评选委员会,互相攻击扯皮下来,粥吃到嘴里全是凉的。最后想出来一个方法:轮流分粥,但分粥的人要等其他人都挑完后拿剩下的最后一碗。为了不让自己吃到最少的,每人都尽量分得平均,就算分得不平均,也只能认了。大家快快乐乐,和和气气,日子越过越好。

B:换座一次

魏老师从南方讲学回来,刚走进教室要给学生上课,学生呼啦啦动起来,几位同学搬桌椅把魏老师挤靠在一边,魏老师刚开始还不知怎么回事,见同学将桌椅搬到走廊里了,才恍然大悟:"今天是星期一,按班规班法,每周一语文课第一个节目就是换座。"同学们是在依法办事,用不着老师说换座还是不换座。换座完毕,值日班长宣布:"今天换座用了55秒,正常。"原来学生换座可不这么快,他们经过讨论制定了换座的程序,谁搬什么,怎么搬,按什么顺序搬,都做出了具体规定。这样不仅节省了时间,也使同学们感到换座是一件既紧张又有趣的一件事。①

---

① 谢世腰.课堂管理与班级管理[M].西安:陕西师范大学出版社,1996:148.

案例分析:上述案例 A 充分体现了管理的价值与作用。同样是七个人,不同的组织形式,不同的分工,不同的运作方法,就产生了不同的结果,甚至形成不同的集体风气。人,还是那么多的人,粥,也还是那么多的粥,管理得好,就会"快快乐乐""日子越过越好"。否则,不是不均,就是粥凉。这个故事"纯属虚构",但现实中有没有"雷同"呢?可以肯定地回答,不但有,而且十分普遍。

案例 B 是著名教育家魏书生班级管理的精彩片段。从这个案例可以看到魏老师的管理才能。在魏老师的班里,不仅是换座,还有收书费、交作业等,都讲究效率,而高效率是从高质量的班级管理中得来的。一个好的班集体,和谐融洽,人人上进。在这样的班级里,基础好的孩子更加优秀,基础差一点的孩子也被环境"熏陶"得奋起直追。相反,在一个"乱班",好学生能好下去真的不容易,更别说基础差、有问题的学生了。那么,"好班"和"乱班"的差别是怎样产生的?究其根源,差别就在班级管理上。

第二节 我国班主任制度的历史沿革及发展趋势

作为班级管理的主要组织者——"班主任",是现当代学校教育形态中随着班级授课制传入国内而产生和设置的一种岗位。经过多年的发展,国内的中小学班主任工作制从无到有逐步建立、完善起来,班主任工作也成为我国中小学的重要教育力量。进入当代以后,中小学班主任工作的改革曾一度出现了价值模糊和实践迷茫,而当前班主任工作改革又呼唤专业自主的内涵。因此,非常有必要探讨其来龙去脉与存在理由。

一、我国班主任制度的历史沿革

1. 古代的"师儒训导制"

中国古代的学校教育自诞生以来,一直以"明人伦"为职责,无论是私学还是官学,大多采用个别教学形式,没有进行编班分组或分科教学,自然也就谈不上所谓班主任了。

班级授课制固然是班主任制度赖以建立的基础,班级授课制的主要任务是智育,班主任制的基本任务是训育。中国的传统教育素有"道德中心"的特质,首重训育是顺理成章的。

春秋末期,孔子以"吾从周"为志向,创立儒家学派,并开设了私学,冲破了学术官守的局面,使教师成为一种专门职业,并以"修身"或"成己之仁"作为教育的要务,师儒训导制由此奠基,由此孔子不仅重"管教",更重"管导",且以严己宽人、以身作则、内省外察等作为育人的原则。虽然当时是个别授课制,但从管理功能上可视为班主任制的渊源。后经孟子、荀子等传人的充实,成为此后儒学教育的基本模式。

汉代为皇子教育而建立的"师保傅制",其中的太傅、少傅即是专责训育的。隋唐以后,最高学府国子监中皆设"监丞"一职,而府、州、县学又专设"训导"一职,其职责即专事训育。明清国子监中又专设"绳愆厅",由监丞主其事,训育职能愈益强化。

2. 中国的"级任教师制"和"导师制"

(1)"级任教师制"

1862年京师同文馆正式创立,并首次采用了编班分级的授课方式,使班级授课制得以移植。当时国文馆设正提调2名、帮提调2名,对学生进行管理,正提调可以不"逐日到馆",而帮提调必须"轮班在馆管理一切",如"文移稿件""学生画到"等。虽然帮提调的管理对象是同文馆全体学生,但其责与班主任之职已有许多相同之处。

1878年,张焕纶所创办的正蒙书院(后改名为梅溪学堂)被认为是中国近代第一所新式小学。正蒙书院是我国普通教育采用班级授课制的开端,将学生分为数班,每班设一班长,每斋设一斋长(每学科的负责人),斋长上有学长。"学长、斋长、班长"呈金字塔形垂直监督并统一于教员,今天的班主任工作制与这种学生组织管理体制在工作流程上基本相似。

1904年1月13日,《奏定学堂章程》(癸卯学制)颁行,其中规定,小学"各学校置本科正教员一人""任教授学生的功课,且掌所属之职务"。就实质而论,此乃学级制的肇端。在同年颁布的《各学堂管理通则》中,又规定各校设"监学"或"舍监",专责学生管理。1919年"五四"运动后,学监制改为训导主任制。1922年,《壬戌学制》颁行后,中学实行选科制。1927年国民政府成立后,明令中学废止选科制,从而为采用级任制铺平了道路。1932年12月24日,国民政府颁布《中学法》,明确规定中学实行级任制。级任教师负责一个学级的主要课程的教学和组织管理工作。由于当时的学校规模较小,一个学校往往只有一个班;而若有多班,则相应配备多个级任教师,因此级任教师与班主任已是名异实同了。

(2) 导师制

1938年3月28日,中华民国政府教育部颁发《中等以上学校导师制纲要》,将级任制改为导师制,在《中等学校导师制实施办法》中规定:"各校应于每级设导师一人,由校长聘请专任教员充任之。""各级导师对于学生之思想行为学力及身心,均应体察个性,依据训育标准表之规定及各校教导计划,施以严密之训导,使得正常发展,以养成健全人格。""训导方式除个别训导外,导师应充分利用课余及例假时间,集合本级学生谈话会、讨论会、远足会、交谊会以及其他有关团体生活之训导。"导师负责班级管理领导工作,这无疑与班主任更为接近了。

3. 中国共产党领导下的"班主任制"

与此同时,在中国共产党领导的老解放区则最早使用"班主任"这一名称。1934年《中华苏维埃共和国小学制度暂行条例》中即规定:"每班设主任教员一人,一班学生在四十名以上者,得增设助教员一人。"在1942年绥德专署教育科的《小学训导纲要》中,强调教导合一时,提到了"班主任"这一名称。《小学训导纲要》中说:"实行教导合一制,必须加强班主任的责任,否则教导主任就忙不过来。"①

1949年7月21日,《陕甘宁边区政府关于目前新区国民教育改革的指示》中说:"废除训、教分立制度,实行教导合一,这一原则从两方面实施:(1)教师不只教书而且要参加具体的指导工作;(2)组织上训育与教务统一。在学校组织上(适用于完小)校长下设教育主任。取消级任导师,班设主任教员。"②中华人民共和国成立后,也曾一度在中小学设级任主任,后又撤销级任主任,设班主任。1952年3月18日,中华人民共和国教育部颁发《小学暂行规程》和《中学暂行规程》,其中规定:"小学各班采取教师责任制,各设班主任一人,并酌设任科教师。""中学以班为教学单位……教员人数每班以二至三人为原则……每班设班主任一人,由校长就各班教员中选聘。"③自此以后,班主任制在中小学教育中普遍施行。

考虑到班主任工作的特殊性和艰巨性,1978年正式实行了班主任津贴制度。1979年,教育部、财政部、国家劳动总局颁布了《关于在全国普通中学和小学公办教师中试行班主任津贴的通知》。1980年,教育部公布了《关于在中等专业学校、盲聋哑学校班主任中试行津贴的通知》。1981年,国家劳动总局颁发了《关于技工学校试行班主任津贴的通知》。至此,班主任津贴制度得以全面建立。

---

① 陕甘宁边区教育资料(小学教育部分上)[M].北京:教育科学出版社,1981:277.
② 陕甘宁边区教育资料(教育方针政策部分上)(下册)[M].北京:教育科学出版社,1981:576-577.
③ 中国教育年鉴1949—1981[M].北京:中国大百科全书出版社,1984:727-731.

党和政府对班主任所付出的艰苦劳动,总是给予崇高的评价。1960年我国召开了第一次全国文教群英会,不少班主任受到表彰。1984年又专门召开了全国优秀班主任发奖大会,共有2914名优秀班主任受到表彰。1988年8月10日、20日国家教委相继又颁布了《小学班主任工作暂行规定》和《中学班主任工作暂行规定》。这些规定明确了班主任的地位、作用、任务、职责、方法、任免的条件、待遇与奖励、管理等内容。这既进一步表达了党和政府对班主任工作的重视,又预示着班主任制将进一步得到巩固和完善。自此,我国班主任工作制的建设稳定下来,后走上了健全完善的发展道路。

随后,班主任工作制的建设完善的步伐愈加紧凑。比如,1998年国家教委颁布的《中小学德育工作规程》规定:"中小学校要建立、健全中小学班主任的聘任、培训、考核、评优制度。各级教育行政部门对长期从事班主任工作的教师应当给予奖励。"2006年8月,教育部制定的《全国中小学班主任培训计划》规定:"从2006年12月起,建立中小学班主任岗位培训制度。今后凡担任中小学班主任的教师,在上岗前或上岗后半年时间内均需接受不少于30学时的专题培训。"这份计划赋予了"班主任"这一岗位以专业形象,标志着我国中小学班主任工作制度在历经多年的发展后基本完善起来了。

二、新时期班主任工作的发展趋势

由于基础教育改革进程的加快和信息社会对基础教育的巨大冲击,我国的中小学班主任工作面临着前所未有的挑战和压力。为此,我们应该为21世纪的中小学提供什么样的班主任工作制度?换言之,中小学班主任工作将向何处发展?回答这些疑问,需要我们基于传统,在继承、发展中寻求创新。

1. 班级设置的基本要求日趋生态化

由于我国的基础教育负担重,现在还没有找到一种能够取代班级授课制的更好的教育形制。因此,班级授课制符合我国的国情需要,仍然是学校教育的主要形式。尽管同龄性原则仍将是班级设置首先要关注的生理学、心理学依据,但班级设置更要考虑卫生学、生态学、社会学等多方面的制约因素,使教室空间与学生人数有一个符合生态学要求的数量对比关系,这样既能最大限度地发挥教师、班主任的影响力,更能提高学生的在校学习生活质量。

2. 班级教育的组织形式日趋多样化

随着教育个性化时代的到来,未来的班级教育组织形式将更加丰富多样,使得

不同的学生个体在其原有的基础上都能得到及时、有效的发展。这些组织形式有：学校将更多地考虑按学生的兴趣、现有能力和学业成绩编班；适合学生需要的分组进行教育的组织形式将普遍实现；固定的班级可能会改为富有弹性的学级编班，班级编制将趋于小型化；走班制、分层制等更加开放的教育组织形式也将日渐增多。

3. 班主任的个体水平要求日趋专业化

当前，对中小学班主任的基本要求是，整个班主任群体具备基本的工作能力，都能称职地履行其工作职能。但是，由于学生获取信息的渠道、机会的增多，加之接受能力在一些领域比成年人快，他们的成长需要越来越多元，这对班主任的素养提出了更高的要求。另外，社会阴暗面对学生的负面影响也随之涌来，教育现象、学生成长热点与难点层出不穷，这对班主任的专业素养也提出了巨大挑战。从这两个意义上讲，班主任的个体水平要求将日趋专业化。

4. 班主任工作的内容日趋多元化

班主任的工作内容将不再局限在学校之内，很多来自社会、家庭的工作事务将更多地出现在当代班主任的工作内容中。另外，学生受教育的时空不再只局限于学校内、社区内，走进社会受教育的机会将不断增多，这也在一定意义上使班主任的工作内容多元化了。

5. 班主任工作的方式日趋信息化

由于信息技术的普及，网络、多媒体等多种现代化的技术手段将大规模地走进班主任的工作时空，"家校通""班级网页""电子信箱"等信息化特点明显的工作方式将被班主任熟练使用。由于这些工作方式方便、快捷、经济、实用、易操作，原有的谈话、书信联系、家访等工作方式将受到很大的冲击。①

第三节　当前我国班主任工作面临的主要问题

中小学班主任工作属于典型的实践教育学的研究范畴，中小学班主任也有着共同遵守的一些价值观念和推进工作的具体要求，因此有自己明显的实践与研究

---

① 王立华.班主任专业化的困境与实践路径[J].人民教育，2008(6).

范式,而现实的班主任工作实践与研究却处于价值定位有失偏颇、实践徘徊的不良状态,存在深层次的范式危机。①

一、班主任工作的价值定位偏离本真

1. 班主任工作的目的和定位背离本真

中小学班主任工作的真正目的是为了学生的全面发展,所有教育与管理工作都要服从这一目的。但高考正式恢复后,由于学校和家庭对学生升学要求的渴望不断加大,班主任的工作压力也随之不断增大,应试教育的追求让班主任工作的目的和定位"天经地义"地发生了转变:班主任工作是服务于学生的学习生活的,一切工作以学生的学习成绩的提高为努力的重心,其他任何工作不能影响学习成绩的提高。于是,群体性地提高学生的学习成绩自然就成了班主任工作的目的指向所在,这样就迷失了班主任工作的真正目的。工作目的和定位都出现了背离本真的尴尬,班主任工作的改革自然会出现摇摆不定的局面。

2. 班主任工作的价值取向失之偏颇

进入20世纪80年代以后,中小学班主任工作得以加强,价值取向自然定位在培养"四有新人"的社会主义教育的总目标下。按照这一目标的要求,班主任要把学生们都培养成一个高标准的人,这种远景性目标从理论上似乎体现了对学生的人生价值的终极关怀,但却漠视了学生个体的自我生命意义的实现。另外,目标中的价值取向更多的是对学生的精神生命的生成,看重的是对学生的思想品德塑造的完成,使学生的个体人格的独立和精神自由的权利被轻视或贬低,而这势必会突出班主任的教育作用。过分强调一个系统中的某一要素,自然会让整个系统出现不和谐的状态。

二、班主任的资格取得与任命随意性大

在传统的班主任工作格局中,班主任的人选产生是学校在综合平衡任课教师在各班的分布情况后指定的,这样的资格确定不是经过一定的专业培训,达到某种素养水平后取得的。因此,被指定的班主任不一定具备实际的班主任工作素养,只是在现有的教师群体中,被选中的教师更适合做班主任。在学科教师群体中产生的班主任,其主要职责仍是学科教学。而在实际工作中,班主任的合理资格被学校

---

① 王立华.班主任专业化:工作范式的转型[J].教育管理,2007(3).

第一章　小学班级管理工作的产生与发展

和学生认可的一般逻辑是首先进行学科教学,然后才能推进班主任工作。这样,必然导致班主任的岗位设置带有"兼职"和"业余"的明显特点。

三、班主任工作没有专业尊严

班主任工作的专业地位得不到认可,没有专业尊严突出体现在三个方面:学科建设进程缓慢、对班主任的物质肯定不够、对班主任的精神鼓励过少。

尽管在中小学阶段班主任工作起着至关重要的作用,但班主任工作的学科建设却未受到重视。在高等师范院校,"班主任工作"只是当做一门选修课来开设的,有的学校、院系甚至连开也不开,因此"班主任工作"的学科建设自然不会像其他学科那样正常发展了。另外,基于推进工作缺乏一定的载体和着力点的考虑,一些科研院所自然也不会把班主任工作的学科建设纳入视野的。而中小学阶段的各校,又没有能力承担起学科建设的重担。因此,上述三个方面的因素导致了国内"班主任工作"学科建设的任务落到了有志于此研究的个别高等院校的教师、科研院所的研究人员身上,学科建设形不成规模,自然进展缓慢。

一段时间内,班主任的工作价值没有任何物质形式上的肯定,后来班主任工作的津贴是每个月几元到几十元(可能部分条件优越的学校还有其他补助)。这一补贴现状,到目前为止,无论物价怎样涨跌、工资怎样提高,班主任的津贴都没有发生根本性的改变,有变化也是部分地区、部分学校视各自的实际给班主任发了一些补助。实际上,这种津贴标准既不能与变化的社会现实相符,更不能反映班主任的实际工作价值。按照市场经济规律的要求,劳动者的付出与回报应该大体相等乃至等值,班主任在学校管理中既然发挥着重要作用,那么,社会对他们的回报也应该较高。

尽管社会上、教育界内部也认识到了班主任工作的重要性,从精神鼓励的角度做了一些努力,比如每年教师节前后由当地党委政府评选相应级别的"优秀班主任"、教育界出版有关班主任研究的刊物等,但换一个角度,我们又不得不说,"优秀班主任"的评比似乎只是在特定的时节,在评选名额与班主任总数来说相对较少的情况下进行的。在职称评比与晋升的赋分标准中,担任班主任的只是额外的"加分",几乎跟一篇省级刊物发表的论文甚至是县级荣誉的赋分标准一样高。

综上所述,由于班主任工作的专业地位得不到认可,班主任工作受到了整个社会的漠视,班主任工作的改革自然也不受重视,改革的随意性成分就多了。

四、班主任工作改革的专业内涵不足

班主任工作改革,涉及每个学生的切身利益,容易引发学校和家庭的震动。因此,不能像搞政治运动一样去推进。尤其是班主任工作改革是一种专业实践,需要专业知识的支撑,需要专业精神的保障。但现实的班主任工作改革却缺乏专业精神上的分析,在改革的实践中显现出摇摆不定的特点,这对班主任工作带来了很大冲击,从而在一定程度上降低了班主任工作的实效。

1. 班主任的教育作用一度被片面夸大

生命科学和生命哲学表明,学生在班主任的帮助下能够更好地成长。从理论上讲,一旦班级变成了稳定的成长集体,学生的成长就会出现群体提高的教育效益,学生也就从教育的"客体"上升为教育的"主体",因为学生同时具有了自主管理、自我教育的能力。这时,班主任便不宜以自己的言行干扰学生的自主成长活动。学生的成长达到这一阶段之后,班主任即使发现了学生在自主成长中有不适当的选择,对于学生的这种行为偏差也只能加以引导,而更多地由学生自己在成长中去解决存在的问题。但在实践中,班主任工作渐渐偏离了轨道,学生的自治逐渐被班主任的集体推进的管理所"吞噬",班主任的教育作用被片面夸大了。慢慢的,班主任工作在价值取向上就发生了变化,将集体与个性对立起来了,班主任所进行的班级工作也就开始过分强调社会价值、学校价值、成人世界的价值,漠视学生的自我价值。因此,班主任工作就过多地强调学生的自我改造,很少讲实现自我、发展自我。

2. 班主任在工作中一度成为弱势群体

进入20世纪90年代以后,学生的主体意识逐步觉醒。由于某些新闻媒体片面、曲解地向社会传输学生维权的信息,一部分学生及其家长在维护自己的权利时采取了不正当的方式或措施,有的甚至直接影响了班主任的正常工作。换言之,一些学生及家长在维护自己的权利的同时又构成了对班主任的权利的侵害。为了明哲保身,很多科任教师不再涉及学生管理问题,更多的学生工作任务全部集中到了班主任身上。如果班主任取得了工作成绩还好说,一旦稍有闪失就会成为家长攻击的对象。班主任为开展工作承担了太多不必要的心理压力和责任,无怪乎有专家称班主任队伍为"弱势人群"。

3. 班主任工作改革举措的盲目随意

班主任工作改革的盲目随意,突出体现在关于班主任的岗位的设置还是取缔上。21世纪初期,一所学校的一项改革,引起了基础教育界的广泛关注,因为这所学校取消了该校一个年级的班主任,代之以几名辅导老师。这可以看出一些人对班主任这一岗位对学生发展的重要作用已经完全漠视了。这种改革思维,是将老师与学生的关系理解为约束与被约束、管理与被管理的僵硬与对立,事实上,这种理解是不全面的。

班主任是国内现当代学校教育中随着班级授课制的出现而产生和设置的一种工作岗位。我国自清末引入班级教育形制后,虽然在苏联、美国等国教育思想的影响下,在学制上曾有过多种形式的变动,在教育方针上也曾有过摆动,但在班级教育形制上是稳定的。近几十年来,我国的教育教学改革此起彼伏,但所有改革的构想无一不是建立在班级教育形制基础上的。中华人民共和国成立后,班主任和班主任工作日益成为我国广大中小学校的重要教育力量,得到了教育界和全社会的高度重视与广泛认可,不能随随便便就予以取缔。

五、班主任工作的理论研究相对滞后

尽管现在有一些关于班主任工作研究的书籍报刊,但这与班主任工作的重要性相比是远远不够的,他们的实践,实是一鳞半爪的表面涉及,缺乏系统性、完整性地对理论体系、操作规程的研究。全国各种学科理论研究的报纸杂志,教育工作者一般可以见到的少则十几种,多则近百种,而在学校里能见到的有关班主任工作理论研究的杂志报纸,只有《班主任》《班主任之友》这两种,班主任工作理论研究的相对滞后与班主任工作重要性形成了巨大的反差。

没有前瞻性理论的引导和支撑,班主任完全凭自己的经验开展工作,是没有根基的,没有灵魂的。就是进入21世纪以后,也只有极少数科研意识强的班主任在实际工作中研究班主任工作,这样以个体的形式从事研究班级管理,很难形成规模,研究的层次也提高太慢,这在一定程度上造成了人力、资源的浪费,却又达不到预期的效果。

理论研究滞后,自然不能为改革提供及时的理论支撑和智慧支持,班主任工作改革的盲目性就多了。

六、班主任自身专业形象的缺失

2006年8月31日,教育部出台了《全国中小学班主任培训计划》。该计划明确提出:(1)从2006年12月起,建立中小学班主任岗位培训制度。今后凡担任中小

学班主任的教师,在上岗前或上岗后半年时间内均需接受不少于30个学时的专题培训。(2)2006年12月底前担任班主任工作,但未接受班主任专题培训的教师,需在近年内采取多种方式进行补修。就在当年12月的全国中小学班主任岗位培训会上,分析了目前国内班主任工作的成长范式和学科建设现状,认为:班主任队伍几乎没有专门来源,也很少有提高完善的机会。因此,在参与改革时,班主任的专业素养与改革要求存在差距,这在不同程度上让班主任缺失了自身的专业形象。

师范院校的学生中将来有很多人会从事班主任工作,这种工作有时比他所从事的专业教学更重要,但现行的对大学生进行的班主任工作的专业化理论教育,在师范教育中显得十分乏力,甚至是一片空白,致使很多师范院校的学生毕业后面对班主任工作时感到茫然无措。另外,为班主任所设的继续教育的机会很少,突出表现在:教育主管部门很少组织班主任工作的研讨;学校很少派班主任外出学习;学校内部可供班主任利用的资料很少;班级管理研究经费不到位;现今以学科为单位划分的学科教研组或以年级和学科一起为标准划分的学科教研组,也限制了班主任工作的研讨交流,资源不能共享;各级教科研主管部门设立的关于班主任工作的研究课题也是寥寥无几;等等。这大大限制了班主任群体专业素质的提高,班主任工作改革也只好一成不变地采用千人一面的研究方式、研究方法,导致了班主任工作改革的专业内涵不足。

第四节 走向"班主任专业化"

美国学者库恩(Kuhn)认为,"范式"作为一种共同信念,规定着某项研究的发展方向和途径,并决定着共同体成员的形而上学信念和价值标准。用库恩的"范式"理论来关注当前的中小学班主任工作会发现,我国传统意义上的中小学班主任工作是一种资格"业余"、职能履行随意、无群体效益的教育范式,而现代教育理念视野下的中小学班主任工作则是一种价值追求定位明晰、实践岗位专业化的新的教育范式。因此,从"业余班主任工作"走向"班主任专业化",是我国中小学班主任工作范式的转型。

面对中小学班主任工作的范式转型的现实呼唤,"班主任专业化"在实践中义不容辞地担当起了其应有的职责、使命。

一、班主任专业化:价值追求定位明晰、实践岗位专业化的教育范式

"班主任"这一岗位,在中小学具有不可替代性,是一种专门的工作岗位。换言之,并不是任何一位教师都能成为一名合格的班主任。从这个意义上分析,班主任专业化的内涵要比教师专业化的内涵还要丰富,是一种更高层次的要求。

这里要探讨的"专业"是立足于"教师专业化"视野中的专业,但它并不单纯是个社会学的概念,还有教育学的"学科专业"中的专业含义。

2002年10月,天津市大港区举行了"全国第十一届班集体建设理论研讨会"。在这次会上,首都师范大学王海燕教授提炼并确定了班主任专业化这一理念,并在广西壮族自治区柳州市首先进行了实践。2003年11月,"全国第十二届班集体建设理论研讨会"在柳州市举行,"班集体建设与班主任专业化发展"成了会议主题。2004年,《人民教育》推出了"中小学班主任专业化"专辑,在全国范围内较为明确地提出了班主任专业化的理念。

人们对班主任专业化的讨论,期望的是使班主任岗位日益走向专业化,满足中小学班主任工作改革的现实要求。

班主任专业化的阐释可从三个维度上去理解:从班主任自身的本体层面分析有"群体专业化"与"个体专业化"之分,从班主任工作推进的层面上分析有"岗位专业化"的理解,从学科建设的层面上分析有"学科专业化"的理解。(1)本体层面。从群体的意义上分析,班主任专业化是指通过国家行动建构起一系列的班主任专业化发展机制,改变班主任工作的"业余"状态,使班主任的群体工作水平进入专业化的境界;从个体意义上分析,班主任专业化是指班主任在整个专业生涯中,依托专业组织,通过终身专业训练,逐步具备推进班主任工作的理论素养、文化底蕴、学术水平与实践能力,并按照有关规定履行班主任职责的可持续发展过程。(2)推进层面。班主任专业化是指打造全面的由岗位性质、岗位职责、岗位内容、岗位管理、岗位评价等内容组成的一种岗位文化。(3)学科建设层面。有学者认为,班主任专业化指形成系统的班主任工作学科理论框架,实现学科专业自主。

二、班主任专业化:推动我国中小学班主任工作改革的基本力量

班主任专业化的当前地位正逐渐高于以往的社会学意义上的不专业、半专业,接近专业成熟,现正处于一种发展的中间状态。因此,班主任专业化成了推动我国中小学班主任工作范式转型的基本力量。

1. 宏观实践路径

从宏观实践路径上分析,班主任专业化的实现是在追求班主任岗位的专业社会地位。首先,班主任岗位必须具备较高的专业道德规范和专业岗位素养,以便更好地履行专业职责、承担社会责任,从而实现班主任工作所独具的社会功能;其次,班主任岗位必须具有专业地位和专业权力,这需要班主任作为专门岗位具有完善的专业理论和成熟的专业技能、高度的专业自主权和权威的专业组织;第三,班主任群体必须拥有社会地位资源和社会分层的向上流动机制,如工资、晋升机会、发展前途、工作条件、岗位声望等外部生存环境。

2. 中观实践路径

从中观实践路径上分析,推动班主任专业化,实现我国中小学班主任工作范式的转型,可以有以下五个切入点。

(1) 运用系统观点,重新认定班主任工作的作用。系统论认为,从学校内部结构体系的层面分析,班主任处于联系学校管理者和各科任教师的枢纽地位;从学校与社会结构体系的层面分析,班主任处于联系学校教育、家庭教育、社会教育的枢纽地位;从学生成长的层面分析,从培养目标的确定到班主任工作内容的选择,再到班主任工作的实施,班主任还是处于枢纽地位。尤其是,当前把德育作为班主任工作来开展,忘却了德育在国内教育价值观世界里原本是当做教育目的来追求的。这种模糊认识直接导致了实践偏差。"班级授课制"这一教育形制视野下的德育便成了班主任一个人的事情。综上所述,如果取消这一岗位,学校管理将出现短暂的管理紊乱乃至瘫痪,因此,班主任的重要作用在当前的学校教育生态圈中应引起足够的重视。

(2) 加强学科建设,理论主体应重视班主任工作的基础理论研究。进入21世纪的教育生活对班主任工作提出的要求、在基础教育改革中班主任工作的性质与地位、我国中小学班主任工作的传统、班主任工作内容的变迁、中小学班主任工作到底向哪里发展等带有逻辑起点性质的原理,都需要从全新的视野进行深入探讨;不加强学科建设,许多实践中的盲点、难点、困惑都会存在一个缺乏理论支撑的问题,而对一些基本问题缺乏细致、深入的研究与探讨,很可能会导致实践中的迷茫与摇摆不定。

(3) 赋予专业形象,中小学班主任应走专业化发展的成长之路。班主任应立足岗位发展,在实践中赋予自己专业形象。在专业道德上,完成从教育事业的奉献者到教师生命的提升者的转型;在专业知识上,完成从知识体系的完善者到知识体系的拓宽者的转型;在专业能力上,完成从教育研究的跟随者到教育研究的先行者

的转型;在专业文化上,完成从教育理论的消费者到教育理论的创生者的转型;在专业智慧上,完成从教育智慧的守望者到教育智慧的生发者的转型。而在具体实践中,班主任应该从自己的教育理念的形成与丰富、教育原则的确定与坚守、教育内容的开发、教育策略的选取、良好的工作习惯的养成与坚持等五个维度来全面提升自己的专业水准,赋予自己专业形象。

(4) 构建话语体系,形成中小学班主任工作独有的表达方式与分享方式。现在,翻起书店里热卖的一些班主任工作的理论书籍,充斥着"后现代""建构主义"等话语,把中国的教育话语西方化,班主任工作改革成了外来教育思想的"跑马场"。而现在一些学者在一篇文章里"自家产"的新名词也不下十个八个。这些看上去相对独立的话语系统,往往没有经过深刻的自我批判和较长时间考验后的自我解构,缺乏内在思想张力的坚硬立场。而21世纪初期大量涌现的班主任的教育叙事类的文章,又多少有些粗浅,仅是把教育事件描述出来并评价一番了事,从教育哲学的角度挖掘得不够。这些年,班主任工作的话语真正受读者和听众欢迎的都是那些基于实践的理论建构。因此,班主任工作的教育表达还是要基于实践寻找班主任工作的逻辑起点和价值本体,建构起话语体系,进而形成班主任工作的独有的表达方式。唯其如此,才能形成一种全国范围的话语沟通可能。

(5) 打造科学机制,确保中小学班主任专业化的长效推进。从2002年开始的班主任专业化讨论形成的一些理念正日渐深入人心,但这些理念与教育行政主管部门的主管者、校长、教师的行为之间尚存在不小的差距,行为转型落后于理念转型,而机制转型又落后于行为转型与理念转型(需要强调的是,一两份文件的出台不是机制的形成),这并不是个别现象。当前,就全国范围内的班主任专业化研究与实验而言,由于存在严重的机制缺陷,期望它成为一种全新的班主任成长范式是不明智的。没有一个长效的激励班主任专业化发展的机制,班主任专业化发展只能是以往各种教师成长的翻版。要合理地解决这个问题,必须进行合理的机制建构,发挥制度的应有效应,实现班主任专业化的理念转换和行为转换的制度化是有效途径。这种机制的建构应该是从上到下的统一行动,并形成一以贯之的机制框架。

从总体上来说,班主任专业化要通过建立专业组织、改革班主任教育机构,既使班主任岗位具有专业自主权和专业权威地位,也使之获得社会地位资源和社会性发展条件,进而培养出社会承认的专业化的班主任队伍。在当前的改革实践中,专业化的班主任发展主要关注班主任教育改革以建立开放的培训体系、加快班主任培训从上到下一体化的进行、促进班主任培训课程的改革。还要加快班主任资格证书制度、班主任培训机构认定制度以及班主任培训课程鉴定制度等方面的改革。

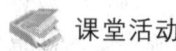

课堂活动

【案例分析】

难问题 巧解决[1]

教育离不开批评,批评是把双刃剑,用好了是良药,用不好,既伤了学生又伤了自己,小时候怕被老师批评,如今当了老师也怕批评。作为班主任,难免会遇到一件件琐碎的小事,事虽小却很难处理,对学生大动干戈、声色俱厉吧,反而显得黔驴技穷,毫无威性;苦口婆心、循循善诱吧,有时又显得苍白无力,一旦反复,没有效果,自己感觉日益沉重而且压抑,有时真觉得自己就像是一只困顿的小兽,总在原地转来转去,长此下去,年复一年的班主任工作,势必会变成可怕的劳役。我很赞成魏书生的话,"做教师不做班主任很吃亏",然而我更想做一名快乐的班主任。诚然,做班主任的确很辛苦,都说苦和乐是一种心境,乐生乐,苦生苦,人食五谷杂粮,不可能没有烦恼,快乐不仅是保持好的心情,还要把烦恼化为快乐。快乐更是班主任的一种能力,当把快乐传递给别人时,好比你站在群山之间,大声喊"我爱你",群山会多几倍还你"我爱你",这就是所谓乐生乐。在班主任这条道路上我也努力在修炼这样一种心境,培养这种能力,所以我试着为自己的教育行为注入理性和艺术的力量,让难问题,巧解决,努力做一个快乐的班主任。

案例一:学校小卖店成立后,孩子们下课都去那里"光顾"。有一天张芷维委屈地说:"老师,我的一元钱丢了。"一元钱,对于孩子来说,那可是他一天的花销啊!我对他说:"你别急,这钱老师一定会帮你找到的。"听后,他便满怀希望地等待。一元钱是小事,孩子的行为习惯是大事啊!为此,我对一元钱进行了"侦破"。下课时,我故意找了几个学生了解情况。上课了,我平静地说:"×××同学,请你来一下!"孩子慢吞吞地走出教室,我问他:"知道老师叫你干什么吗?"他立刻争辩道:"老师,钱不是我偷的!"一下子我全明白了。我接下来说:"老师知道你是个好孩子,不会偷拿别人钱的,你拣到了钱,应该交给失主啊!"他说:"老师,我错了,钱让我花了,明天我还他行吗?""老师相信你一定能还他,以后再拣到钱要想着还给失主啊!"一个"偷"和一个"拣"字,只要教师换个说法,既能让孩子认识到自己的错误,又保护了孩子的自尊心,我们何乐而不为呢?

---

[1] 李明.班主任工作案例[J].班主任,2005(9).

案例二:由于小食品的出现,班级纸屑随处可见,尽管有垃圾桶的制约,可是垃圾还是不停地出来"透气"。中午我来到班级,看到垃圾桶旁边竟是垃圾,怒火顿时涌上全身,我看了看孩子,刚想歇斯底里地大喊,转念一想:别说孩子,就是我们成年人吃到兴奋时也有可能将垃圾扔到垃圾桶外的。对了,中午刚好看了球赛,我心生一计:"孩子们,你们喜欢球星姚明吗?"他们异口同声地说:"喜欢!""你喜欢他什么啊?""得分多!""个子高!""投球准!""就是啊,姚明的球技很高,投球很准,如果让他往垃圾桶扔垃圾,会百发百中的,你们说对吗?"孩子不假思索地说:"对!""比比看,你们就差多了,垃圾都扔到了桶外。""老师,我们不用投也不用扔,我们放到垃圾桶里不是也像姚明一样准了吗?"我鼓掌以示赞同。没有批评的话语,却使学生明白了道理,这比声色俱厉的效果好上百倍。工作的每一天都会遇到这样那样的问题,我希望我能掌控好批评这把双刃剑,难问题,巧解决,快乐地教,快乐地学,做一名快乐的班主任,培养一群快乐的孩子,奏响教育进行曲中一段快乐的乐章。

结合案例组织学生讨论:怎样才能做一个快乐的班主任呢?

【实践活动】

1. 请每位学生走访一位优秀班主任,倾听他的班主任成功之路。
2. 请你做一个社会实践调查报告,调查你所在州(市)中心小学的变迁史。

【读书指导】

1. 任钟印.夸美纽斯教育论著选[M].任宝祥,等译.北京:人民教育出版社,1990.
2. [捷克]夸美纽斯.大教学论[M].傅任敢,译.北京:人民教育出版社,1984.
3. [苏联]凯洛夫.教育学[M].沈颖,等译.北京:人民教育出版社,1951.
4. [苏联]恩·伊·包德列夫.班主任[M].陈友松,等译.北京:人民教育出版社,1956.
5. 蒋超文,邓保华.班主任工作新论[M].广州:广东教育出版社,1993.
6. 朱小蔓.班主任与班主任工作[M].南京:河海大学出版社,1996.
7. 魏书生.班主任工作漫谈[M].桂林:漓江出版社,2008.
8. 任小艾.我的班主任工作[M].北京:光明日报出版社,1989.
9. 王宝祥,等.班主任工作全书[M]北京:专利文献出版社,1997.
10. 钟启泉.班级管理论[M].上海:上海教育出版社,2001.
11. 唐迅.班集体教育实验的理论与方法[M].广州:广东教育出版社,2000.
12. 王立华.我国中小学班主任的历史考察与当代发展[J].班主任,2009(2).
13. 黄正平.班主任专业化的有效途径[J].当代教育科学,2008(12).

第二章

小学班级管理的目标
——提升生命质量

 内容提要

小学班级管理目标,就是在小学班级领域内,根据具体情况、时间安排,指明小学班级活动的方向,以达到预期班级管理活动的结果或标准状态。本章在认识了管理含义的基础上,介绍了小学班级管理的特点、功能;从小学班级管理目标的类型、功能及实质出发,重点论述了小学班级管理目标的实现。旨在深刻领悟小学班级管理的目标本真——提升生命质量。

 学习目标

1. 理解小学班级的功能与小学班级管理目标的功能。
2. 了解小学班级管理目标的类型。
3. 明确小学班级管理目标的实现。
4. 领悟小学班级管理目标的实质,树立旨在提升生命质量的小学班级管理目标的意识。

 教育写真

帮她走出小干部心理"高原期"[①]

与学生接触没有几天,我就发现了他们虽然只是四年级的孩子,但由于从一年级

---

① 杨小微,李家成."新基础教育"发展性研究专题论文·案例集(上)[M].北京:中国轻工业出版社,2004:249.

起就进行了新基础教育的实验,班级大多数学生的能力都很强。最引起我注意的当然是她——苗苗。在假期里,我到她家第一次家访,没有遇到家长,我只是询问了一下班级情况,说到班级文化建设可能要小干部提前思考思考,就告辞了。谁知,当我在开学前再次走进教室的时候,图文并茂的一期"新的生活,新的起点"已经赫然出现在眼前。就是这样一个敢于思考、敢于工作的女孩,也让我这个当了十几年班主任的老师,领教了她的几次"小干部张扬个性"的工作作风。其中,有这样一件事情。

  班级的大黑板上,已经布置得有模有样,让人赏心悦目。"我们用水彩颜料把教室两边的墙面也美化一下,突出班级小队建设的特色。"她没有和其他班干部商量,没有经过中队会的讨论,已经决定动手干了。反正也是一个不错的主意,我没有提出异议,更没有干预,心中甚至还有了几分窃喜——好样的!他们开工了,我静静地在教室一角整理着学习资料。

  当几个队员在她的带领下,干得正欢时,中队学习委员辰辰站在远处仔细端详了一番他们的杰作。"苗苗的这幅画与文文、敏敏的不配套,用色也不协调。""去去去,你懂什么,管好班级的学习就行了!"辰辰低头走开了,我朝苗苗深深地看了一眼,可她似乎毫无感觉。

  "哎呀,苗苗,你把水都洒在地上了,颜料混合在一起,地板成大花脸了。先拖一下吧!"卫生员歆歆插了上来。"你们烦不烦,看我们工作顺利,想抢老师表扬啊?我当了两年宣传委员,一向这样工作,至于地面嘛,等我们完成了自然有你的事。"歆歆咂了咂舌,摇摇头,也走了。

  我放下手头的资料,走近了苗苗。"他们说的话有道理,你为什么不听呢?""做事要有中心人物,谁都可以插一脚,那怎么行?该张扬个性时,必须张扬。这就是我的个性——认真完成自己的事,无须旁人指点!""你这样不好,太固执,这也不光是个性张扬吧?"我还在想着她会说什么,我该如何应答时,她一个突如其来的举动吓了我一跳:"不干了!"她一边说着,一边朝盆里扔下了手中的画笔,转身离开了教室。一大帮同学和我一样,愣愣的;不同的是,我看着苗苗的背影,他们却看着我。

  事后问了一些同学,苗苗从一年级起就担任班级小干部,做事认真,能力极强,虽然有干部的轮换,但她始终因为脑子灵活,能出色完成任务,而深得原班主任的信任。看来,她的班干部工作已经进入了"高原期",即工作没有多大进展,只在平面推移。她对班干部工作的新鲜感逐步退却,对他人的善意提醒缺乏认识、缺乏理解,她始终认为,自己是出色的。面对这位停留在"高原期"的小干部,如何尽快帮助她逾越障碍,寻求新的突破,是摆在我面前的紧迫任务。

  现场的布置和清洁工作请其他几名学生继续完成,而且要求他们比原计划做

得更加美观与精致。当天,我没有再就苗苗的所作所为这个话题发表任何意见,只是又和其他学生一起在教室的门后,开辟出了"你我好商量"的一块版面,告诉他们,有什么悄悄话,可以以书信方式和老师、同学交流。以后的几天中,我时常表扬那些写信给老师的同学,因为他们给了我许多班级的信息(包括苗苗原来的许多表现)。周一的班会课,小干部轮换选举时,苗苗的票数明显落后于其他五位同学,她依然没有失落感,因为她始终相信,老师少不了她。可当我宣布,那五名同学当选为班级中队干部时,她的眼里饱含敌意。"苗苗,你的能力很强,老师和同学们有目共睹。虽然没有当选为班干部,但是你一样会为班级服务的,对吗?因为我相信你是个有头脑、有创意的孩子!选票的问题,你自己思考一下,看看最近有什么不妥之处。给我个回条好吗?"这是我当天插在"你我好商量"版面上,写给苗苗的短信。三天后的晚托班,苗苗终于找我了:"老师,我大概太自以为是了,总认为自己是干部,能力强,别人都无法超过我……"苗苗认识到自己的根本问题所在了。

每一名学生都是独特的,也是最好的,每一名学生都是积极向上的,也是闪光的,尽管有的光芒耀眼,有的光芒柔和。作为教育者,我们就是调光师,需要用自己的智慧,把每一束光芒都尽可能调整到最适合的程度。值得欣慰的是,苗苗已经真正成为同学们心中的好干部,走出了小干部心理"高原期"。

第一节 小学班级管理的功能

目标设置理论告诉我们,达到目标是一种强有力的激励。在一个成功的心理循环中,目标的作用是:目标导致努力,努力创造绩效,绩效增强自尊心和责任心,从而产生更高的目标,如此循环往复,带动人们不断前进。在班级管理中,班级管理目标的确立,可以激发学生的潜力和调动学生的积极性和创造性,提高学生自我管理的能力,还可以增强班级的凝聚力,有利于创建良好的班级文化。

一、管理概述

(一)管理的含义

日常生活中,人们对"管理"一词并不陌生。然而,管理学中"管理"的含义是什

么却众说纷纭,不同学者从不同角度出发对管理进行了不同的阐释。

行为科学学派认为,管理就是协调人际关系,激发人的积极性,以达到共同目标的一种活动。它包含三层意思:(1)管理的核心是协调人际关系;(2)管理者应当根据人的行为规律去激发人的积极性;(3)在同一个组织中的人,具有共同的目标,管理的任务就是要使人们相互沟通和理解,为完成共同的目标而努力。

过程管理学派认为,"管理就是实行计划、组织、指挥、协调和控制",它是"一种分配于领导人与整个组织成员之间的职能"①,是一个为了达到同一目标协调集体所做努力的过程。

决策理论学派认为,"管理就是决策",可以把"决策的制定当做管理工作的同义语"②。决策制定贯穿管理的全过程,它包括确定目标和实现目标的手段两方面。

系统理论学派认为,管理就是使组织在与环境进行物质、能量和信息的交换中,在组织内部构成要素与组织整体的相互作用中,达到生存和发展的复杂过程。

此外,还有人说管理是一种调节,也有人说管理是一种综合工作,有人说管理就是服务,有人则说管理就是领导,有人说管理是艺术,有人则说管理是科学,甚至有人说管理就是数学程序、概念、符号和模型的演习。③ 所有这些关于管理的认识、表述与结论均不相同,但都从不同侧面揭示了管理的概念。同时也说明了管理是一个极其复杂、动态、多维的现象以及人类认识的多样性和过程性。

任何组织都需要管理,管理就是管理者按照一定的原则,运用各种管理手段,建立一定的制度,充分利用各种有利因素,通过组织、指挥和协调各个受分工制约的不同个人的活动,以便高效率地达到一个组织和社会的预定目标的一种有程序的活动过程。

资料贴吧

> 管理是指在特定的组织内外环境下,通过对组织资源有效地进行计划、组织、领导、控制而实现组织目标的过程。管理包含着以下几个方面的含义:首先,管理存在于组织之中,是为了实现组织目标而服务的,管理依存于组织的集体活动,离开了组织的集体活动来探讨管理是毫无意义的;管理的目的是为了有效实现组织目的,明确地设定目标是进行管理的起点。其次,管理是由计划、

---

① 张济正.学校管理学导论[M].上海:华东师范大学出版社,1990:19.
② 斯大林选集(下卷)[M].北京:人民出版社,1979:442.
③ 张济正.学校管理学导论[M].上海:华东师范大学出版社,1990:19.

> 组织、领导和控制这样一系列相互关联和联结进行的活动构成的。这些活动称为管理的职能。再次，管理活动既强调目的又注重过程。强调目的就是要选择去"做正确的事"，这关系到管理活动的效果问题；注重过程则重视"正确地做事"，这关系到管理活动的效率问题。在效果和效率两者之中，效果是本，效率是标，有效地管理就是要标本兼重，"正确地去做适合的事情"。①

（二）管理的作用

管理是社会组织活动的现象，它是组织管理者运用自己被赋予的领导权力，采取计划、组织、领导、控制和协调等管理措施，为实现组织目标开展的活动。管理的主要作用体现在组织、激励与协调三个方面。

1. 组织作用

组织作用是指管理要有效地组织，将分散的个体变成积极上进的秩序井然的整体，充分调动每一个个体的积极因素，创造良好的环境与氛围，激励个体的参与意识，促进组织效率的提高。

2. 激励作用

管理的一项重要的职能是对有利于目标实现的行为进行激励。管理的激励作用能充分调动个体的内因，由消极状态转化为积极状态；激励了个体的参与意识，促进了管理效率的提高。

3. 协调作用

组织是由个体在一起形成的复杂群体。人多、事多、心理及思想也更复杂，所以管理要充分做好协调工作。如果没有协调一致的行动，组织难免要陷入混乱的境地，无法有效运作管理；协调工作做得好，就会形成有效良好的组织效果。

二、小学班级管理概述

班级属于学校教育与管理工作的基层单位，是现代学校教育系统中的一个最具活力的"细胞"。学校教育教学活动的实施，通常是以班级为单位进行的。各个学校通过班级，贯彻自己的教育意图，实施各种教育培养与塑造活动，以实现学校的培养目标，造就大批健全发展的人才。一所小学一般由几个、十几个乃至几十个班级组成，如果每个班级的工作搞好了，自然学校的工作也就好做了。

---

① 王克锋. 中小学班级管理问题分析[M]. 兰州：甘肃教育出版社，2008：6.

（一）小学班级的特点

班级，在现代学校里是教育、教学工作的基层组织。从社会学的角度看，班级则是社会的缩影，是一种社会体系，是以少年儿童为主体，以社会化学习与交往活动为特征的教育社会。班级就是由教育者和几十名受教育者共同组成，经由师生与生生之间交互作用的过程来实现某些功能，进而达到社会目标的一种社会体系。小学班级具有以下特点。

1. 小学班级由两类群体构成

一类是具有较稳定的明显的外部结构形式的正式群体，即由正式文件规定的组织。组织成员有固定的编制，有规定的权利和义务，有相应的结构，有明确的职责分工，有统一的目标、规章制度和组织纪律。如班级中的少先队组织以及班级所属的科技活动小组等。另一类是具有较稳定的隐蔽的内部结构形式的非正式群体，也就是"三个一群，五个一伙"的自发小群体，这种小群体通常有默契的行为规范，有自然形成的核心人物，往往无固定的构成形式和名称。这样的小群体在一个班级内体现为纵横交错的关系。

2. 小学班级的领导层是由成人和学生共同组成

成人领导一般是由班主任教师和各科任教师来担任的，学生领导一般是由选举产生的或学校任命的学生干部来担任。

3. 小学班级具有同一性与稳定性

在一个班级中，学生的年龄基本相同，进行着同一内容和形式的教育。虽然学生中有个别差异，但个人身心发展水平却大体相同并处于同一发展阶段，而且班级一经编定，其成员就形成相对稳定的关系结构，一般不能任意脱离班级。

4. 小学班级的组织和编制具有指令性与平等性

班级的组成和编制，一般不考虑学生的愿望和感情，而是根据学校的教育要求确定编班。但班级学生所处的地位是平等的，每个学生在接受学校教育方面应享有同等的权利并履行相同的义务。

5. 小学班级具有整体性与相对独立性

学生从进校到毕业，就一直与所在班级组织联系在一起。班级作为整体，根据学习要求有计划、有目的地开展教育教学活动。但是每个学生参与活动，接受的影响和发展是各自独立的，相互间没有依存关系。

(二) 小学班级的功能

班级是学生成长的摇篮,它不仅为学生提供发展的空间和时间,更为学生的发展提供丰富的精神食粮和消化这些精神食粮的手段。而小学阶段又正是一个人的社会化开始和个性初步形成的阶段,因此,现代小学班级的功能有其自身的特殊性。

1. 社会化功能

社会化功能指教育者按照一定的社会要求,以班级目标为导向,借助课堂教学、集体规范、班级文化等载体,让少年儿童接受社会政治、经济制度、社会习俗、文化规范、民族传统、大众媒体、同龄伙伴以及社区、家庭等广泛而深刻的影响,以此确立社会价值观与生活目标,获得社会生活基本知识和基本技能,学会遵从社会规范,培养社会行为和社会角色。简言之,就是把班级社会体系作为"社会与儿童"的特殊中介,将每个成员由"自然人"教化为"社会人"。

小学生不可能一步跨入社会,班级集体是他们走向社会的起点。由于小学生年龄幼小,生活经验不足,缺乏必要的与人相处的本事以及为社会作贡献的技能,这都使他们必须经过一个进入社会的准备阶段,这个准备阶段的场所,就是班级。班级实现个体社会化的方式主要有两种:一是教师群体对学生社会化的垂直影响。这种影响的大小取决于教师(尤其是班主任)的思想、知识、人格、威信以及教育能力和师生关系。教师丰富的知识、进步的思想、较高的威信、较强的教育能力和良好的师生关系都有利于促进学生的社会化。二是同辈群体对学生社会化的平行影响。同一个班级的学生是同龄人,带着各自的特点、优点、缺点走到一起,但他们又有儿童共同的特点,这就使班级集体的形成成为可能。这种同龄人一起组成的集体,其相互间的影响是很大的,因为有"共同语言",又因为朝夕相处,大家又都是在自然状态下坦诚相见,很多人又能学习在一起、娱乐在一起,所以彼此之间容易相互影响。由于地位相等、情感接近,共同的语言较多,在认识社会的过程中容易产生思想上的共鸣和情感上的沟通。如果教师的影响不能起主导作用,那么这种同学之间的平行影响就会更大。而在这种平行影响中,所传递的信息就不仅仅是来自学校和教师,更多的则是来自家庭和社会,因而也就有较大的可能从社会中带来不利于小学生社会化的消极信息。所以,班主任要通过加强班集体的建设,一方面充分利用自身和教师集体的影响来促进学生的社会化,另一方面充分利用学生同辈群体平行影响的机制来传递积极的社会信息,阻止不良社会信息的传播,以充分发挥班级的社会化功能。

 案例 2-1

岗位小先生[①]

学生自进入一年级后逐步具有了岗位意识,之后,在每年的岗位轮换中他们都获得了多种多样的体验,他们的能力也获得了各方面的发展。同时,班级生活也出现了新的变化,呈现出一种"动态生成"的新局面。

例如,一些岗位在设置之初起到了规范学生某些行为的作用,然而,经过学生一段时间的适应,这些行为规范逐步成为学生的日常行为习惯,如门窗小卫士、节能小卫士、桌椅小卫士等岗位的必要性正逐步减弱。此时,就需要动态调整班级岗位了。

还有一些岗位由于有特定的时间性,如晨检员、自习的领读员、午餐管理员等,承担这部分岗位工作的学生在大部分的时间内没有岗位任务,于是,对于那些综合能力较强而学习负担相对较轻的学生来说,他的精力就有了剩余。针对这部分学生,除了为他们选择或创设更有创造性的岗位,还可以将一些操作简易的岗位进行合并——不过,这样又会导致另一部分学生面临"失业"的威胁。当然,由于学生在班级中所起的作用是受各种因素影响的,比如学习成绩、人际关系、性格特点等,而且,这些因素(包括他们在岗位上的尽责情况)又是动态变化的,因此,要使每一个学生都能在班级中承担具有创造性的岗位工作或成为一个成功的辅导协作者是不可能的。

如何利用好学生的成长所生成的资源,并且满足学生再成长的需要,是我们进行岗位设计的新的出发点。例如,完善高低年级结对的友谊班的小辅导员制度,设立岗位小先生,如晨读小先生、俱乐部小先生、劳动小先生……让更多的岗位技能在学生间传授。这不仅使高年级学生找到了新的成长空间,也使低年级学生获得了一种新的学习方式。由于面对的是比自己小很多的弟弟妹妹,学生在辅导传授的过程中少了很多顾虑,而责任心却更强了。对于低年级学生而言,大哥哥大姐姐的技能传授更多地蕴涵在近距离的共同学习玩乐之中,这样就使岗位技能的学习少了一点任务式的负担,更多了些交往互动式的乐趣。这样,"岗位小先生"的活动就为学生创造了一个校园层面上的生生互动机会。这一层面的生生互动让学生得到了重新审视岗位职能、感受岗位价值的机会,

---

[①] 杨小微,李家成."新基础教育"发展性研究专题论文·案例集(上)[M].北京:中国轻工业出版社,2004:211.

激发了学生自我完善的需要,使得这部分学生的成长能跟上班级成长的整体步伐,也使他们获得了更多成功感和愉悦感。

类似地,当班级中的已有角色不能再满足部分学生发展需要的时候,在班主任想方设法因人设岗的同时,学校还可以从更为开阔的校园生活中开发出更多具有挑战性的岗位角色,比如让学生竞聘大队委、学生会中的干事或部长,在更高的层次、更开阔的空间为同学服务。学校还应将学生的参与情况反馈给各班级,在为学生提供更大舞台的同时,还应激发出各班学生更大的参与热情和创造活力。

2. 个性化功能

个性化功能指班级社会按照儿童身心发展的特征、水平及其形成、发展规律,以社会情境和教育社会化影响为媒体,通过儿童主体性的"内化"机制,形成和发展健康的个性。发挥个性化功能就是要在班级学习、交往、公益活动、游戏、社会生活、集体自治等各种活动中,促进学生形成并发展健全的个性,同时指导他们按照各自个性特点自主学习、自我教育、自我发展。

现代小学班级具有重要的个性化功能,表现在以下几个方面。

① 小学班级里开设的课程比较齐全,不仅有语文、外语、数学、思想品德、历史常识、地理常识、自然常识,还有音乐、体育、美术以及劳动技能课,这为学生选择和形成自己的爱好与特长提供了丰富的文化知识背景。

② 小学班级里还要开展丰富的课外活动,这为学生展示并发展自己的个性与特长提供了广阔的活动空间。

③ 小学阶段的学生也正处在积极寻求个性发展和个性初步形成的萌芽时期,有发展个性和特长的需要,所以教育者利用小学班级的教育活动来满足这一需要,对他们的个性和特长的发展进行正确的引导和培养,有利于学生养成良好的个性和对社会有益的特长。

班级对小学生个性发展的影响方式有两种:一是教师(尤其是班主任)的个性和教育行为对学生个性的影响。二是班风、集体舆论对学生个性的影响。试想,一位性格活泼、开朗、平易近人、多才多艺的教师一般不会带出个性非常内向、死气沉沉、消极处世的学生;反之,不苟言笑、性格内向、兴趣爱好单一,且总是居高临下的教师也难以带出活泼开朗、多才多艺的学生。同样,如果一个班的同学互助友爱,人际关系融洽,必然有利于养成学生善良的个性。

(三) 小学班级管理的特点

班级管理是班级管理主体对班级组织的领导,目的在于把一个班和这个班的学生都能很好地组织起来实施教育管理活动,使班级和班级中的每一个学生都能得到充分发展。班级管理区别于一般管理的最大特征是班级的管理活动与教育人的活动密切联系在一起,尤其是对学生的管理,每项活动都渗透着教育的因素,离开教育谈对学生的管理是没有意义的。小学班级管理属于班级管理这一范畴,因此也具有班级管理的一般特征,但同时也具有以下特征。

1. 开放性

所谓开放性就是把班级管理放在社会大系统中来认识它,与社会紧密联系,从社会大背景下看待学生的要求,研究班级的管理,从而实现管理思维方式的转变。它要求班主任要有一种自觉意识,随着社会的变革和学生的思想变化而不断变革、更新自己的管理方式。要有敏锐的眼光,积极地思考,针对时代的新特点,寻求科学的教育管理方法,打开每个学生的心扉,与学生共同前进。

2. 教育性

班级是学校教育、教学的基层单位,班级管理的全过程同时也是对学生教育的全过程。这是因为:首先,班级的管理目标要依据教育方针,依据学校的整体规划和要求去实施,因此班级管理目标的实现,也就是教育目标的实现;其次,班级管理的内容包括对学生活动的管理和对学生素质的管理都以学生健康和谐发展为核心,都是学生健康成长必需的,这些都离不开对学生教育的内容;最后,班级管理的实施,是在学生接受教育中实现的,每项管理内容的实现,都是在学生成长、成熟、健康、进步中体现的。没有学生的成长,管理的内容也就不能落实。

3. 教育对象的不成熟性

小学班级管理的对象是6、7岁至11、12岁左右的学生,这一年龄阶段的学生无论是生理上还是心理上都有飞速的发展,但依然不够成熟,还要有人教育引导。小学生的身心特点决定了对他们进行管理要兼具教育、辅导、规范、引导工作。在实施班级管理过程中,要时刻考虑到教育对象不成熟的特点,不能把他们完全当做小孩子,什么都管;也不能把他们完全当做小大人,什么都不管。应充分发挥学生的自主性,使他们体会到在班级管理中的主体地位,逐步培养他们的独立能力,时刻注意可能出现的变化和问题。

4. 内容的广泛性

内容的广泛性是指小学班级管理涉及面广,从教育内容上看包括德育、智育、体育、美育和劳动技能教育,主要是落实素质教育的要求,促进学生全面发展;从活动内容上看涉及课内外各种活动形式,如学习小组、班会、课外兴趣小组、社区服务等等;从工作内容上看涉及对学校内外方方面面的各种因素的管理,如果说班级是社会的缩影,那么班级管理可以说是学校管理的一个缩影。

5. 多种角色性

班主任在班级管理中始终处于中心地位,班级管理工作好坏成败,关键在于班主任。因此要做好小学班级管理工作,班主任要担任多种角色。第一,班主任应是教育者、管理者。班主任既负有教育学生的责任,同时又是各种活动的组织管理者、指导者和评定者。第二,班主任应是知识丰富的学者。现代社会知识信息不断增加,学生关注着大量的当代信息,受到广泛的社会信息的影响,因此教师必须具有渊博的知识,还要不断更新知识,这样才能更好地对学生进行教育管理。第三,班主任要成为一个好导演。这是因为在班级管理中,教师要像导演一样去工作,积极主动调动学生的积极性,精心设计学生的活动和指导学生去完成某项活动任务。第四,班主任还要成为一名心理工作者。只有懂得学生心理的班主任才能更好地认识学生、理解学生和帮助学生。特别是要消除社会不良因素对学生的影响以及后进生、差生的自卑感,更要求班主任做好心理健康教育工作。第五,班主任还要成为社会活动者。小学班级管理不能封闭起来,许多活动都要走出学校,在各种因素的参与下进行。因而班主任必须与许多部门打交道,才能顺利地开展多种活动,这势必使班主任成为社会活动者。

 资料贴吧

> 在经历了若干年的教师工作后,我得到了一个令人惶恐的结论:教育的成功和失败,"我"是决定性因素。我个人采用的方法和每天的情绪是影响学生学习气氛和情绪的主因……
>
> 作为一个教师,我拥有让一个孩子的生活痛苦或幸福的权力。我可以是一个实施惩罚的刑具,也可以是给予鼓励的益友,我可以伤害一个心灵,也可以治愈一个灵魂,学生心理危机的增加或减缓,孩子长大后是仁慈还是残忍,都是我的言行所致。
>
> ——美国教育心理学家海姆·吉诺特

第二节 小学班级管理目标的内容及实现

班级的一切活动,都应该在班级管理目标的统领下进行。班级管理工作的设计与运转、班级管理者对班级内各种矛盾的解决、班级管理工作的评价与得失,都离不开班级管理目标。可以说,班级管理目标是班级管理活动以及班级活动中的一个核心要素,是班级管理工作的宗旨和主体。

一、小学班级管理目标概述

(一)小学班级管理目标的定义

"目标是人们期望通过努力而达到的结果,是人们想达到的境地和标准。"人的任何实践活动都有目标,同样,小学班级管理活动也应该有目标。班级的管理目标是将小学生的智慧和力量转化为一种向心力,不仅实现了班级目标,而且促进小学生自身的发展。管理目标是指"管理系统在一定时期内预期达到的目的和取得的成果"[①]。在一定时空范围内,某种管理活动预期要达到的结果,这个结果就构成了该活动中的管理目标。小学班级管理目标,就是在小学班级领域内,根据具体情况、时间安排,预期班级管理活动要达到的结果或标准状态。小学班级管理目标指明了小学班级活动的方向以及预期达到的结果。

(二)小学班级管理目标的类型

根据不同的标准,小学班级管理目标可以划分为不同的目标类型。

(1)从对象上分为学生个体目标、学生群体目标和班级集体目标

学生个体目标指的是按照每个学生各自的需要、兴趣、性格、意志、情感、品德、学习等特点,为实现学生的全面发展或培养学生创新精神等目的而制订的目标。学生个体目标应以班级集体目标、学校目标为导向,这样彼此之间就不会方向各异,互相抵消,甚至内耗。学生群体目标是指规定学生群体发展成有效成熟学生群体的目标。如外在目标和内在目标、自愿目标和非自愿目标、现实目标和非现实目

---

① 顾明远.教育大辞典[M].上海:上海教育出版社,1997:4.

标、长期目标和短期目标等。班级集体目标是指在一定时期内班级集体共同活动要达到的效果或标准状态。如班级学习目标、班级德育等各方面的目标。

(2) 从内容上分为学习目标、德育目标、常规目标、身心目标、素质目标等

学习目标是指学生或班级在一定的时期内达到的成绩或者学习能力的结果。如学生做到学习态度端正、学习目标明确、有一定的自学能力等。德育目标是指在德育方面要实现什么样的状态。如遵守学校规章制度、热爱班集体、同学之间互帮互助等。常规目标指的是学生达到学校或班级制定的规章制度要求。身心目标是指小学生身体健康成长外，同时还要求小学生心理健康达到一定水平，要求身心和谐发展。素质目标是指小学生应该具备的全面发展的各项能力，如人文素质、科学素质、心理素质等。

(3) 从时间上分为短期目标、中期目标与长期目标

长期目标应该从整体出发，从长远着眼班级管理活动要达到的预期效果或状态，是促使全班学生在德、智、体等各方面全面发展，创造性地建设班级。中期目标可以理解为一个学年或者半个学年的奋斗目标，它指明了在这段时间内班级活动应达到的效果，它是实现长期目标的过渡阶段，起到了对短期目标实现情况的总结与对长期目标实现的引导。短期目标是时间最短的目标，是实施长期与中期目标的基础。长期目标、中期目标与短期目标应相互结合，目标的实施是一个周期过程，要分成若干阶段，努力使各阶段的目标都得到实现，才能在周期过程结束时，实现总体目标。所以，长期目标、中期目标和短期目标必须形成一个统一的整体。

(4) 从目标形态水平上分为管制型目标、学习型目标、团结型目标、自主型目标、民主型目标

管制型目标即在班级建立严格的规范，以便有效地控制学生，保证传授知识和落实德育的秩序。学习型目标即以知识学习为中心，通过教师的指导、学生的主动投入及师生、生生相互作用而形成集体学习氛围，完成学习任务。团结型目标即以"社会—个体"关系作为最高参照维度，强调在班级中形成共同价值，有共同的活动目标与任务，及形成具有高度凝聚力、高度组织化的群体。其中，有的班级关注通过形成集体的过程发展学生的个性品质，有的班级强调学生集体应在班级发展中发挥主体作用，而不仅仅是接受教师的管理和教育。自主型目标即班干部能自主制定班级活动规划并有效实施，学生能够互相协作共同完成各项任务，从而自主处理班级事务。此外，这种班级还特别关注发展学生的个性、特长，因为要真正自主管理好班级，不可能仅仅依靠统一的思想、单调的组织能力、一致的生活内容。民

主型目标即让每一位学生都能充分展现自己并形成主动发展的动力和能力,使班级成为提升个体生命质量的精神家园。

(三) 小学班级管理目标的功能

"人们活动的协调一致,并不能简单地靠命令来实现,只有实现思想的统一,才能保证一个组织所有成员的活动协调一致。而确保组织活动协调一致的条件,就是一个组织有一个统一的目标。"[①]班级管理目标协调教师与学生的活动一致,有利于建设良好班集体,班级管理目标具体的功能主要是以下几个方面。

1. 导向功能

班级管理目标体现一定社会、学校对学生要求的基本方向和质量规格,是这些要求在班级工作中的具体化。班级管理目标是依一定社会需要和要求确定的。因此它首先要符合社会要求的方向,体现国家的教育方针。班级活动依照班级管理目标运作,以一定社会对学生的要求具体化为学生的努力方向,培养符合社会要求的合格学生。班级管理目标又是学校的工作要求在一个班级的具体化。所以班级管理的目标又必然体现学校要求的目标和方向。班级管理目标体现"方针"思想、体现学校的正确工作要求,也必然对学生健康和谐发展起着指导作用。这本身就是对学生准备进入社会、学习做人的一种教育,使学生通过班级管理目标认识到自己的发展方向和发展要求。

班级管理目标的导向作用对学校工作、对班主任的工作、对学生的成长,都有重要意义。这种意义在于使学生能够按照社会要求顺利地发展。目标的导向功能要求班级管理目标应具有正确性和明确性。只有正确明晰的目标,才能起到鼓舞人心、催人奋进的作用。正确的班级管理目标的确立和落实的过程,就是学生健康成长的过程,同时也反映了学校工作成果对社会的贡献。相反,班级管理目标片面,或是班级管理目标偏离,又会使班级工作出现不正常状态,会使班主任工作产生无用功和负效应,会使学生偏离健康和谐发展的正确轨道。

2. 驱动功能

当班级管理目标一旦成为班级所有成员的共同认识并内化为他们自我需要的时候,目标就成了努力的方向。因此班级管理目标会成为一种驱动力量,这种驱动力量既是一种外在的驱动,使落伍者奋力赶上,使先进者更为努力,又是一种内在的驱动力量,使学生从"目标"中看到自己的不足,从而将班级管理目标化为自身的

---

① 李学农.班级管理[M].北京:高等教育出版社,2004:79.

一种需要。学生从具体的班级管理目标中明确了班级、学校、社会的各种要求,从而推动他们积极进取。

班级管理如果没有明晰的正确的目标,就没有实际有效的班级活动。班级管理目标一旦失去了驱动力,"目标"就形同虚设,班级管理工作就会出问题,管理者与被管理者就失去了重心,甚至不知道要干什么、该怎么干。一个班集体,目标的确定只是第一步,还必须有实现目标的驱动力,这样才能实现目标。

3. 激励功能

激励功能是指班级管理目标对班级全体师生进行班级教育管理活动具有激发鼓励的作用。主要体现在三个方面:一是对学生来说,一个切实可行、行之有效的奋斗目标,可以吸引、鼓舞和推动他们为实现目标而努力,从而使班级工作顺利开展,能使学生个体积极主动,创造开拓,自身得到发展。二是对班级管理者来说,教师或者班主任会自觉主动地提高班级管理绩效,争取最有效地达到目标规定的质量标准,实现班级管理工作的最大化效益。三是对整个班级来说,能使班集体自我管理,自我发展完善。通过实现班级管理目标,提高了班级之间的竞争力,体现了班级所处的班级状态,从而能体现出班级的整体素质以及各个方面的水平。

实现班级管理目标是一个动态的过程,需要成员之间的积极配合,这种积极主动多半源于目标本身的吸引力。当班级成员把班级管理目标看成一种自身的需要时,目标起到了激励的功能。这样在管理过程中,班级成员就形成了责任感和主人翁意识。

4. 评价功能

班级管理目标既是一种奋斗方向,又是班级具体工作的指向;它既是预期的,又是现实的。这样班级管理目标的实现过程也就是不断评价的过程。首先,在实现目标过程中做了多少,做得如何,必须以目标的既定基准进行评价。其次,在师生共同实现目标的各项活动中,又要在评价中予以鼓励与调整。再次,全班师生在实现目标的过程中与目标的距离是以不断地"评价"来判断的。"评价"的基本标准就是班级管理的目标。所以,班级管理的目标又能够体现出评价的作用。

班级管理目标的评价功能体现在对班级工作各个方面的评价,如评价优秀班集体、教师的教学质量、班风等各个方面。学校考察班级工作以班级管理目标为基准,学校评价班主任的工作、学生评价班主任的工作都可以以班级管理目标为基准,班级管理目标的评价功能贯穿于整个班级管理过程中。

二、小学班级管理目标的实质

小学班级管理目标的实质是要在建立民主型班级的基础上实现提升学生的生命质量。民主型班级是班级管理的最高境界,它应该追求让每一位学生的成长需要尽可能被充分地关注,使他能在这个复杂变化的世界中掌握自己的命运,并在主动参与创建更合理的集体的过程中最大限度地发挥自己的潜力。民主型班级的目标需要从具体的学生个体的角度来考虑,因为这是教育最终得以落实的具体对象。① 只有让每一位学生都得到更好的发展,我们才能谈到班级的发展、学校的发展。从具体的学生个体的角度来看,民主型班级能让每一位学生都充分展现自己并形成主动发展的动力和能力,使班级成为提升个体生命质量的精神家园。从班级角度看,每一个学生群体和班级整体都能成为学生个体的心灵之家,成为拓展精神世界、提升生命质量的团队。

这里的学生个体与班级集体不是相互对立的两极,而是相互成全的两种精神生命体。他们之间难免出现冲突,但即使是这些冲突也可以被开发成发展资源。对于这一观点,我们可从两方面来理解。

一方面,班级是为每一个学生个体的精神生命的真实成长而存在的,而不是反过来,学生个体仅仅是为成为集体成员(或社会化)而存在的。班级应该成为学生得以和他人相互敞开胸怀,共同拓展视野,不断提升精神品位的场所,成为为学生提供更为开阔、更为高尚的心理空间。

另一方面,学生也应该在与他人交往的过程中不断丰富自己精神生命的内涵,拓展自己的生存空间,在参与建设民主型班级的过程中提升自己的人格修养,学会真诚面对,学会承担对他人、对社会,乃至对整个世界的一份责任,而不是躲在狭隘的个人世界里孤芳自赏或者独自承担痛苦,也不是自私地追求个人享受而不顾对他人的尊重,更不是在多元复杂的社会生活中迷失自我、放逐心灵。②

---

① 叶澜.教育创新呼唤"具体个人"意识[J].中国社会科学,2003(1):12.
② 李伟胜.班级管理[M].上海:华东师范大学出版社,2010:21.

案例 2-2

30 年之约[①]

有这么一位班主任,为了引导学生确定自己的人生目标,先把自己的人生愿望说给学生,其人生六个愿望中有这样两条:写一本书;培养出考上北大、清华等名牌高校的学生。然后让学生静静地回顾自己以往的生活,思考自己的未来,写下自己一生的志愿,这些志愿不管它暂时有无实现的可能性,先写下来,然后要求学生郑重地写上自己的姓名、班级、学号及日期,并让学生把它放进事先预备好的信封内密封,约定 30 年后再启封。这一封封的人生目标书作为送给老师的珍贵礼物,由老师暂时保存,如有可能老师将把它放在学校的档案室或者再向上一级的档案馆,并向学生承诺一定会通知每位学生来集体开封,并在此基础之上让每位同学给 30 年后的自己写一封信。同学们都认真地写了,写完后装订存阅。我不敢保证 30 年后每位学生都能取得辉煌的成就,但我觉得这个美好的约定一定会绽开出美丽的鲜花,结出累累硕果。

[案例分析]

上述案例中的这位班主任为了引导学生确定自己的人生目标,先说出自己的两个愿望,之后让同学们写出自己的愿望,并装在密封的信封内,约定 30 年后再启封。30 年是一个漫长而又短暂的旅行,而 30 年之后,大家又会是什么样子,无人知晓,这位班主任采取了如此特殊的方式引导学生们确立将来自己的目标,其实是在鼓励学生为了心中的目标而奋斗。人的潜力是无穷尽的,30 年之后的大家,也应该是在不同的工作岗位上取得了很大成绩或硕果累累。这位班主任在引导同学们制定远大的目标的同时,其实,也是制定了班级集体目标,使班级集体共同生活活动要达到一种标准状态;也是制定了学生群体目标和学生个体目标,使每位学生为了一个共同的目标和远大的目标而为之不断奋斗;也是制定了学生质量目标,以使学生达到"自我实现"的学习与生活据点,并不断引导他们走向成熟,使所有学生获得发展以及全面培养学生的素质。可见这位班主任是有心的,在班级管理和培养学生上,独有见解,他把学生的发展潜力和奋斗目标结合起来,鼓励班内每一位学生,不落下一位学生,使学生沿着班级管理目标不停地奔向更高的目标,再奔向自己心中的目标,最终实现自己的理想。作为班主任,他是优秀的;论班级管理,他是独特的。

---

① 悟创斋.一位班主任同学生定下的 30 年之约[EB/OL]. http://www.yourblog.org/data/20062/421491.htm/.

三、小学班级管理目标的实现

(一) 小学班级管理目标的制定

1. 小学班级管理目标制定原则

为确保班级管理目标设定的正确性和方向性,班级管理目标的设定应该遵循如下的原则。

(1) 发展性原则

所谓发展性原则,是指班级管理目标的制定必须以促进学生的发展为本,体现促进学生发展的要求。正如李学农教授所说:"任何一个班级管理者,必须明确:不是学生为班级而存在,而是班级为学生而存在,班级为学生的发展而存在。体现发展性原则的班级管理目标,应该能够反映创造促进学生发展的班级环境的要求,反映促进班级中每一个学生发展的要求。"[①]

(2) 参与性原则

参与性不仅是班级管理目标制定过程中一个必要的环节,同时也是应遵循的基本原则之一。集体的目标要由班主任与学生共同决定。一方面,很多班主任在制定班级目标的时候,都是一人做主、一锤定音,这显然与班级管理的人本主义价值观以及当今社会倡导的人本主义发展理念相悖。另一方面,在社会快速发展的今天,在倡导学生个性发展的新课程理念的指导之下,学生其实也有表现自我、参与管理的渴望,渴望自己的才能得到施展,能力得到锻炼,个人价值得以实现。如果没有学生的广泛参与,他们就会失去班级管理的热情,这对班级的发展极为不利。因此,班主任在制定班级管理目标时,要与学生广泛磋商,广泛吸纳各方意见,民主决断,以取得共识。

(3) 激励性原则

目标是具有一定的激励作用的。激励即是指目标制定后,能够凝聚班级的各种力量,指引着班级成员共同奋进,成为大家学习的动力之源。要使制定出的班级目标具有激励性,就要求目标的设置有一个合理的定位,既不保守又不冒进,既不能低估本班学生的能力,把目标定位得过低,又不能盲目乐观,过高估计学生水平,制定出不符合实际的"空中楼阁"式的目标,从而让学生因为难以实现而影响其学习的积极性。把目标定位得恰到好处,即目前还没有达到的水平,但是只需在自己

---

① 李学农.班级管理[M].北京:高等教育出版社,2004:85.

的努力和老师的帮助下就能实现。就像苏联教育家维果茨基提出的"最近发展区"的教育理论,即只需稍加努力就能达到的水平。心理学的研究也已经证明,在任务有一定的难度和挑战性,但又不是非常难以达到的情况下,最能激发学习者的动机水平,从而使其学习动机处于最佳状态。

2. 小学班级管理目标制定过程

目标的制定不是随意的,在制定之前,要有一系列的准备工作,包括思想上的和行动上的。思想上的准备是制定者在头脑中形成的一套关于如何制定、怎样制订的方案和规划,就相当于建筑师在建筑前的蓝图;行动上的准备是思想上准备的具体实施,如通过简要的调查来分析班级现状、了解学生等,从而使得制定出的班级管理目标符合本班级的实际情况,也更加具有针对性和适用性。

一般来说,制定小学班级管理目标有以下几个方面的环节。

(1) 分析班级现状

教师不管是刚刚接手了一个新的班级,需要制定班级管理目标,或是已经带班一段时间,需要在一定的基础上对原有班级管理目标加以调整和修改,使之更加有利于班级的发展,首先需要做的工作就是对班级的现状作一个分析。对于新接手的班级,需要做的就是初步了解班情,并根据以往带班的经验制定出一个较为适合班级发展的管理目标;对于后一种情况,教师一定要客观地分析以前的管理工作,有哪些成功的经验和失败的教训,为什么会出现不同的情况,其中哪些宝贵的经验值得今后继续借鉴,又有哪些需要引以为戒,都要做到心中有数。其次,正确地分析班级现有条件,包括物力条件和人力条件。物力上,班级现在有哪些基本设施可以利用?还需要创设哪些条件?人力上,班干部数量和分配如何?各科任课教师的能力怎样?等等。通过分析班级现状,做到心中有数,为班级管理目标的制定打下良好的基础。

(2) 了解学生想法

从多方面调查了解学生是顺利进行班级管理工作的前提条件,因为教师和学生毕竟有一定的年龄差距,教师的想法不能代表学生的想法,不对学生进行调查了解而贸然实施教育,是不会取得好的效果的。新接手的班级是如此,已带班的班级,教师同样要经常了解学生的想法,随时感知学生思想的变化。俗话说得好:"得民心者得天下。"调查了解学生的想法,实际上就是了解"民心",基本知道合作群体中的每一位成员对班级管理目标的看法和希望。

下述案例的王老师即通过问卷的形式成功地掌握了学生的想法。

案例 2-3

> 班主任王老师是一名刚刚走上教师岗位不久的年轻教师。在走上工作岗位之前,他就已经通过大学时候的实习了解到现在的学生"不好管",人人都"很有个性",所以,在那个时候,小王就暗暗下了决心:工作之后一定要当一名"民主型"的教师,处处为学生着想,从学生的角度出发去思考问题,给他们充分的空间和自由。但同时他也明白,这种空间和自由都是有限度的,太松了也会导致学生"目中无师",变得"无法无天"。所以,要做一名宽严相济的教师。在开学之初,首先对学生进行了一番调查研究,摸清每位学生的"底细",了解学生的"个性特长""兴趣爱好""曾任职务""最自豪自己做过的事""最好的成绩"等,让学生把最好最优秀的一面展现给教师。从"对父母的要求""对担任班干部的看法""对大公无私的看法""对社会不正之风的看法"等项目的答案之中了解了学生的思想动向;从"目前最关心的""目前最苦恼的""知心朋友""我的理想""心中榜样"等栏目中弄清学生各种精神需求的总体情况和个别觉悟程度;从"影响最大的人""最谈得来的人""你最愿意同桌的人"来了解班级的人际关系,摸清班级的"头面人物",掌握班级的非正式群体。通过一系列的调查研究,王老师对学生的基本情况有了大致的了解,从而"对症下药",制定了班级管理的具体目标,并取得了较为理想的效果。①

该案例中,班主任王老师没有盲目地制定班级管理的目标,而是通过一系列的调查研究学生的想法,虚心听取学生的意见,从学生实际情况出发,结合自身的教育经验来制定目标,有利于学生接受管理目标,有助于管理目标能发挥实效,真正促进学生成长,使班级管理目标的制定不至于流于形式。

(3) 师生共同参与

班级是由教师和学生共同组成的集体,尤其学生,是构成班级的主体部分和主要力量。教师更多时候只是一名指导者和辅助者。由此可见,在制定班级管理的具体目标时,教师不能搞"一刀切"和"个人专断"的集权主义作风,而是应该做到以学生为主体,以学生为本,以学生的发展为本,广泛吸纳学生的意见和建议,大家共同讨论制定。这也正是一种人本主义的班级管理理念的最好体现。

---

① 郭毅.班级管理学[M].北京:人民教育出版社,2002:162.

案例 2-4

  这个礼拜,轮到四班值周。班主任葛老师又要像往常一样布置任务;把偌大的校园分成若干个小区域,然后在每一个小区域指派一定的同学,大家全体出动,共同完成校园值周工作。由于值周工作大家几轮下来都有了经验,每位同学对于自己负责哪一块卫生区域都非常熟悉了,无须老师多说就能保质保量完成任务并受到校长的表扬。葛老师每次只需强调纪律,如按时到场、不许趁此机会在操场上打闹玩耍、按时上课之类。对于四班孩子们的表现,葛老师也是非常满意。每每看见流动红旗又挂在自己班上的墙壁上时,葛老师总是会会心地一笑,然后表扬大家一番,鼓励大家再接再厉。时间过得真快,又轮到四班值周了。与往常不同的是,这次值周,四班不仅没有拿到流动红旗,还被校长批评了。原因是有些学生没有保质保量完成任务,出现了懈怠现象。葛老师很是纳闷,很想好好质问这帮学生,但还是忍住了。她径直走到教室,看见同学们像犯了错的孩子一样都低着头,她的气立马就消了一半。没有批评,葛老师代之以温和的口气问大家是什么原因。大家相互对视却没有人吭声,最后还是班长站出来说:每次都是按照一样的分配规则分配任务,没有任何变化,导致有些清扫任务较重的同学有不满情绪,才出现这种情况。葛老师这才恍然大悟。她想起了学校教学楼后面的狭小巷道,由于那里是一个卫生死角,平常大家不经常到那里去,再加上楼上有些不自觉的同学总是爱从窗户向外扔纸屑,导致那里经常是脏乱不堪,大家都不情愿担任那里的清扫工作。自从第一次分配任务,就是几名比较积极的女生主动承担那里的任务,她还表扬了她们,但是一晃快两个学期了,一直是这几名女生承担。葛老师这才感觉到很过意不去,由于自己工作的疏忽,严重挫伤了这几名同学的积极性。从这以后,葛老师改变了策略。在每次值周之前,她都会在黑板上画出整个校园的平面图,然后让大家自由选择劳动地点。对于那块"脏乱之地"则是大家轮流进行,以保证公平。这样一来,不仅提高了学生们的劳动积极性,而且每次形成的学生搭配方式的不同还让大家有了更多的交流和沟通的机会,真是一举两得啊!这不,流动红旗又挂在四班的墙壁上了。

  在班级管理目标的制定过程中,案例中的葛老师吸取教训,改变自己以前不民主的做法,让学生参与到规则的制定中,而不是教师单方面制定规定。这是一种积极肯定的做法,是体现了以生为本的治班理念。其实,一个健全的班级管理目标的制定是离不开师生共同参与的,需要反映学生更多的意见和感受,吸收合理的意见,给予学生更多表达自我的权利和机会。①

3. 小学班级管理目标的具体化

班级管理目标的具体化是指:为了使班级管理目标具有可操作性和可行性,把目标分解落实到班级管理的各个环节之中,从而更有效地实现班级管理的一种方法和手段,是真正达到班级管理目标的保证。

班级管理工作是零散的、琐碎的。这些零散而琐碎的小事串联在一起,就构成了班级管理工作的体系。要做好班级管理中具体的工作,首先要将制定出的班级总体管理目标分散落实到班级管理的各个环节之中。如班级常规管理,包括出勤、早读、早操、眼保健操、卫生环境、收发作业等环节,教师可以针对每个环节提出具体的要求,同学之间互相监督,保证每个环节顺利完成,从而顺利完成每日的常规管理工作;再如对于学生学习的管理,包括按时完成作业、及时复习、提前预习等方面,教师也可以对每一环节提出要求。如家长以签字或发短信的方式向班主任报告学生的学习情况,教师上课前通过提问检查学生复习和预习情况等手段,来督促学生完成学习任务,通过与家长的合作,共同完成对学生学习的管理。

需要注意的是,班级管理目标的具体化,必然要牵涉许多措施,要注意做到以下几点。

(1) 有好处。在把目标细化并落实到不同的学生身上时,首先必须让他们明白,所有的做法都是为了大家好,是为了整个集体好,而且通过大家的一致努力,肯定会为班级带来进步和荣誉。这样才能充分调动每个班级成员的积极性。

(2) 有根据。即具体化后的措施,必须与一定的教育教学原理和原则相符合,尤其是要避免与有关法规相抵触,以避免执行中出现不必要的麻烦。

(3) 有尺度。即具体化后的措施要有层次性,这样才能达到渐进性育人的效果。措施要视学生违纪程度而定,措施中不能动不动就以请家长甚至停课相威胁,而应通过有效的实施,发挥班级管理目标在班级活动中的作用。(班级管理目标的实施是指根据制定的班级管理目标,按照计划的安排实施一定的班级管理目标的任务,班级所有成员积极主动地完成各自承担的任务,实现班级管理目标的过程。)班级目标的有效实施从静态的角度来看,需要班级组织者的引导,班级组织的保障;从动态角度即班级管理目标的运行来看,需要一定的协调"艺术"与奖惩手段。

---

① 金英生.班级管理的目标模式与方法[J].新课程,2009(4):16.

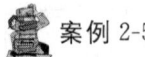

案例 2-5

阳光灿烂班①

接任班主任的第一周，本人常规检查发现每项都有红旗，沾沾自喜了一阵，可有好心人提醒我：光有红旗还不够，要想竞争文明班级，还得看分数，也就是得看在年级排名。不看不知道，一看吓一跳——年级排名第 16，总共 18 个班级。一向孩子们打听，说：我们一般情况下不是倒数第一就是倒数第二。唉，看样子他们习惯了自己成为弱势群体了，怎么办？于是我自己先研究了学校常规检查的条目，同时又物色了一位极能干的卫生委员，负责维持班级卫生，然后身体力行。人们常说"喊破嗓子，不如干出样子"。我每天带着值日生督促他们扫地、拖地、擦窗户等，让他们知道每一步要做到位，常常在似乎不经意间表扬他们、鼓励他们，说一些自己做学生时的事。功夫不负有心人，"威逼加利诱"，在接任班主任的第二周，常规排名年级第四，师生是雀跃一堂。

有了第一次的成功，下面的工作就容易多了。我对他们的要求一步一步提高，不时地告诉他们：第一，不想做将军的士兵不是好士兵。第二，一个人要是看不起自己，谁还会看得起你呢？第三，一屋不扫，何以扫天下。在紧接着的努力中，我们的常规检查一直列于年级中上游，每次周一晨会上看见他们宣布名次前的紧张劲儿和宣读后的大松一口气，不由得感叹：谁说我们九班是问题班呢？有一次竟然荣获年级第一，孩子们像过节一样，我还自己掏了腰包请他们吃巧克力，算是对他们付出努力的回报吧。本学期的期中考试我们班也有很大的进步，在校春季运动会上我们还取得了团体第四的好成绩，并且荣获道德风尚奖，学生自己设计的班徽和标语也获得好评。

（二）小学班级管理目标的实现手段

1. 抓好班级组织的建设

班级是学校教育的基层组织，建立好这一组织是班级管理目标实施的首要任务。班级组织的建设不仅包括班级组织结构的设置，更要体现班级组织结构的发展性即形成班集体，为班级管理目标的实施提供有力的保障。

（1）班级组织结构设立

班级管理目标的有效运行不仅需要教师的正确引导，更重要的是要形成学生

---

① 傅建明，胡志奎.班级管理案例[M].广州：广东教育出版社，2009：81.

自主管理的体系和氛围。因为班级是学生成长的摇篮,组建一个团结向上的班干部队伍是实现班级管理目标的关键。班干部队伍是班级的管理核心,是同学的榜样,是班主任开展工作的得力助手。合理、民主、具有凝聚力的班级组织结构对班级管理目标的实施起着关键性的作用。

在班级目标实施中,班级组织结构可以有各种创新形式,现行的班级组织结构有多种类型。有轮流"执政"的班委制度,设立值日班长、值周班长等,班里每个成员几乎都有自己的"职权"。合理的班级组织结构为班级每个成员提供了大量的创造机会,每个学生的精力都倾注在完成班级各项具体的任务中,班级中人人有事干、事事有人管、事得其人、人得其所。一个富有个性、充满创意、共同协作的集体便在这种组织结构中呈现出来。

在班级管理目标的实施过程中,不仅要组建形成一个团结向上的班干部群体,而且要尽量让班级中其他成员参与到班级管理中来,形成一个和谐的、协调的班级组织机构,营造学生自主管理的氛围,使每个学生认识到班级管理目标的实现需要自己的参与和支持。

(2) 班集体的组建

班级组织结构的形成,为班级管理目标的实施提供了运行形式的保障。要使班级管理目标得到有效的实施需要调动全班学生的积极性,使每位学生参与到班级管理目标的实施中来,使班级管理目标"内化"为学生的具体行为目标。所以班集体的组建是至关重要的。所谓班集体是指"通过学生共同活动能独立实现班级教育管理目标和学校教育管理目标,以期满足社会对学生需求的班级群体"[①]。著名的教育改革家魏书生曾这样说过:"班级像一个大家庭,同学们如兄弟姐妹般互相关心着帮助着,互相鼓舞,照顾着,一起长大了,成熟了,便离开这个家庭,走向了社会。"一个良好的班集体对每个学生的健康发展有着巨大的教育作用,形成一个良好的班集体,需要每一位学生的积极参与,班集体的形成为班级管理目标的实施提供了动力支持。

2. 发挥班主任等主体的指导作用

班主任既是班集体的组织者、管教者,又是指导者。在班级管理目标的实施过程中应充分发挥班主任的协调桥梁作用,并且注意由直接指挥、控制转化为间接指挥与控制,从而做好为学生提供各种信息咨询指导以及协调平衡的工作。班主任要协调学生集体和任课教师之间的关系,协调好学生与学生之间的关系等。同时,

---

① 肖艳晖.优秀班集体的内涵辩证及实现途经[J].当代教育论坛,2011(4):10.

班主任还要发挥桥梁作用,使学校、家庭、社会密切配合形成一股合力,组成统一的教育力量向班级管理目标的方向前进。在目标的实施阶段,班主任还应关注目标的检查控制。班级管理中的控制是指为保证实际工作与目标要求相一致,师生采取的管理活动。对于目标完成良好的学生,应该实施适当奖励,使学生获得各层次尤其是尊重需要、自我实现需要等高层次的心理满足,从而激励、强化学生的正向行为。而对于目标完成差的学生,要帮助他们查找、分析原因,如果是主观不努力的原因,也必须批评和适当惩戒,引导其在下一个目标管理周期走向良性发展。在目标实施的整个过程,班主任切忌事必躬亲、包办代替,而应更多地起咨询指导的作用,让学生逐步学会自我控制,实施自主管理。

 案例 2-6

网虫脱网记[①]

星期一,当众照例翻看学生的周记时,学生陈磊的一段不一样的文字映入了我的眼帘:网络游戏是一个让我再熟悉不过的名词了,初二开始从《金庸群侠传》到《精灵》《破大一剑》《传奇》《命运》《传奇私服》和现在最新的《凯旋》,这些游戏我无一不是玩得十分熟练了……我想我打游戏可能打得有点过火了……我有时也想不再打了,可就是有点控制不住自己……所以想问问老师有什么办法可以控制住自己不打网络游戏。说实话我还并未发现陈磊有打网络游戏的爱好,他虽然平时经常精神不振,但我一直以为是他还未走出父亲离他而去(出车祸)的那片阴影,没想到他居然还是个游戏迷。上课的精神不振原来全是游戏的"功劳"!想想自己平时对他虽也关心,但居然一直没发觉,心里就有些不是滋味。转念一想他能自己说出来也实属不易了,而又陷得这么深还有悔改之意更不易!所以在周记的后面我写下了这样的评语:欣赏你愿意改变的勇气,痛下决心销掉你的"游戏号"吧!再给你一个任务:给我们班制作一个班级网页,如果能用上 flash 等多种手段来做就更好了。OK?!

周记本发下去后不久,我在过道上遇到陈磊,我很随意地问问他网页做得如何了?然后说了一句"为班级做网页辛苦了,也注意不要耽搁了学习",而对他现在是否上网打游戏只字不提。攻城之术攻心为上嘛,而信任又是其中的上上之策。两周以后,陈磊很高兴地来找我:"李老师,网页我已经做好了。地址

---

① 李卫华. 网虫脱网记[J]. 班主任之友,2004(7):20.

已发到你的邮箱中。"我点击我们班的主页,有论坛,有日记簿,有相册,画面活泼有动感,还真不错。

又是一个星期一,这天的班会主题就是"网络——想说爱你不容易",当然,班会的主打就是陈磊制作的网页。当那幅映着"永川中学2006级11班"字幕的网页出现在教室的投影屏上时,全班学生都鼓起掌来,还有学生干脆叫起来:"陈磊你真行!"那一刻我看到在陈磊的脸上写满了快乐与自豪。我没有说明陈磊建班级主页的前因,虽然那可能对有些学生很有教育效果,但我想这样更能维护陈磊的自豪感,另外教育有时何必要点得那么透,说得那么明呢。

3. 班级管理目标的实现过程中的措施

(1) 班级管理目标的统一

班级管理目标是以学校发展目标为基础,根据班级及班级成员的具体情况而制定的。按照不同的标准划分有着不同的班级管理目标,这些构成了班级管理目标系统。在班级管理目标系统实施的过程中,尤其要处理好学校、班级、学生个体目标的关系。班级管理目标系统的协调统一指的是班级管理目标是依据学校发展目标而制定,符合学生的个体目标,目标与目标之间达到了和谐的关系。

学校把提高学生的成绩作为目标,在班级中积极营造有利于学习的环境,作为班级管理主体的班主任以及任课教师围绕这一个目标进行管理教学,学生进行自觉的自我管理,认真学习,制订学习计划。学校、教师、学生的目标之间达成了一致,在这种情况下,班级管理目标得到了有效实施的有利条件。

(2) 班级管理目标的协调

班级管理目标系统内部除了统一之外也存在着一定的矛盾冲突。当班级管理目标与学校发展目标不一致的情况下,这样班级的努力就可能被整体削弱,达不到应有的效果,班级和学校的发展都会受到影响。若班级目标强势发展,可能严重地干扰学校的目标。主要体现为班级目标高于学校管理目标、班级目标低于学校管理目标两种情况。

学生个体目标是班级集体目标的客观基础,班级集体目标是学生个体目标的集中反映。在现实的教育中,由于学生的先天素质、生活环境、教育基础各不相同因而有着不同的性格特点、兴趣爱好、思想品德、知识能力、身体状况、生活习惯等,这样在班级中有可能存在个人目标与班级目标不一致的情况。

因此,我们必须正确处理班级管理目标执行过程中的矛盾冲突,使得班级目标与学校管理目标协调一致,学生个体目标与班级集体目标协调一致,以达到实现班级管理目标的目的。

班级管理目标系统内部存在矛盾冲突,这就要求我们用一定的方式进行调节,确保班级管理目标顺利实施。

一是在班级管理目标的实施中,还要有严格的纪律和规章制度作保证。班主任要组织学生认真学习《中小学生守则》和《中小学生日常行为规范》,要求学生以此规范自身的言行,省察自身。班主任还要根据班级实际情况制定本班的规章制度,使学生有章可循。在执行过程中,要有严格的纪律作保证。制度管理与纪律约束应统一,大家必须无条件地遵守集体纪律和规章制度。

二是采取量化措施与质性措施,使全班学生的行动有针对性、有据可依。目标在实施过程中应分阶段按要求进行量的分析。可以制定一些具体的规范要求和评价标准,如出勤率、课外活动组织、体育达标率以及各科成绩的及格率等。对不达标的或者表现极差的学生,进行必要的惩罚,使之朝目标方向发展。有些不能直接量化的指标,进行质性描述与评价,如可以通过班级中"记事本""心语心愿"等记录方式,学生把自己在生活、学习上的感受记录下来或者对班级中的种种现象进行描述。

(3)激励措施

班级管理目标系统维持下去,这就需要激发学生对实施班级管理目标系统的积极性,使学生能积极参与和支持班级管理目标的实施。在实施激励措施时应注意以下几个方面。

① 对班级不同角色的学生实现各自层次目标的程度给予合理的价值判断。这样,有助于学生看到他的成绩,清楚自己实现目标的程度。

② 实施激励手段要及时。学生完成一定的目标之后,给予及时的奖励。及时的奖励有助于学生树立成就感,对以后的学生生活充满信心。如果没有进行及时的奖励,容易让学生失去动力,自我得不到赏识,从而丧失自信心。

③ 对学生作出全面的评价。美国心理学家加德纳(Howard Gardner)认为,人的智能应该包括下面八种不同的类型:言语智能、逻辑数学智能、空间智能、音乐智能、身体运动智能、人际交往智能、内省智能和自然学家智能。上述八种智能,每一种智能都有它与众不同的特点,但对于每个人来说并非是固定不变的。[①] 而这八种智能并非在每个人身上平均分布的,每个学生都具有自己的强项智能和弱项智能。这样,对学生的评价必须注意到每个学生的个性,发现每一个学生特有的优点和不足,而并非用统一的标准予以衡量。同时,这也与赏识教育所要求的发现每个

---

① 陈晓端.国外教学论基本文献讲读[M].北京:北京大学出版社,2013:270.

学生的优点不谋而合。如在学习上不但有优秀奖还有进步奖,设立各种荣誉称号如"优秀课代表""优秀组织奖""学习能手""学习明星""纪律奖"等。

 **课堂活动**

【案例分析】

　　我是差生行列中的一员,经受着和其他差生一样的遭遇,这遭遇使我从一个好动的学生变成一个沉默寡言、性格暴躁的"怪人"。我心里常想,为什么我们差生总被人瞧不起,难道仅仅从分数就可以看出一个学生的好与坏,有用与无能吗?因为成绩差,我变成了班上的"灰色人群"中的一个。我们几个差生是一个小团体,与所谓的好生老死不相往来,每天在自己的小圈子里转来转去。班级对我们来说只是一个空间,我们在里面找不到归属感。班级里组织什么活动,参加什么运动会……刚进班的时候我还会参与,但是现在对班上一切与我无关的事情我一概不问、一概不参加,甚至有的时候自己"无权"过问与参加。我们并不想当差生,当不积极的人被冷水泼得心灰意冷。

　　1. 假如你是该班的班主任,针对以上情况请你结合现实从班级管理目标的角度谈谈应该如何使差生融入班级生活中。

　　2. 请同学们依据本章的学习和认识,采用分组合作的方式来探讨小学班级管理目标,然后派代表以"理想的小学班级管理目标"为主题演讲3～5分钟。

【实践活动】

　　1. 请你设计一个小型调查,以理解小学班级和小学班级管理的特点。

　　2. 请你深入当地若干小学实地调查,收集具体的小学班级管理目标及其制定的相关资料,然后进行分析研究,撰写一篇你对制定理想小学班级管理目标认识的文章。

　　3. 浏览"中国班主任网(《班主任》杂志官方网站)"(http://www.banzhuren.com/)。

【读书指导】

　　1. 张永明. 课程理念与实践[M]. 北京:北京大学出版社,2013.

　　2. 李学农. 班级管理[M]. 北京:高等教育出版社,2004.

　　3. 魏书生. 班主任工作漫谈[M]. 桂林:漓江出版社,2008.

　　4. 邓艳红. 小学班级管理[M]. 上海:华东师范大学出版社,2010.

第三章

小学班级管理中的学生和班主任
——师生享有内在的生命尊严

 内容提要

小学生和班主任是小学班级管理中两个最基本,也是最活跃的要素。本章首先在分析小学生的生理、心理特征、时代特点的基础上,重点论述了小学生各年级的管理策略;然后在了解小学班主任角色、小学班主任特殊性、小学班主任的职责与权力的基础上,重点分析了小学班主任的素养结构。

 学习目标

1. 识记"幼小衔接""自我教育""青春期""素养"的概念。

2. 了解小学生的生理、心理特征、时代特点;了解小学班主任角色、小学班主任特殊性、小学班主任的职责与权力。

3. 掌握小学生各年级的管理策略;理解小学班主任的素养结构。

 教育写真

这才是真正的朋友[①]

一天,我班学习委员陈丽到我办公室拿作业本,递给我一封信,然后抱起一摞作业本走了。我心想,有什么事不能当面说,搞得这么神秘。我挺纳闷地拿起封好的信,一拆开,三个醒目的大字映入眼帘——"辞职信"。我急忙看完信,原来陈丽在班级管理中,她形影不离的好朋友李莹总是不听她的,这让她很为难。"当官的"

---

① 周保英.新课改视域下班级管理案例析[M].武汉:华中师范大学出版社,2005:89-90.

都不愿意得罪人,学生们虽然涉世未深,却也有同样的心理。作为班主任,我经常遇到这样的事。大多数时候,学生都是被我当面说服,不提辞职,但事后看来,他们心里并不愿意,工作起来也不够积极,而陈丽是个感情很细腻的女孩子,对这件事显然也经过慎重考虑。

我一改过去的做法,没有找她谈话,而是也写了一封信给她,因为我觉得她可能更愿意这样跟我交流。在信里,我先是作了自我批评,为对她的关心不够表示歉意,然后肯定了她的工作成绩,表示了对她的信任,相信她会处理好班级管理与同学友谊之间的关系。信写好以后,我觉得"解铃还须系铃人"。陈丽不是不想当班干部,主要还是与好朋友李莹的关系难处理,这才是问题的关键。于是,我把李莹找来,先让她看了陈丽的辞职信,李莹看完,竟哭了起来,等她平静下来,我说:"你肯定也有很多话对陈丽说吧,把它写下来,好吗?"李莹的信写得很真诚,最后,李莹把我和她的信一并交给了陈丽。

第二天,陈丽和李莹手拉手来办公室找我,两个人冲我笑了,笑得很腼腆,但流露出发自内心的高兴,我笑着对她们说:"这才是真正的朋友。"

班干部与学生之间发生冲突是难免的事。作为班主任不能有丝毫的麻痹大意,一定要高度重视,要根据不同情况,积极寻求处理冲突的有效策略。如何正确处理班干部与学生之间的矛盾,往往直接影响到班主任的威信、班级的风气和凝聚力。因此,正确地处理好学生间的冲突是班级工作中艺术性较强的一部分工作,既解决冲突,又要让学生得到教育,否则生生之间、师生之间会出现紧张甚至对立的局面,导致班级混乱,对教育教学工作的顺利开展和推进产生不良影响。

第一节 小学班级管理中的学生

一、小学生发展的一般特征

(一)小学生身体发展的一般特征

身体的发展是儿童心理发展的物质基础,小学生身体的健康发展为他们从事学校学习活动提供了保证,而脑及高级神经系统的发育更是他们心理发展的前提和重要的

物质基础。小学生身体发展在人的一生发展中处于一个相对平稳的状态。他们的身高平均每年增长4-5厘米,体重平均每年增长2-2.5千克。同幼儿相比,骨骼更加坚固,但由于骨骼中所含的石灰质较少,比较容易变形、脱臼。小学生身体的肌肉组织虽有所发展,但不够强壮,缺乏耐力,容易疲劳,不易长时间从事过激烈的体育活动。

从体内机能的发育来看,小学生的心脏和血管在不断增长,其容积没有成人的大,但新陈代谢快,所以小学生心跳速度比成人快。从肺的发育来看,六七岁儿童肺的结构就已发育完成,至十二岁时已发育得较为完善,儿童的肺活量在这一阶段也迅速增加,表明肺功能不断发展。

从脑和神经系统的发育来看,小学生的脑重量已逐渐接近成人水平。随着大脑皮层的生长发育,儿童脑的兴奋过程与抑制过程逐渐走向平衡,觉醒时间逐渐延长,睡眠时间缩短,这使儿童有更多的时间从事学习活动。

(二)小学生心理发展的一般特征

小学生的心理发展特点,是由其心理发展的条件所决定的。生理,特别是脑和神经系统的均匀和平稳的发育,构成了小学生心理的协调发展。学习成为主导活动,不仅使小学生的智力从具体形象思维过渡到抽象逻辑思维,而且也使他们的社会性和个性获得迅速的发展。

小学阶段的时间跨度有六年之久,儿童的具体成长过程在不同的年级及年龄阶段具有明显的差异,低年级、中年级、高年级是三个具有相对独立特征的阶段。

1. 小学1-2年级学生心理发展的特征

刚入学的儿童虽然已经步入小学阶段,却不可避免地延续着幼儿时期的一些心理发展特征,他们依然很喜欢游戏,同伴交往、社会性发展都在游戏中继续发展着。此时的儿童对是非、善恶的判断还处在以成人标准为标准的阶段,对成人的依赖开始从对父母的同一转向对教师的同一,明显地表现为对老师权威的服从,最典型的特色就是"打小报告"。教师要根据小学低年级儿童的这些心理特点加以引导,给孩子一个适应的过程,做好幼小衔接的入学教育工作。

低年级的儿童还保留着幼儿期"口语时代"自我中心的特征,他们在倾听或与别人对话时,总会拼命地讲自己想说的话,却不大关心对方所讲的内容。他们的思维有时显得很散,回答问题常会答非所问,或者说许多不相关的话,课堂上也会出现类似的情况。大约二年级时起,儿童自我中心言语在逐渐减少、弱化。

刚入学的儿童正经历着由口头语言向书面语言的转化,最初在进行书写训练时常费劲而又没有把握,因此学龄之初的孩子会有一段"橡皮时代"。如果教育者能深刻地理解儿童的这些内心世界,就不会觉得孩子的这些行为令人费解、"无聊"和"徒劳"了。

2. 小学3—4年级学生心理发展的特征

小学中年级的儿童已经完全脱离了幼儿时期的发展特点,全身心地投入到学校集体生活中,他们一边继续服从着教师的权威,一边开始重视伙伴之间的真诚与法则,伙伴规则时代悄然而至。

这一时期的儿童对成人的意见或命令不再那么唯命是从,而是试图发表自己的看法,在家里他们总是试图摆脱父母的管束,开始讨厌保护和命令,喜欢独立,进入了"不听话时代""歪理时代"。其实这正是儿童"见解形成期"的典型特征,这种"见解"并不像青春期那样完全独立,而主要是情感方面的独立。对这一时期儿童的教育指导,要关注他们情绪、情感发展的特点,而不能简单地滥用权威;应允许儿童适当地坚持自己合理性的"见解",当然也不能让不合理的"见解"肆意扩张,毕竟此阶段孩子的"见解"还不够成熟。

小学中年级儿童正处在从对成人的认同向对朋友的认同的转化期,进入了伙伴规则时代,他们内心渴望与同龄伙伴交往,开始形成小团体,团体内的人际关系既凝聚又排他,在某些情况下同伙的规则比父母和教师更有控制力。在此阶段,学校应不断增加集体生活,鼓励同伴之间的交往,不断增强团体气氛,为儿童今后社会化的发展打下良好的基础。

3. 小学5—6年级学生心理发展的特征

高年级小学生从发展的总体上看还处于儿童期,但其中一些年龄偏大的儿童已处于儿童向少年的过渡期。这一时期的儿童有了向更高层次学习的认识基础,有些孩子生理发育开始趋于成熟,青春期明显提前,使他们开始关注男女之间的差异,社会化发展进入了快速发展的状态。

高年级的孩子对各种事物都怀有极强的好奇心和求知欲,带着开放、探究的心态显示出他们广泛的爱好。在这种求知的心理状态下,他们的判断力开始理智地发展,对成人尤其是教师的批判精神开始萌生。与中年级充满反抗、逆反情绪的"见解"不同的是,他们相对显示出一些稳定与成熟,批判的目的更多是想弄清是非,或表明他们的公正。

对性别角色差异的认识,其实早在中年级就已经步入了快速的发展时期,如男生会时常对女生恶作剧,会在女生游戏时滋事扰乱,而女生则喜欢频频向老师告状,男女同桌时常会画出分界线。到了高年级,由于青春期的开始,男女儿童对各自所属的性别意识在强化,有些儿童会出现疏远异性的现象,他们开始关注自己的内心世界,心理发展正开始一个崭新的质的飞跃。这些情况会一直延续到青年初期。

(三) 班主任了解小学生的有效策略

 资料贴吧

> 如果教师想从各方面去教育一个人,那么,他就应当从各个方面了解这个人,看他在实际上究竟是怎样的人,了解他的一切优点和缺点,他平时的一切琐细的需要以及他的一切崇高的精神要求,等等。
> ——俄国著名教育家乌申斯基

《学记》说:"知其心,然后能救其失也。"苏霍姆林斯基说:"教育——这首先就是人学。不了解孩子,不了解他的智力发展,他的思维、兴趣、爱好、才能、禀赋、倾向,就谈不上教育。"无论古今中外,教育家都十分明确地提出,要想教育学生,必须首先了解学生。

1. 在观察中了解学生

观察法是人们在自然(不加控制)状态下,有目的有计划地对客观现象进行直接感知和观察的一种方法。观察法是班主任了解学生最基本的方法。

观察法最突出的优点是:保持了被观察者的心理和行为表现的自然性和客观性,由此所得的材料生动具体,真实可信,不需要特殊的设备和环境条件,可随时随地加以运用。它的缺点是:观察者处于被动地位,消极地等待有关现象的出现;观察者的材料大多是外部表象,又不易作数量上的分析,因而很难精确地确定某现象的真实原因及其本质;被观察的现象容易受到观察者本人兴趣、愿望、知识经验和技能的影响。

班主任要进行有效的观察,获得各种客观的信息,必须注意以下几点。

(1) 观察的目的性和计划性

必须制订观察计划,确定观察对象、目的、范围、时间和地点,使观察和有意注意结合起来。

(2) 坚持观察的客观性

观察要有实事求是的科学态度,尽量排除一切主观因素,不带任何成见或偏见,不先入为主,不把主观推测和客观事实相混淆。要如实记录,不遗漏、不挑选,并注意对观察材料进行验证和分析。

(3) 坚持观察的全面性

通过各种渠道对研究现象进行周密、全面、系统的观察和分析,包括观察对象的各个方面及发展的全部过程。这要求班主任首先在自己任教学科的教学全过程中对学生进行观察;其次,班主任要在各种活动中对学生进行广泛的观察;再次,班主任还须在日常生活中对学生进行经常性的观察。班主任要以敏锐的观察力,及时抓住时机,采取有效方法及时加以指导和教育。

(4) 创造良好的师生关系

班主任要努力创造一种和谐的师生关系,优化观察环境。在观察过程中,当观察对象意识到自己在接受观察时,就可能预先考虑给予观察者以一定的反应。在这种情况下,观察者应设法与被观察者建立良好的关系,消除他们对观察者的陌生感和戒备心理,尽量保持被观察对象的常态,排除各种可能的干扰和影响。

2. 从书面材料中了解学生

书面档案材料是记载学生"过去"情况的资料,它们记载了学生的基本情况和过去表现的基本情况,如年龄、身体状况、家庭情况、民族、就读过的学校、品德表现及学习成绩、体育锻炼成绩的情况。从这些记载中,班主任老师可以大体上了解到学生的大概情况。这些记载虽不"深入",但对班主任了解学生又是必需的。所以班主任在接手学生之时,在开展班级工作之前,应熟知学生的这些基本情况,以作为深入了解的基本点。

书面材料的另一种含义是指学生的日记、作文、周记、调查问卷以及写给老师的有关书面材料。这些材料都是出自学生的手笔,都能够比较真实地反映学生的思想状况、心理状况以及其他方面的状况,所以可以作为了解学生的一种渠道和方式。但也要指出,有的学生写的东西,并不一定真的代表他思想上的真实状况,所以对学生写的东西,班主任老师也要进行分析,特别是有些人常用问卷的方式调查学生,对这种调查的反映,只能作为了解学生的参考。由于问卷的内容、问卷者的身份、问卷与学生的关系、问卷实况的气氛和环境背景等原因,学生写出的东西有的可能是真实的,有的可能是随意性的,有的可能是虚假的,所以对此要进行分析,并且只能作为了解学生的参考。

 案例 3-1

用"悄悄话"沟通你我[①]

从一年级第一学期开始,郑丹娜老师就发给班级每位同学一个本子,叫做"悄悄话"交流本。学生可以任意写出自己的感受,体裁不限,长短不限,也可以用图画表示。郑老师看过后会及时用"悄悄话"回复,有的是鼓励,有的是提醒。如果认为问题比较严重,还会找学生面谈,或采取相应措施。通过"悄悄话",班主任及时掌握了学生的思想动态,同时,学生的心事也能及时得到倾诉。通过这每天一次的"悄悄话",架起了师生间的心灵沟通之桥。

3. 在班级活动中了解学生

在活动中了解学生是班主任了解学生的主要渠道和方法。任何学生,只要"动",他们的情况就会反映出来,虽然有时候学生也会"弄虚作假",但在持续的"活动"中,作假是很难的,有经验的班主任老师都善于在各种活动中对学生进行了解和考察。

班主任要在活动中了解学生,首先就要安排活动。班级集体可开展的活动很多,这些活动应该使各种类型的学生都有可能施展自己、表现自己的才华。安排活动、开展活动,班主任的立意要明确,指导思想也要明确,那就是让学生在活动中受到教育,同时也在活动中能够尽情地表现,离开这两点,"活动"就没有意义。其次,在活动中又要有意识地去了解学生,比如在活动中观察学生,就要有观察的目的性,有计划地去观察学生,同时在观察中不要先入为主,要坚持客观公正,并且在观察中要研究分析,坚持全面地发展地认识学生,不能就一时一事下结论。再次,要使活动的内容和形式为学生喜闻乐见,否则学生对活动不感兴趣,不能全身心地投入,也就不能真正"表现"自己,这又必然给了解他们造成障碍。

4. 在与学生交往中了解学生

广义地说,班主任成天在与学生交往,但这种一般的"交往"往往不能达到真正了解学生的目的。这里说的"交往",是指班主任要和学生有相互的情感交流,成为彼此谈真实思想、说真心话的朋友。这种"交往"是双向的,即班主任在与学生交往中,不仅要了解学生,也要让学生能够很好地了解班主任,这样才能相互加深理解,达到相互了解的目的。为此班主任必须对学生有诚意,让学生意识到班主任的真

[①] 张小武.用"悄悄话"沟通你我——记全国优秀班主任、北京市朝阳区垂杨柳中心小学教师郑丹娜[J].教育,2008(7):13.

诚,使学生真正感到班主任老师是自己的良师益友。如班主任抱着某种具体的"工作"目的,为了"了解"才和学生"交往",一旦被学生意识到,就会使学生怀疑班主任的真诚,并且很难再弥补回来。班主任在与学生交往中,班主任要尊重学生,平等地对待学生,不要居高临下,这样才能使学生更尊重老师,更信任老师,更主动地向老师敞开自己的心扉。

5. **在调查中了解学生**

学生中的许多问题都要经过调查才能有真正的了解。有的问题只是学生表现中的一些现象,不做调查就很难深入到矛盾的深处;有的问题头绪纷繁,说不清是非曲直,不做调查很难找到矛盾的症结;有的问题似是而非,不做调查弄不清真相;有的问题是某个学生表现出来的矛盾,但真正的原因却在其他人身上。这些都说明,了解学生必须做调查研究。同时,一个人的表现,总是有过程的,有些事总有来龙去脉,有些现象是多种作用因素促成的,即使同样的问题,原因可能不尽相同,这也说明班主任进行调查研究的必要。调查了解情况,是一门工作艺术,与班主任的综合修养有密切关系,因此班主任要不断加强自身修养,使这项工作收到更好的效果。

6. **在日常活动中了解学生**

班主任在日常工作中,随时随地都在与学生接触。在这种接触中,对学生的表现视而不见、听而不闻,就会放过对学生的了解。班主任与学生接触多年,但对学生却不甚了解,其原因就是缺乏做"有心人"的意识。班主任与学生在日常生活中接触面很广泛,例如:在教学活动中了解学生,学生的学习动机、学习态度、智力因素与非智力因素等;通过偶发事件了解学生,比如学生间突发的较为激烈的矛盾冲突,教师与学生之间、学生与家长之间、学生和其他人之间的矛盾冲突等;在日常表现中了解学生,学生的日常表现能够比较全面地体现学生的情况,包括他们的思想认识水平、道德表现以及心理状况等等。

二、现代小学生的时代特征

 资料贴吧

> 我们所需要的是儿童以整个的身体和整个的心灵来到学校,并以更圆满发展的心灵和甚至更健全的身体离开学校。
>
> ——美国著名教育家杜威

小学生心理的一般发展特点,是生命的自我展现,但人的生命,还包括社会属性。按照马克思的观点,社会属性构成了人的本质属性,而心理结构中的许多素质,比如情感、自尊、自我意识等,若是脱离了社会因素的激发,也就丧失了发展的条件。因此包括小学生在内的个体心理发展,是在其内部素质与外部环境的互动中实现的。社会环境的变迁,无疑也会影响小学生的价值观与行为的改变。改革开放使中国的经济、社会、文化环境发生了翻天覆地般的变化,现代小学生,身处于三种外部力量所构成的综合影响之下:一是一些独生子女受到特殊的家庭环境与亲子关系的影响;二是市场经济对于人们社会生活无孔不入的影响;三是计算机及其网络信息技术的影响。这些影响交织在一起,共同催生了当代小学生的时代特征。

(一) 自主意识显著增强

新时代的儿童,学生的个性受到尊重,使得儿童的自主意识具有了萌发和确立的条件。有研究显示,我国小学生的自主性随年级增长而呈上升趋势,在3—4年级之间较之4—5年级和5—6年级之间发展略为迅速。① 一个具有自主意识的人,必须能够自主、自由地思考,形成自己的观点和观念,并能据此驱动自身的行为实践。从儿童心理发展过程看,尽管小学阶段的儿童难以对自我意识形成清晰的认知,但在社会和教育氛围的刺激下,他们有机会受到鼓励,主动思考学习和游戏、生活与交往中的种种问题,而自己思考的过程本身,便是在形成作为大写的"我"的主体。现代的小学生,会动脑、点子多、不甘寂寞、争相出头,这就是自主意识显现的标志。这里需引起注意的是,要避免儿童的自主意识被异化为"自我中心"(即在思考、选择、行为的时候,纯粹以自我为出发点,毫不理会他人和周围环境的现实条件),这是需要教师给予必要的引导和帮助的。

(二) 越来越显现出开放、活跃、求新求异的品性

随着进入小学生活,当代儿童的社会交往空间比过去有了很大的拓展,交往对象也呈现出多样化,除了父母、教师、同伴之外,还有社会各种行业人员,包括个体商贩,甚至外国人等。交往对象的扩展会使儿童产生新的认识和体验,与各种人进行交往的过程,能促使儿童的思想逐步开放,倾向于扩展自己的社交范围,容纳不同的意见和观点。尤其是计算机互联网的发展与普及,使越来越多的学生在"触

---

① 邹晓燕,等.3—6年级小学生自主性结构及其发展特点研究[J].辽宁师范大学学报:社会科学版,2008(6):35.

网"的同时,观念、性情乃至行为都发生了变化。小学生正逐渐成为互联网世界中的"生力军"。网络犹如一扇窗户,为儿童打开了广博的外部世界。开放、新奇、活跃是网络的基本特点,小学生畅游其中,无形中就受到了这些特点的影响,耳濡目染地形成了类似的个性品质。儿童的这些特点是当今开放社会的反映,因此,培养小学生的社会交往能力,学会竞争和合作,是小学教育的重要课题。

(三) 出现了一定的功利心态

在向市场经济转轨的过程中,商业文化日益兴起,人们的利益观、金钱观发生了很大的变化,追逐利益、获取财富成为人们生活、工作的重要目标,这一社会价值观的转变也影响到小学校园里的孩子们。一方面,他们在家庭、社区中,通过传媒、他人言行,感受到了崇尚实利的风气;另一方面,从父母那里得来的零花钱,比过去的儿童显著增加,有的甚至成了"小富翁",于是,想金钱、要实惠的功利心态逐渐滋生。比起过去的儿童,对个人利益的认识,经济意识的萌发,在现在的环境中有一定的积极意义,但如果儿童的功利心态过于严重,将导致自私、唯金钱是图的不良品质,在小学教育过程中这是应该加以关注的。

(四) 学习压力较大,产生了一定的焦虑感和矛盾心理

现代小学生大多是独生子女,家庭的未来和希望需要这根"独苗"来承载。这种压力,会不自觉地通过亲子关系和教养方式传递到他们身上。学习,由于同将来出人头地的不言自明的关系,便成为压力之源。问题在于,在一个班级、一个学校中,"优等生"永远只是一小部分学生的专属,于是更多学生必须面对来自家庭的不满、焦躁与责难。挥之难去的压力无疑会影响到他们的幼小心灵,造成了一定的焦虑感和矛盾心理。他们喜欢尝试新生事物,但缺乏毅力;不盲目顺从,但常表现出任性、一意孤行;具有自主欲望,但抹不去浓重的对父母的生活依赖心理;性情外向,但常常自觉孤独;内心自我封闭;善于反抗,但脆弱,经不起挫折。据张野、杨丽珠的研究,矛盾型学生的人数比重在小学中年级到高年级阶段增长迅速,表明我国小学生尤其是中高年级学生在敏感、焦虑等消极情绪的表现方面存在着令人担忧的问题。[①] 通过研究发现,由于学习压力过大,当前小学生存在情绪低落、对事情不感兴趣、厌倦生活等心理健康问题。[②] 因此,应准确了解并正视当代小学生由于外部因素而带给他们的心理变化。

---

① 张野,杨丽珠.小学生人格类型及发展特点研究[J].心理科学,2007(1):205.
② 郑莉君.小学生心理健康状况、个性特点与学习成绩的相关研究[J].宁波大学学报:教育科学版,2007(2):10.

三、小学生各年段的管理策略

(一) 小学生入学适应的引导

1. 幼小衔接的重要性

(1) 小学一年级是儿童接受学校教育的起点

对刚刚离开幼儿园进入小学的幼儿来说,这是他们人生的一个根本性的转折点。他们由事事依赖父母逐渐过渡到事事独立完成,开始承担"学生"的责任,他们已经适应的以游戏为主要形式的活动转变为以学习为主要形式的活动。毋庸置疑,小学一年级是孩子接受学校教育的起点,对其今后学业发展起着一个重要的作用。

一般而言,由于对新环境的好奇,对上学这种行为本身的喜欢,学生会在入学之初对丰富的学习活动产生兴趣,但渐渐地,学校的各种制度要求、学业要求会使学生产生不适应,再加上小学生自身控制能力差、注意力容易分散等诸多原因,孩子会面临很多的困惑和压力。所以,做好幼小衔接是一件非常重要的事情。

(2) 对校园生活的适应性影响到儿童今后的发展

第一,对儿童社会适应能力的影响。儿童从幼儿园进入小学是一个重要转折,是儿童主体对变化的外界环境重新适应的时期。在这一时期,儿童会有更多的机会独立面对问题,如自身习惯与规章制度的冲突,评价标准的改变,交往中的选择,生活环境的变迁等。儿童是否能积极主动地面对问题,适应新的角色,对其今后的学校教育生活,乃至更长远的成人社会生活都会产生影响。

第二,对儿童自我评价的影响。虽然同龄的孩子一起入学,但每个人所呈现的面貌却是各不相同的,在同一个问题面前,解决的能力也是有高低的。这往往会影响到儿童的自信心与自尊心,影响到儿童的自我评价。

2. 抓好常规教育,养成良好习惯

很多学习习惯都是在小学低年级形成的,以后如果不给予特别的教育,形成的习惯难有较大改进。因此,低年级班主任的工作重点应放在常规教育上,养成学生良好的学校生活习惯。

(1) 明确规章制度

一年级的小学生,刚刚从幼儿园进入正规的学校教育,虽说行为习惯和学习习惯都有一些基础,但养成教育依然是教育管理的重中之重。对学生明确规章制度,是养成教育的第一步。在这个过程中,班主任要做到"三勤",即脚勤、眼勤、嘴勤。

脚勤,即要经常走到班级同学中去,多与学生接触。在学生习惯还未养成时,要多跟班进行督促检查,随时宣传各种制度。

眼勤,即要经常去观察学生们的情况,以便及时掌握第一手材料,及时举例,让学生与规章制度相映证。

嘴勤,即多找学生谈心,及时提醒他们;多与家长沟通,让家长了解学校的规章制度,做到家校共建,家校互动。

(2)建立合适的评价体系

评价体系有的是学校依据学生守则、上级教育部门的规定贯彻的,有的是根据班里学生的实际情况建立的。需要强调的是,评价体系的建立和宣传过程就是一个重要的教育过程。

(3)从细节入手

习惯的养成要有一个过程,是循序渐进的。班主任对小学生的要求应从"小"入手,由低到高,在点滴中逐步积累,逐渐定型。具体而言,班主任要做到"五细"。

第一,"细心":低年级的孩子遇到事情,经常不善表达,这就需要教师细心观察,发现问题,及时处理。

第二,"细致":孩子年龄小,行动能力差,教师在布置任务时要考虑周详,步骤衔接紧密,跨度合理。

第三,"细节":通过细节,教师传达符合要求的正确行为。关注细节,教师可以了解到学生对要求的理解程度。

第四,"仔细":仔细是一种工作态度,它保证了教育的公正性和正确性。同时,教师的"仔细",对学生的做事态度也会产生潜移默化的影响。

第五,"细作":对低年级的孩子,教师一定要认真对待每一件事情,耐心、持续地坚持习惯培养。

(二)中年级学生自我管理的指导

 资料贴吧

> 记住你的教育目的应该是培养成一个能够自治的人,而不是一个要别人来管的人。
>
> ——英国著名哲学家斯宾塞

1. 实施自我管理的意义

在小学中年级,逐步开始引导班级和学生个体学会自我管理,不仅是基于他们

的年龄特征——即已经有了自我管理的一定能力,而且自我管理能力的不断完善对于班级的发展和学生个体的发展具有重要意义。

(1) 引导学生自我管理是班级组织形式的必然要求

班级组织形式下的教育教学可以提高工作效率,但其不足之处是难以顾及集体中每一位成员的具体情况。数十名学生组成的一个班级,仅靠班主任、科任教师等几个人的力量,是无法取得较好的管理效果的。引导全班的每一位同学,发扬主人翁精神,个个都成为班集体管理工作的积极参与者,班集体方能成为健康、完整的有机体。

(2) 引导学生自我管理可以提高其自我教育能力

从根本上说,儿童能否受到良好的教育,有内外两方面因素的影响,而引导小学生自我管理正是其内部因素发挥积极作用的重要途径,这样可使学生在更好的环境中接受教育。

(3) 引导自我管理,可以培养儿童独立的个性

"独立"不仅指不依赖父母,有较强的生活自理能力,更重要的是指具有开拓创新的思维能力。在班级管理中有效地实行自我管理,有助于儿童认识自我,了解他人,明确人与人之间的合作关系,培养其独立分析问题、解决问题的能力。

2. 自我管理模式的建构

(1) 良好的班风班貌是实施自我管理的保障

引导学生自我管理,首先应该使他们树立集体主义观念,使学生的自我管理植根于集体中,具有集体的内涵。应该说,先要搞好班级建设,自我管理才能有效开展。班级成员一方面要管理好自己;另一方面,还要关心他人和集体,认识到自己是班级的一员,管理好班集体是大家的共同职责。

(2) 在实践活动中培养自我管理的能力

第一,责任落实到人,强化自我管理。班中的各项工作都分配到人,责任落实到人。由于各项工作都有专人负责,因此,即使班主任不在,学生也能按部就班地正常开展工作,在此过程中,班主任并非不管,而是仔细观察,发现其中的问题及时处理,并定期进行总结和表扬,以增强学生自我管理的能力。

第二,为学生搭建活动平台,提高自我管理能力。丰富多彩的活动是学生喜闻乐见的受教育方式。为了最大限度地让学生通过活动提高自我管理的能力,活动前,教师可以和学生共同拟订严密的活动计划,确保活动的顺利进行,在给予活动指导的同时,尽量鼓励每一位学生发挥自己的作用,使每一位学生都得到锻炼的机会;活动后,教师要注重对活动的后效管理,引导学生对活动进行总结,让学生明确

活动的重要性以及活动的一些具体要求。总之,平时也应该使活动发挥效能,从而提高学生的自我管理能力。

第三,要在学生中适时地树立典型。小学生的模仿力强,可塑性大。对他们来说,榜样的力量是无穷的,尤其是身边的典型事例真实、直观,更能感染他们。榜样可以是一贯优秀的学生,也可以是进步较大的学生。让优秀的学生在体验成功的愉悦中再接再厉,不断奋进;让暂时落后的学生以典型为榜样,找差距奋起直追,不断进步。

(3) 指导学生正确地评价

班主任应该经常对学生的自我管理能力进行肯定,使他们不断看到自我管理的成绩。心理学研究表明,人们往往对自己可能成功的事情感兴趣,而不愿去干不能成功的事情。因此,不断让孩子体验到成功的快乐是调动其积极性的最有效的手段。

小学中年级阶段,学生开始越来越在乎来自同伴的评价,所以,教师要多给孩子之间创造互评的机会,在互评的过程中,不但要给评价的标准,更重要的是引导学生如何客观、全面地评价一个人,从多方面去评价,不要仅以成败论英雄。

3. 培养自我管理的同时关注不同学生的需求

(1) 学生差异变大,需求更加体现个性

由于中年级阶段是学生意志品质发展的低谷期,再加上知识难度的增加,学生之间的学业成绩开始出现较大差距。这个时期又是学生自信心发展的关键期,部分学习成绩好的学生在接受别人的评价中发现自身的价值,产生兴奋感、自豪感,对自己充满信心,有的甚至有时"目空一切";相反,有的由于成绩不良或某方面的缺失,没有受到班级同学的重视,往往对自己评价过低,对自己失去信心。除此之外,情绪的不稳定、独立意识的增强都会使学生面临各种困惑,这就要求班主任能够关注不同学生的需要。

(2) 用发展的眼光看待学生的成长

在实际教育工作中,一些教师会给学生贴上"好"和"差"的"标签"。这种"标签"有的是有意贴的,有的是在不经意之间流露出来的。比如在教学中,教师提出一个比较难的问题,自然想寻找能够顺利回答的人,于是目光不自觉地投到成绩较好的学生那里。同样,班主任需要学生协助工作,也通常会不由自主地想到应交给开朗、稳重的学生去做,而那些不引人注意的学生不容易得到机会。班主任也很容易形成认识定式,比如,好学生皱眉会认为他在思考问题,而成绩较差的同学皱眉会认为他们不会。

学生的成长是有阶段性的。所谓的"差生",只是暂时的,而他们的"差"其实正是教师应该帮助的重点。无数的事例证明,儿时的"差"并不意味着将来的"差"。教师一定要用发展的眼光看待学生,要怀有一种"成长的期待"。[①] "成长的期待"是一种智慧。智慧的教育是因材施教、因人施教、以智启智。对正在学习与成长的孩子来说,赏识是最好的教育方式。赏识孩子,并且相信孩子会一点点地进步,这是一种充满智慧的等待。"成长的期待"需要坚持,对于正在学习与成长中的孩子来说,重要的是习惯的养成以及学习思维的形成。这些需要班主任通过一次又一次的教育去发现、去感悟、去生成。班主任应坚持科学的方法,坚持良好的习惯;坚持信任,相信孩子能做好每一件事,不能因为某些因素的变化就突然否定一切,尤其是否定孩子的信心。

(3) 对学生提供及时有效的帮助

第一,为学生服务。班主任的一切施教行为要着眼于学生的长远发展和全面发展,遵循教育规律,放下架子,有坚持真理的勇气和智慧。不要总是摆出居高临下的态势,不要随意附和来自社会甚至来自学校管理人员的不正确观念或做法。

第二,为学生提供有针对性的帮助。这要求教师尽可能细致地了解每个学生的具体情况,在此基础上,为每个人提供适宜的帮助。帮助的目标不能脱离实际,应是学生经过努力所能达到的。

第三,和学生交心。班主任要勇于把自己的人生态度、教育教学理念、人生阅历、生活的经验、成长的教训与学生交流,以获得学生的理解和配合;让学生从老师这面镜子中照见自己的不足,少走弯路,早日成长为理智的人。

第四,遇事要和学生商量。教师遇事要和学生商量,具体包括教育教学内容、集体活动、比赛等都应跟学生交流,了解学生的兴趣、能力、要求,与学生一起总结、参与。在此过程中,可渗透班主任的教育思想,使学生能有一个比对、参照,以达到自觉矫正的目的。

(三) 高年级学生青春期前期教育

"青春期",顾名思义,它是个体从性机能迅速发展至性机能成熟的阶段,也是人生各方面变化最大的阶段。青春期的变化非常快,因此它是一个短暂的发展阶段,重叠着少年期至青年初期。

---

① 余承智.师爱是一种等待[J].中小学心理健康教育,2008(23):37.

1. 开展青春期前期教育的原则

(1) 适时、适量、适度的原则

在青春期前期性教育中,必须依据青少年身心发展渐进性的特点,既不超越,也不延缓,确定恰当的教育时机,使学生有准备,能愉快健康地走进青春期。在传授性知识时,要根据学生年龄特点和承受能力,把握分寸,防止过度,选择相匹配的教育方法,并组织灵活多样的教育和辅导形式,指导青少年形成健康的性意识。

(2) 科学的原则

在对学生进行青春期前期教育时,建议把握"温、文、稳、问"的四字原则。具体是:"温"即温暖,科学地谈性,并不意味着专用术语、现实回放,而更应是一种温柔、自然、充满爱的态度,令人感到温暖的态度是性教育的前提;"文"即科学性,科学不仅指概念的科学,还指传授知识的方式是科学的;"稳"指的是不能操之过急,尤其在性教育方面,必须小心翼翼;"问"指的是要鼓励孩子发问,让孩子能和教师自然地交流。为孩子们铺设不同的交流渠道,这既是课堂的延伸,同时也是解决所谓敏感话题的必要手段。①

(3) 紧密联系学生生活实际的原则

青春期前期教育有一个很显著的特点,就是要帮助学生解决生活、心理等诸方面的实际问题。所以,不能一味地讲解知识,而要通过引导和实践,让学生掌握解决问题的方法。比如,女生可以从生理变化讲解入手,让她们学会爱惜保护自己的身体,进而懂得如何自尊自爱。而这时的男生随着身体不断地强壮,开始对"力量"着迷,觉得可以靠力量控制、解决事情,达到一些目的。所以在青春期,很多男孩子会因为使用不好的"力量"而带来恶果。如果仅用以往的纪律强化,往往会带来孩子情绪的反弹,因此,在小学高年级引导男生对"力量"重新认识是非常必要的。

2. 开展青春期前期教育的方法

(1) 讲座

讲座是进行青春期前期教育常用的方法。讲座的好处是覆盖面广,内容具体,指向性强,信息量大;不足是缺少互动,不能照顾到个别需要。讲座的方法比较适用于知识的讲解。

(2) 谈话

谈话是班主任与学生的个别谈心与交流,其优势是及时、私密、高效、灵活。这里需要强调的是,谈话绝不能是教师的"单项输出",要有"倾听、激导、支持"的过

---

① 李红延.为心灵点灯[J].北京教育:普教版,2009(3):23.

程。倾听,是了解的手段,是无条件接纳的表现;激导,是帮助学生自己理清思路,寻找解决问题的方案;支持,是一旦看到学生找到了相对正确的答案,表示支持,加以强化。教师要实现角色转换,坚持平等,尊重学生,实现师生双向沟通,共同探讨,帮助学生自己做出决定;应充分理解学生,无条件地接纳他们,真诚对待每一位学生,把学生看成有个人价值的人、有无限潜能的人、人格健全完善的人,教师要引导学生能尽快诉说自己心中的想法,从他们的倾诉中发现问题,并在此基础上,帮助他们自我解决问题,挖掘自身的发展潜能,顺利地进入青春期。

(3) 班会

班会的优势是主题鲜明、形式活泼,学生之间可以交流、影响。因为涉及青春期教育问题,所以班会在设计时一定要注意科学性和形式的多样性。

 资料贴吧

走近国外的性教育①

1. 瑞典

瑞典早在1933年便成立了非政府组织PFSU(全国性教育协会),是世界上第一个成立全国性教育组织的国家。1942年开始对7岁以上的孩子进行性教育,其"早期学校性教育"是国际公认的青春期性教育成功模式之一。教师采用启发式、参与式和游戏式,把教育内容重点放在恋爱、婚姻与人际关系的处理上。1966年,针对家长难于对孩子启齿"性"问题,瑞典又通过电视实施性教育。

瑞典性教育的经验是与孩子们交流谈话,让孩子知道"性"究竟是怎么回事。PFSU在网上每年要回答大约一万封关于性教育问题的信件。自展开性教育以来,瑞典的性病患病率呈下降趋势;几乎没有20岁以下女孩怀孕生育的情况;艾滋病感染者至今(2000年统计)只有5132例。

2. 荷兰

荷兰的儿童从6岁进小学开始就接受性知识方面的教育;性教育课与其他学科一样,没有什么特别。孩子们不仅上课,还自己做研究,写报告。在欧洲国家中,荷兰青少年怀孕率是最低的。所以专家们认为,对性有正确认识,可以帮助孩子保护自己,不至于因为一时的性冲动或对性好奇做出终生后悔的憾事。

---

① 贺军成.走进国外的性教育[J].班主任,2006(1):47.

3. 英国

英国的所有公立中小学根据"国家必修课程"的具体规定来进行性教育。英国的性教育按不同年龄划分为四个阶段：5—7岁阶段，初步了解人体器官名称，知道人类可以孕育下一代，会区分男女身体上的异同等；8—10岁阶段，掌握人类生命周期的主要阶段，包括生殖、生长发育等；11—13岁阶段，懂得青春期的各种生理和心理变化，知道什么叫做月经和受精等；14—16岁阶段，学习生殖激素对人体的作用，了解医学上使用生殖激素来控制和提高生育力的情况和男女性别的决定因素等复杂问题。除了这些必修内容外，学校还根据学生的特点增加有针对性的内容，如性健康、人与人之间的关系、情感释放、肢体语言等。

4. 芬兰

从20世纪60年代开始，芬兰政府就开始实施性教育计划，教育孩子建立正确的友情，从性保健的角度开展性教育。20世纪70年代开始，芬兰性教育进入了中小学教学大纲，连幼儿园中也有正面的性教育图书，并建立了性教育咨询电话、儿童保护机构等，随时为青少年提供帮助。

芬兰有本性教育书——《我们的身体》，备受各国专家推崇。书中有"细胞""皮肤""视觉""听觉""呼吸""骨骼""消化"等章节，家长可以像讲《一千零一夜》那样每天给孩子讲一节。对孩子的性教育就这样自然而然地开始了。

5. 泰国

艾滋病曾对泰国的经济造成极大影响，泰国为遏止少女怀孕和艾滋病问题恶化，把性教育时间提前到幼儿园——从娃娃抓起，因为三四岁的孩子不会害羞，能坦然地接受性教育。经过积极努力，泰国21岁男性性病感染率比以前下降三分之一。

第二节 小学班级管理中的班主任

在班级管理中，班主任是班级管理的核心，是班级的总设计师。班主任不仅要履行教学职责,完成教学任务,还要对班级负责,担任班级的管理工作,完成班级的协调统一。因此,班主任除了具备一般任课教师所具有的专业素质、专业知识、专业技能、专业态度外,还应该进行准确的角色定位,具备特殊的工作技能。

一、小学班主任的角色定位

班级管理的特点使班主任必须扮演多种角色,才能胜任工作。

(一)班主任是学生全面发展的指导者

每个儿童步入学校以后,都是在教师,特别是在班主任精心教育培养下逐渐成长起来的。班主任负责学生德、智、体、美、劳等各方面的工作,这是其他任课教师无法替代的。班主任的能力越强,指导越是得法,学生就越能够全面地和谐发展。这是因为学生是发展中的人,他们的知识经验、辨别能力、控制能力都处于不完善和提高的过程之中,特别需要班主任的指导和帮助,由于班主任是与学生接触最多的教师,他熟悉学生的特点和成长的轨迹,能够根据每个学生的具体情况来加以引导,及时指明学生发展的方向。所以班主任是学生全面发展的指导者。

(二)班主任是心理工作者

因为班主任不懂学生心理,就不能帮助学生提高学习质量,不能很好地了解学生。消除学生因心理问题产生的情绪困扰、自卑感和使学生增强信心,也要做好心理教育。同时,班主任不注意学生的心理问题,会有意无意地伤害学生。这就要求班主任应成为心理工作者。

(三)班主任是知识丰富的学者

现代社会知识信息源的增加,使学生关注着大量的当代信息,受到广泛的社会信息的影响,因此教师必须具有渊博的知识,又要不断更新知识,这样才不至于缺乏教育的功力,才有资格对学生进行教育和管理。

(四)班主任要成为导演和演员

在班级管理中,教师要调动学生的积极性,要精心设计学生的活动和指导学生去完成某项活动任务,这是导演的功能,一名优秀的班主任就应是一名好的导演。同时,班主任要研究自身活动的教育影响力度,比如如何通过表情、声调、动作、姿态对学生进行心理感染和心理暗示,这就是演员的功能。就是说在班级管理过程中,教师所做的一切,都要对教育效果负责,而不是由个人情绪所支配。

（五）班主任还要成为社会活动家

当今学校不仅是"复杂的课堂社会"，而且许许多多的班级活动，不能只在教室内、学校内进行，离开社会，班级管理则很难进行。班主任为了进行班级管理，要与社会多种部门打交道，否则活动难以开展，这势必使班主任要成为社会活动家。

二、小学班主任的特殊性

（一）班主任的工作对象

班主任的工作对象是小学生，他们的发展方向还不确定，受社会的影响还很大，班主任要认识并注意到学生是发展变化的，认识并注意到学生是受教育的主体。班主任工作对象的复杂性，就必然使这种工作复杂艰巨，同时，班主任工作绝不是一蹴而就的，它又是繁重的。学生动态的表现使得班主任工作常常无规可循，即使是以前使用过并行之有效的方法也可能不为"现在的"学生所欢迎，所以班主任工作又是创造性极强的工作。班主任不仅要不断学习，还要不断地创造，这样才能使自己的工作有声有色，为学生所欢迎。

（二）班主任的劳动手段

班主任工作要想产生对学生的作用，就必须运用必要的手段向学生施加教育影响。班主任向学生传道、授业、解惑是以班主任教育手段的主体化来体现的。主体化的程度越高，释放出来的影响就越强，学生所受的教育就越深，班主任劳动的价值就越大。

班主任教育和管理一个班级的学生，还要在工作中发挥主导作用，使学生的主动性按班主任的教育意图来发挥。解决两者矛盾，其根本之点就是班主任教育手段主体化的成熟程度。班主任劳动手段主体化，还要扣紧"教育"来施展，要从教育的主导作用上来发挥，使学生愿意并积极地选择班主任的教育内容和方式，使学生的主动性随着班主任的教育意图来展开，这也是班主任劳动手段主体化的方向和要求。

（三）班主任的工作成果

制约班主任工作成果的因素大致有以下几种：一是社会的大环境，指社会的政治、经济、文化环境以及社会的风气等。这种大环境能够对学生产生各种影响，形成一种与学校教育不同的结果，这种"结果"制约着班主任的工作。二是学校的环境，指学校风气、学校教育的力度、学校的文化环境等。它直接影响着班级的面貌，也熏陶着学生。三是家庭的环境,指家庭的教育环境和文化环境以及家庭成员的关系。很少有学生不存有家庭的烙印,好的家庭教育与不良的家庭教育,都影响着班主任的工作。面临这种种制约因素,班主任既要看到改变学生所受的外界不良影响的难度,又要明确自身在教育学生中的主导地位。

(四) 班主任的情感体验

班主任的工作与班主任的情感密不可分,又是班主任工作特殊性的表现。所谓班主任的情感,有这样两层意思:一是对学生的爱心,二是班主任的情感体验。对学生的爱心,是班主任对自己工作的热爱,也是工作的需要。这种爱首先是一种社会责任感的体现,这种爱也是对每个学生的具体的情感,是对他们成长的珍惜和寄予的无限希望,是对学生进行教育活动的动力;班主任工作的情感体验的特殊性在于班主任工作的苦乐兼具性,这种苦与乐的体验是从事其他工作难以比拟的。这是因为,班主任从学生身上得到的爱戴、崇敬、感激是无法言传的,但班主任的工作永远是辛苦的。

(五) 班主任的威望

班主任工作的另一特殊性在于班主任在学生心目中的威望。所谓威望是指班主任在学生心中的声誉和名望,这是学生能够接受班主任教育的一项必要的条件。班主任工作的实践表明,班主任对学生的教育能够被学生接受,除了有上文讲的班主任的智能与情感之外,主要就是班主任的威望。班主任的真正威望是班主任主体的表现在学生客体上的反映,它与班主任的学识、情感、人格以及敬业的态度有很直接的关系。班主任的工作与班主任的威望有密切的关系,没有威望,班主任就不能很好地进行工作,就无法取得学生的信任与尊敬。因此,"威望"构成了班主任工作的条件,是班主任工作的另一特殊的表现。

三、小学班主任的职责与权利

(一) 小学班主任的职责

强调班主任是负有特殊使命的教师,主要是从班主任的任务来认识的。班主任究竟有什么责任,它的任务是什么,说法并不一致。有的班主任老师,虽然当了班主任,但对班主任应当承担什么任务也不十分明确。这样,班主任工作就有很大的随意性,因而对班主任工作的评价也时常出现偏颇。这里从以下七个方面认识班主任的任务,了解班主任的职责。

1. 管理班级

班主任的一项重要任务是管理本班学生。管理学生不是把学生"看"住,让他们听话,守纪律。班级管理的实质是使班级在班主任组织领导下,成为一个团结向上、井然有序、运作正常的集体。班主任的任务就是通过教育组织工作,通过规章制度,通过发挥学生多方面的积极性、主动性,使班级按预期的目标运行。

班级管理的内容很多,常规的管理有学习活动管理,包括上课、课外作业、考试、学生的集体自修等;生活纪律管理,包括考勤、日常作息安排、维持各种活动的纪律、清洁卫生、执行守则、保持学校正常秩序等;班级组织管理,包括组建班委会、选拔各种活动组织的负责人、指导学生干部工作等;计划管理,包括制订班主任工作计划、班主任工作总结、学生短期活动计划、分项工作计划等;评价管理,包括学生的总体评价及单项评价(如操行评定、学习评定、身体评定、参加某项活动的评定、阶段性评定等),对学生的表扬、批评、奖励、惩罚等;偶发事件管理,包括学生中出现意外事故、学生离家出走、打架斗殴等。

2. 指导班级活动

班级活动随着学校教育功能的扩大,学校教育的开放日益繁多。这些活动包括日常学习活动、指导团队活动、组织文化体育活动、组织社会实践活动、组织班会活动、组织公益活动、组织课外科技特长兴趣活动、组织参观访问调查活动、组织军事训练和旅游活动等等。

3. 教育影响学生

教育影响学生是班主任的中心工作,班主任所有的工作最终目的都是教育影响学生,使他们健康成长。班主任要在很多方面教育影响学生,主要有思想政治方面的教育,包括学生的世界观、人生观以及政治态度;伦理道德方面的教育,包括道德认识、道德情感、道德意志、道德行为的教育以及行为规范的养成;学习态度及方法的教育;身心健康的教育;适应社会的教育,包括人际交往的能力、礼仪,对社会现象的辨识以及社会责任感的培养;还有对特殊学生的特殊教育等。总之,班主任承担着多方面教育影响学生的任务,班主任要把这些任务归结到教育培养学生立志、修身、成才、进取、适应社会等方面。

4. 协调同事

班主任只靠自己的力量还不能完全教育好学生,协调同事共同做好教育工作也是十分重要的。班级集体的组成除了班主任、学生之外,还包括所有的科任教师。学生在校内受的是整体教育,组成整体的各部分都起作用,这是别人不可代替的。任课教师讲授某门功课进而对学生进行开发智力、渗透德育以及其他教育活

动,是对学生进行整体教育的有机组成部分。班主任还要协调校内有关部门,如图书馆、食堂、实验室、学生生活的负责人等。这些部门都是与学生在学校生活发生密切关系的地方,班主任要主动与他们联系,争取他们支持班级工作、共同教育学生、反馈有关情况。

5. 沟通家长

家庭教育对孩子性格的形成、素质的好坏以及现实的表现都有重要的作用。家庭教育可以成为学校教育的助力,也可以成为阻力。因此,注重家庭教育,密切与家长的关系,加强与家长的联系是班主任的又一重要任务。联系家长的主要目的是取得家长与学校教育的共识和一致,取得家长对学校教育的帮助和支持,了解学生在家庭、社会的表现,与家长研究共同的教育方法。

6. 联系社会

随着学校与社会关系的日益密切,班主任必须把联系社会作为自己工作的另一项任务。现代社会,学校培养学生已离不开广泛的社会信息源和千变万化的社会形势,因为这些都无时无刻不在影响着学生。同时,变化着的社会也需要学校培养出它所需要的人才。所以,学校与社会的关系在教育目的、教育要求、教育内容和借助教育力量上,都有密切的关系。班主任应重视沟通社会工作,加强与社会的积极联系,使社会与学校形成积极的正向教育合力,把不利的社会影响作用,变得更小,更无力。

7. 服务学生

教师的职责就是为学生服务,他们的一切活动都是为学生成长服务,为培养学生服务。例如,生活服务,班主任要关注学生在学校的种种情况,包括学习、生活、身体等,并积极去创造条件,改变不合适的状况;文化服务,使学生的文化生活积极、健康、有益;学习服务,如提供学习参考书,对学生进行课外辅导或家庭辅导,帮助学生请科任教师补课等。

(二) 小学班主任的权利

1. 享有普通公民和教师应享有的一切权利

作为一名普通公民,班主任享有我国《宪法》所赋予公民的一切权利,诸如平等权、政治权与自由、宗教信仰自由、人身自由以及社会经济与文化教育方面的权利。妇女还享有与男子平等、同工同酬等权利。

作为一名教师,其权利在《中华人民共和国教师法》(1993年)中有明确保障:

(1) 进行教育教学活动,开展教育教学改革和实验;

(2) 从事科学研究、学术交流，参加专业的学术团体，在学术活动中充分发表意见；

(3) 指导学生的学习和发展，评定学生的品行和学业成绩；

(4) 按时获取工资报酬，享受国家规定的福利待遇以及寒暑假期的带薪休假；

(5) 对学校教育教学、管理工作和教育行政部门的工作提出意见和建议，通过教职工代表大会或者其他形式，参与学校的民主管理；

(6) 参加进修或者其他方式的培训。

2. 班主任的特有权利

根据《中小学班主任工作规定》（以下简称《工作规定》），班主任所享有的权利体现在以下几方面。

(1) 班级管理与教育的权利

《工作规定》指出："班主任是中小学日常思想道德教育和学生管理工作的主要实施者，是中小学生健康成长的引领者。"管理班级，教育班级学生，引导学生健康成长，既是班主任的职责，也是班主任所享有的特定权利。管理班级与教育学生需要采取多种手段，班主任应以尊重学生、正面激励为主，但针对现实中有的教师尤其是班主任不敢管学生、不敢批评教育学生、放任学生的现象，《工作规定》还特别强调："班主任在日常教育教学管理中，有采取适当方式对学生进行批评教育的权利。"

(2) 参与学校管理的权利

班主任是由学校选聘的，必须接受学校的管理，遵守学校的规章制度。同时，他们又分担着学校的教育责任，是学校教育第一线的骨干力量，是学校教育工作最基层的组织者和协调者。也正因为班主任与学生联系最紧密、最了解学生的发展需求，他们不仅有权依据《教师法》对学校教育教学、管理工作和教育行政部门的工作提出意见和建议，而且他们的意见和建议能更多地反映学生及家长的心声。因此，学校在教育管理工作中应充分发挥班主任的骨干作用，注重听取班主任意见。

(3) 进修、培训的权利

每一名教师都享有参加进修培训的权利，但是，以往班主任得以进修、培训的机会与平台却很少。《工作规定》指出："教育行政部门和学校应制订班主任培养培训规划，有组织地开展班主任岗位培训。""教师初次担任班主任应接受岗前培训。"实际上，2006年8月，教育部就正式启动了《全国中小学班主任培训计划》，规定从同年12月起建立中小学班主任岗位培训制度，而且培训"要坚持以各级政府财政投入为主，多渠道筹措中小学班主任培训经费。设立中小学班主任培训专项经费。

不得向教师个人收取培训经费"。这些都意味着班主任的进修、培训权利从此得到了政府的有力支持。

(4) 享有公正报酬与待遇的权利

2006年6月,《教育部关于进一步加强中小学班主任工作的意见》指出:"要提高中小学班主任的地位和待遇。班主任工作是中小学教育中特殊重要的岗位,中小学校要在教师中营造以从事班主任工作为荣的氛围。要将班主任工作记入工作量,并提高班主任工作量的权重。各地要根据实际,努力改善班主任的待遇,完善津贴发放办法。要适当安排班主任的教学任务,使他们既能上好课又能做好班主任工作。"《工作规定》则具体对班主任应享有的工作报酬、待遇与奖励予以了明确:"班主任工作量按当地教师标准课时工作量的一半计入教师基本工作量。各地要合理安排班主任的课时工作量,确保班主任做好班级管理工作。""班主任津贴纳入绩效工资管理。在绩效工资分配中要向班主任倾斜。对于班主任承担超课时工作量的,以超课时补贴发放班主任津贴。""教育行政部门建立科学的班主任工作评价体系和奖惩制度。对长期从事班主任工作或在班主任岗位上作出突出贡献的教师定期予以表彰奖励。选拔学校管理干部应优先考虑长期从事班主任工作的优秀班主任。"

 资料贴吧

中小学班主任工作规定[①]

教育部

2009年8月12日

第一章 总 则

第一条 为进一步推进未成年人思想道德建设,加强中小学班主任工作,充分发挥班主任在教育学生中的重要作用,制定本规定。

第二条 班主任是中小学日常思想道德教育和学生管理工作的主要实施者,是中小学生健康成长的引领者,班主任要努力成为中小学生的人生导师。

班主任是中小学的重要岗位,从事班主任工作是中小学教师的重要职责。教师担任班主任期间应将班主任工作作为主业。

---

① 教育部关于印发《中小学班主任工作规定》的通知[EB/OL]. http://www.moe.gov.cn/publicfiles/business/htmlfiles/moe/moe_2800/201001/xxgk_81878.html.

第三条 加强班主任队伍建设是坚持育人为本、德育为先的重要体现。政府有关部门和学校应为班主任开展工作创造有利条件,保障其享有的待遇与权利。

第二章 配备与选聘

第四条 中小学每个班级应当配备一名班主任。

第五条 班主任由学校从班级任课教师中选聘。聘期由学校确定,担任一个班级的班主任时间一般应连续1学年以上。

第六条 教师初次担任班主任应接受岗前培训,符合选聘条件后学校方可聘用。

第七条 选聘班主任应当在教师任职条件的基础上突出考查以下条件:

(一)作风正派,心理健康,为人师表;

(二)热爱学生,善于与学生、学生家长及其他任课教师沟通;

(三)爱岗敬业,具有较强的教育引导和组织管理能力。

第三章 职责与任务

第八条 全面了解班级内每一个学生,深入分析学生思想、心理、学习、生活状况。关心爱护全体学生,平等对待每一个学生,尊重学生人格。采取多种方式与学生沟通,有针对性地进行思想道德教育,促进学生德智体美全面发展。

第九条 认真做好班级的日常管理工作,维护班级良好秩序,培养学生的规则意识、责任意识和集体荣誉感,营造民主和谐、团结互助、健康向上的集体氛围。指导班委会和团队工作。

第十条 组织、指导开展班会、团队会(日)、文体娱乐、社会实践、春(秋)游等形式多样的班级活动,注重调动学生的积极性和主动性,并做好安全防护工作。

第十一条 组织做好学生的综合素质评价工作,指导学生认真记载成长记录,实事求是地评定学生操行,向学校提出奖惩建议。

第十二条 经常与任课教师和其他教职员工沟通,主动与学生家长、学生所在社区联系,努力形成教育合力。

第四章 待遇与权利

第十三条 学校在教育管理工作中应充分发挥班主任的骨干作用,注重听取班主任意见。

第十四条 班主任工作量按当地教师标准课时工作量的一半计入教师基本工作量。各地要合理安排班主任的课时工作量,确保班主任做好班级管理工作。

第十五条　班主任津贴纳入绩效工资管理。在绩效工资分配中要向班主任倾斜。对于班主任承担超课时工作量的,以超课时补贴发放班主任津贴。

第十六条　班主任在日常教育教学管理中,有采取适当方式对学生进行批评教育的权利。

第五章　培养与培训

第十七条　教育行政部门和学校应制订班主任培养培训规划,有组织地开展班主任岗位培训。

第十八条　教师教育机构应承担班主任培训任务,教育硕士专业学位教育中应设立中小学班主任工作培养方向。

第六章　考核与奖惩

第十九条　教育行政部门建立科学的班主任工作评价体系和奖惩制度。对长期从事班主任工作或在班主任岗位上作出突出贡献的教师定期予以表彰奖励。选拔学校管理干部应优先考虑长期从事班主任工作的优秀班主任。

第二十条　学校建立班主任工作档案,定期组织对班主任的考核工作。考核结果作为教师聘任、奖励和职务晋升的重要依据。对不能履行班主任职责的,应调离班主任岗位。

第七章　附则

第二十一条　各地可根据本规定,结合当地实际情况,制定中小学班主任工作的具体实施办法。

第二十二条　本规定自发布之日起施行。

四、小学班主任的素养

所谓小学班主任的基本素养,是指作为小学教师尤其是新教师从事小学班主任工作必须具备的素养。

《中小学班主任工作规定》要求,选聘班主任应当在教师任职条件的基础上突出考查以下条件:(1)作风正派,心理健康,为人师表;(2)热爱学生,善于与学生、学生家长及其他任课教师沟通;(3)爱岗敬业,具有较强的教育引导和组织管理能力。具体来说,有如下几个方面。

(一) 政治思想素养

学校教育领域中的思想政治工作,关乎教育的性质和方向,关乎接班人的培

养,古今中外一直为人们所重视。我国古代的教育典籍《学记》中说,"建国君民,教学为先",就充分地说明这个道理。

思想素养主要是指人的思想观念,是人们认识世界和改造世界时的立场、观点和方法的标准和原则。作为小学班主任的思想素养,主要是指自身应树立科学的世界观、人生观和价值观,确立实现"四化"的共同理想、信念,反映在教育学生的过程中,就是要有正确的思想意识、民主平等的观念和辩证的思维方式。

(二) 知识素养

班主任要教育培养学生,必须有一定的"材料"和"工具",这样才能给学生以营养和有"运送"营养的方法。因此,班主任必须具备优越的智能结构,即有较好的知识素养。

(1) 社会知识

班主任要为社会培养人才,要用有关的社会知识教育学生。班主任要在百忙中广泛学习各种知识,并要把这些知识作为自己修养和工作的要求。这些知识包括政治理论知识、国情知识、国际知识、重要的社会信息、法规政策知识、社会文化知识、社会人际交往的知识等。班主任的知识修养不一定很深厚,但要求其所掌握的知识应比较广泛,比较全面。

(2) 精深的专业知识

班主任一般都要在学科教学中担任一门学科的教学任务,因此,班主任要有较好的教学水平,有比较深厚的专业知识。班主任的专业知识基础与教学水平,作为一种有教育意义的因素,也是班主任能否取得威信的重要因素。

(3) 扎实的教育学、心理学知识

班主任只有按教育规律来实施班主任工作,才能真正使班主任工作科学化、规范化。班主任要有较好的教育学、心理学的理论基础,要能够用教育学、心理学理论来指导工作;同时,还要学习一些与教育理论有关的管理学、人才学、伦理学、社会学、生理卫生学等方面的知识。这样,班主任工作才能得心应手,才能真正把握规律,科学育人。

(4) 广博的知识视野

班主任面对的工作对象是千姿百态的小学生,他们的爱好、特长、发展、活动的内容和形式,都需要关注,或是给予指导。班主任还要具备接触和教育学生的其他方面的知识,这既容易与学生沟通,也容易取得学生的信任,更容易取得教育的效果。班主任应掌握其他方面知识,主要是文艺知识、体育知识、科技知识、生态环境知识、旅游知识以及休闲知识等。

(三) 道德素养

 资料贴吧

> 凡是教师缺乏爱的地方,无论品格还是智慧都不能充分地或自由地发展。
>
> ——罗素

班主任在工作中或是在学生面前,道德修养的要求是重要的,也是容易被学生注意的。所以,班主任的道德修养是不可缺少的任职条件。一个缺乏道德修养的班主任,是无法取得学生的尊重与信任的。因为班主任对学生的教育、影响,不仅来自说理和开展班级活动,更主要的还是来自班主任的人格力量,来自班主任的道德表率作用。

对班主任的道德要求,最突出的内容是他们对学生的伦理责任,这是班主任职业道德修养的核心表现。班主任还要有很强的道德意识和自我修养的自觉性,能够自正其身、自省其行。在所有的教师中,班主任应该有更高的道德意识和道德表现,不仅要教育学生有良好的道德修养,更要注意自身的道德要求。

(四) 心理素养

班主任要做好班级学生的工作,必须具备良好的心理素质。这种心理素质的表现,首先是要有明确的班主任意识,有努力做好班主任工作的心理要求。其次,班主任必须有建立在伦理责任基础上的热爱学生的情感,热爱班主任工作的情感。第三,班主任要有持之以恒的意志力,这不仅是班主任工作的必需,也是教育、影响学生的重要因素。第四,班主任必须具有热情、朝气,有广泛的兴趣。第五,班主任要有良好的性格,这主要表现在诚恳、负责、认真、克己、情绪稳定、善于调控情绪、勇于克服困难、沉着、理智等。所以,确立班主任任职条件,心理素质是必须认真考虑的内容。

(五) 能力素养

班主任的能力素养是指班主任在完成班主任工作任务过程中所表现出来的个性心理特征,既包括实践的能力,也包括心理潜在的能力。班主任要具有以下几个方面的能力,才能胜任班主任的工作。

(1) 组织管理能力

班主任组织管理能力的强弱,决定着这个班级的面貌,也进一步影响着学生的成长。班主任要使班级成为一个能够正常运转的集体、一个有凝聚力的集体,使学生能够听从指挥,喜欢并适应集体生活,广泛开展各种活动,这些都要求班主任有很强的组织能力和管理能力。

(2) 观察、了解、判断能力

学生的表现,尤其是他们内心深处的东西,常常不是明显地显现出来的,这就需要班主任去观察、发现,发现学生还没有明显表现出来的问题和闪光点,发掘学生的潜在的能力和积极因素。班主任还应具有了解学生的能力,要真正了解学生。班主任还要具有判断的能力,对学生个人或学生之间的问题进行判断,而且这种判断要准确,不发生误差。正确的判断是正确教育的起点,缺乏正确、明确的判断,班主任就无法实施教育工作。

(3) 开展活动的能力

班级工作总是要伴随着各种活动,班主任必须具有组织开展活动的能力。活动应有一定的目的与要求,有鲜明的主题,要针对学生的实际,还要求有特色,活动过程生动活泼,活动内容为学生所欢迎,使学生在活动中不知不觉地受到教育。

(4) 公关和协调的能力

现代班主任工作离不开社会的大背景,离不开社会环境和家庭教育,所以班主任必须有公关能力,使班级工作受到社会广泛的支持。另外,在与社会部门的合作中,一般都是协作的关系,如何使之和谐和有教育效益,也要班主任去做好协调工作。这也需要班主任的公关能力。班主任要经常与学生家长取得联系和获得支持,做好家访和与家长协调工作,共同教育学生,必须处理好与家长的关系,要做好这方面的工作,班主任又必须具有做家长工作的能力。

(5) 自我调控的能力

调控情绪既是工作的需要,又是自身修养的需要。班主任始终要做学生的表率,在学生面前,一举一动,都必须适当得体。班主任必须努力做到不被情绪所左右,不能情绪失控。班主任不仅是通过教育内容、教育活动教育学生,更是通过自身的表现、通过自身的人格力量教育影响学生的。遇事急躁、冲动,情绪容易波动,这样的班主任不仅处理问题会常常失误,而且也影响学生的情绪,使学生"顾忌班主任的情绪",总是处于一种心理不平稳的状态,这对教育学生当然会产生不利的影响。

(6) 创造能力

班主任工作是伴随学生的成长进行的,学生不断变化,不断提出新要求,这就使得班主任的工作必须不断有新意,有新内容和新举措,有创造性和创造能力。由于社会环境是在不断变化的,踌躇不前、因循守旧都会使班主任工作无法开展或是失去活力。因此也要求班主任具有创造性、创造能力。

(7) 教学能力

班主任也要从事教学工作,这样既便于与学生接触,也是更好地教育学生的渠道。较强的教学能力是每个教师应有的要求,班主任更不能例外。教学能力是教师取得威望的极为重要的条件之一,如果教学水平比较平常或低下,就几乎无法担任和开展班主任工作,家长也难以对班主任工作给予很好的配合。所以,选择班主任时绝对不能忽视其教学水平,甚至应着重考虑到他们的教学水平和能力。

(8) 计划、总结、评定学生的能力

制订计划是班主任工作的基础,计划设计安排合理,执行计划有序而和谐,老师和学生心中都能有"谱",这样班级工作的运作就会自如,否则将导致班级的学生往往处于"短视"状态,班级工作也会是时起时落,甚至会出现一个时期内"无事可干"的境况。班级工作总结,是根据班级工作计划对工作的系统反思和得失的判定,是班级工作的成果检验,并且是对学生的一次较集中的教育。也要求班主任能公正地看待学生,发展地看待学生,还要求班主任要运用科学的评价方式评定学生。

(六) 良好的身体条件

班主任工作不仅包括教学任务,还包括班级工作的任务。教学任务是繁重的劳动,需要有很好的体质。班主任缺乏良好的身体条件,会影响他们去做更多的工作,也会使他们常常感到力不从心。出现这种情况,不仅会影响班主任工作的深度和广度,影响班主任才能的发挥,而且也会影响学生的情绪,影响学生的精神状态。所以,身体素质是班主任不可忽视的任职条件。

 资料贴吧

> ### 我心目中的班主任[①]
>
> 在我认识的班主任中,有的很严格,有的很温和,有的很"孩子气",有的很贴心,有的很滑稽。可是,我心目中的班主任具有我所认识的老师身上所有的优点,是一个很完美的人。

---

① 邓艳红.小学班级管理[M].上海:华东师范大学出版社,2010:30-31.

我心目中的班主任是一个有着一头天然乌黑长发的女老师，走起路来，长发飘逸，给人以一种自然、清秀、淳朴的感觉。同时，她还有着一双又大又亮的眼睛，一米六五的个子，不胖不瘦的身材，走在校园里，别人都会说："看，那个是××班的老师，真漂亮。"

我心目中的班主任是一个能讲一口流利、标准普通话的人，而且她不讲土话，也不讲脏话。这样，学生们也就不会讲那些不堪入耳的话了。

我心目中的班主任是一个温柔的人。她从不会粗暴地痛斥我们，也不会用什么办法来惩罚我们。她会用温和的语气和我们说话，让我们没有压力。

我心目中的班主任是一个有时也很严厉的人。如果我们有什么地方不对了，她也是会毫不留情地批评我们的，并且还会给我们讲道理，让我们下一次注意了，不要再犯同样的错误。

我心目中的班主任是一个幽默风趣的人。她能在紧张的学习当中和我们开几个小玩笑，让我们上课放松一下，让我们上课轻松一点。同时，我们的精神也就提起来了，上课的效率也高了。

我心目中的班主任是一个热心善良的老师。她能热情地关心有困难的学生，尽力去帮忙；遇到某方面有些不足的学生，不会去讽刺，而是帮助学生补习，不让谁落后。

我心目中的班主任是一个能和学生成为好朋友的人。她能在我们嬉戏时，陪我们一起玩耍；在我们学习时，和我们一起努力；在我们快乐时，和我们一起高兴；在我们伤心时，则是尽力劝解。

尤为重要的是：我心目中的班主任还是一个博学多才、见多识广的人。她能和我们谈古论今，让我们了解更多的知识，听到更多的新鲜事。这样，我们的学习生活才会更加多姿多彩。

当然没有谁是十全十美的，我心目中的班主任也是这样。她也有不好的地方，也会有疏忽的时候。

这就是我心目中的班主任，一个漂亮、口碑好、温柔又严厉、有错即改、学识渊博、幽默风趣、热心善良、贴近学生的老师。

课堂活动

【案例分析】

有一位有着40年教龄、20多年班主任经验的特级教师,曾多次被评为"优秀教师",所带班级连续数年荣获各类先进集体称号,在今年下半年新接了一个小学高年级的班,开学一个月后向校长提出了辞职:"现在的学生已经不再像过去那样听话懂事,我用了30多年的教育方法对他们根本行不通。就拿我这学期带的班级来说,学生的学习成绩参差不齐,行为习惯也'各有千秋'。各科老师常向我告状,说和这班学生根本无法交流,他们的想法你无法理解,你说的话他们也听不懂。跟他们讲讲道理,他们笑称'老土';批评几句,他们又受不了。上课人手一个电子游戏机,写作文用网络语言;下课肆无忌惮地欺负弱小;做值日生请来家里的保姆……我教了一辈子书从没碰到过这些事情,想来想去,真是老革命碰上了新问题,实在不行了……"

针对以上案例,同学们以小组合作方式讨论:你是如何看待这位"优秀班主任"所碰到的新问题?怎样才能解决这些新问题?

【实践活动】

1. 请对当地一所小学四年级学生的课间活动内容及状况进行调查。结合本章相关内容思考,在中年级游戏活动中规则的特点及作用。

2. 请你写一份社会实践调查报告,调查一位小学优秀班主任,分析其内在的素养。

【读书指导】

1. 黄济,劳凯声,檀传宝. 小学教育学[M]. 第二版. 北京:人民教育出版社,2007.

2. 陈威. 小学儿童心理学[M]. 北京:中国人民大学出版社,2009.

3. 中小学教师心理健康教育教程编写组. 心理健康教育教程[M]. 北京:人民教育出版社,2004.

4. 申继亮. 中国中小学生学习与心理发展状况报告[M]. 北京:北京师范大学出版社,2008.

5. 李学农. 班级管理[M]. 北京:高等教育出版社,2004.

6. 古人伏,等. 小学班队工作:原理与实践[M]. 第2版. 上海:华东师范大学出版社,2010.

7. 邓艳红. 小学班级管理[M]. 上海:华东师范大学出版社,2010.

第四章

小学班级组织建设
——走向学习共同体

 **内容提要**

本章主要论述了小学班级组织建设的过程,讨论怎样把一个随机组成的儿童人群变成一个有组织的儿童人群,并进而使这个组织成为儿童的集体,成为他们成长的美好家园。在这个过程中让班级走向学习共同体。

 **学习目标**

1. 了解班级组织建设的过程。
2. 掌握学习共同体的内涵。
3. 明确优秀班集体的形成的标志。

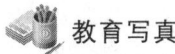 **教育写真**

让每个学生拥有积极向上的班集体[①]
——专访教育部基础教育一司司长高洪

2011年6月20日,教育部以"双百"人物中的共产党员名字命名了128个中小学班集体。围绕这项活动的开展和如何以此为契机加强中小学班集体建设,记者专访了教育部基础教育一司司长高洪。

记者:我们注意到,这次命名的班集体几乎都和某个优秀共产党员有一定的历史渊源,这是本次确定授牌班集体的主要标准吗?

---

① 刘华蓉,张婷.让每个学生拥有积极向上的班集体[N].中国教育报,2011-06-21(7).

高洪：这128个班集体，都是和"双百"人物中的共产党员都有渊源的，比如新命名的李大钊班，它所在的河北省乐亭县胡坨镇大黑坨小学是李大钊同志创办的，学校多年来开展学习李大钊事迹、传承李大钊精神活动，已经形成了自己的特色。这次命名的128个班集体，每个班级所在的学校或者和"双百"人物中的共产党员都有一定的历史渊源，或者是英模们曾经生活工作留下足迹的地方。

记者：能不能把本次活动，当成一次加强中小学班集体建设的重要举措？

高洪：这次活动是为了引导中小学生铭记历史、继承宝贵财富、弘扬光荣传统，同时，引导中小学以此为契机，加强中小学班集体建设。

让学生了解党的历史，了解中华民族历史上曾经有过的激励了数代人的宝贵精神，是中小学教育必须重视的重要内容，也是建设积极向上的班集体的重要途径。对中小学生而言，了解学校所处的地方曾经出现过的英雄模范人物，学习最直观、最生动、最鲜活的英模故事，更容易让他们感到亲切，更容易达到教育效果。

实践证明，如果学校善于积极开发利用身边的历史资源，开展好学生德育工作，那么，这所学校的校风就更正，学风就更好，孩子们的精神面貌就更积极向上，班集体带给孩子们的吸引力就更强。在这样的班集体，也很少有孩子会出现心理问题。

记者：在您看来，好的班集体应当是什么样的？

高洪：我认为，一个好的班集体，它应该是：人人都平等的集体，营造充满尊重、和谐、友爱的氛围，让中小学生一进入班集体，就感到春风拂面、温暖快乐。

人人都是主人的集体，营造对自己负责、对他人负责、对集体负责的氛围，让中小学生懂得自己的事情自己做好，他人的事情帮助做好，集体的事情一起做好。

人人都探求的集体，营造主动发现问题、积极研究问题、努力解决问题的氛围，让中小学生在探究的过程中养成科学精神和求实态度。

人人都创造的集体，营造充满童趣和幻想的氛围，让中小学生的想象力得以充分发挥，以幻想为快乐，以创造为光荣。

人人都追求美好的集体，营造热爱美、欣赏美、发现美、追求美、创造美的氛围，让美好的种子在中小学生心中扎根。

当班集体真正成为每个学生珍藏的记忆，那就是对老师和教育工作者的最好的褒奖。为了这一目标的实现，让我们共同努力吧！

他们这样学"双百"

1. 河北省乐亭县大黑坨小学三年级

李大钊先生是我们的榜样

说起李大钊先生,河北省乐亭县胡家坨镇大黑坨小学大钊班的每个学生都有说不完的话:李大钊先生是中国最早的马克思主义者,是中国共产党的主要创始人之一。他在我国开创和发展共产主义运动中大无畏的献身精神,永远是一切革命者的光辉典范。大钊班以大钊精神为主题,以人物形象为线索,针对小学生的学习特点开展了形式多样的班级活动。例如:选读有关李大钊先生生平的文章及著作,组织同学们讨论;根据班级实际,发动同学们自主制定班规;举办自我展示、班旗设计和评选、班干部竞选以及宣誓等活动。在班主任的带领下,小学生了解了李大钊的事迹,体会了革命先烈的伟大奋斗历程,树立了刻苦学习奋发有为的志向。谈起和大钊班之间的情感,学生们脸上洋溢着幸福的微笑,"大家都把做大钊班的一分子视为自己最高的荣誉"。李大钊先生成了学生共同的榜样。

2. 四川省自贡市江姐小学四年级(1)班

让江姐走进孩子们心中

"学英雄事迹、走英雄道路、做英雄传人",四川省自贡市江姐小学四年级(1)班把学习竹筠精神作为德育特色教育,以竹筠精神为引领开展了一系列红色教育活动。全体师生和家长们共同制定了学习的目标、口号和誓词。以"争当热爱祖国、理想远大的好少年,争当品德优良、团结友爱的好少年,争当勤奋学习、追求上进的好少年,争当体魄强健、活泼开朗的好少年"为奋斗目标;以"寻竹筠足迹,学竹筠精神,做竹筠传人"为学习口号;以"继承竹筠遗志,志存高远,脚踏实地,刻苦学习,乐于助人,勇于奉献,为中华民族的繁荣富强而努力奋斗"为誓词。通过读、讲、演、唱、画英雄形象,歌颂英雄的崇高精神,使英雄光辉形象走入孩子们心中。

有了班级,并不意味着就有了集体。要使一个班级成为一个集体,需要开展许多工作。班级组织建设的过程,则是考验教师是否具备管理能力和领导智慧的关键。

第一节 班级组织建设概述

一、班级组织建设是班级管理的中心任务

从现象上看,组织是一种人群——个体的集合体,或者叫群体。但是,群体并不一定是组织,因而有正式组织(正式群体)与非正式组织(非正式群体)之分。只有当一定的人群围绕一个特定的目标形成了内部的结构,有了规范的行为,才是基本的组织。

组织的概念有两层意思:一是指静态的组织结构,二是指动态的组织活动。人们结成组织是因为组织能发挥个体所不能发挥的作用,因此,要使组织充分发挥它的职能就要不断进行组织建设。

小学班级组织是一个学生群体。在它建立之初,只是一群儿童的随机组合。这个组织被给予一个名称——某年级某班;又委派一个领导——班主任。这就有了一个组织的形式。但是这个班级要成为一个真正意义上的组织,需要在组织架构、制度规范和组织精神等方面进行全面的建设。对班级组织的管理过程,正是一个组织建设的过程。在这个意义上说,班级管理的核心就是组织建设。

班级是为了特定的目标依据一定的规范而组织起来的一个教育单位。从静态来讲,班级组织要建立起班级组织的结构;从动态来讲,要不断把班级组织从一个水平提高到另一个水平。因此,班级组织建设的内容可从静态和动态两个方面进行分析。

从班级组织的静态分析,建立班级组织就是要形成一个组织结构。任何一个组织的存在都是以其结构的存在为前提的,没有一定的结构就不可能成为组织。

形成组织结构的工作是确立组织目标(愿景),建立班级组织机构。班主任由学校委派担任班级的领导工作,但班主任并不能独自完成班级的全面管理工作。学校的班级虽然不大,只有几十位学生,但是班级生活却是复杂的。班级不仅是"行政"意义上的班级,同时还是"教学"意义上的班级。在班主任直接承担的教学工作中,班主任既可从行政角度进行管理,也可从教学角度进行管理。但是,当其他任课教师进行教学活动时,班级管理的任务就转移到任课教师那里。不仅如此,班级生活仅仅靠教师的组织是不够的,同时必须得到学生的支持。良好的班级组织不仅在于教师的良好领导,而且在于学生的有效自治。班主任要实现有效的管理,实现学生的自治,就必须建立起学生自我管理的机构。

班级组织并不是一个静态的存在,而是过程的存在。静态分析只是为认识的方便。班级组织在其发展过程中,会经历三个阶段:组织的阶段,形成稳定组织的阶段,组织发展的高级阶段——集体阶段。

二、小学班级组织结构的建设

(一) 班级愿景的确立

在实际的班级管理活动实施前,管理者应当对班级愿景进行设计,制订出班级愿景实施方案,但是,班主任头脑中的班级愿景和纸面上的班级愿景实施规划,都还只是观念的存在。班主任预先设计的班级愿景要成为班级组织结构的组成部分,就必须把班主任所设计的班级愿景转化为班级组织的实际愿景。这就是班级组织愿景的确立。

班级组织愿景的确立是一个过程,包括班主任提出班级愿景、班级成员结合自己的愿望讨论班级愿景和达成愿景共识三个阶段。

 资料贴吧

> 小学班级愿景就是小学班级组织的愿景,也可以称为小学班级组织的"共同愿景"。它既是小学班级组织目标的具体化,也是组织成员对组织目标取得共识的结果,同时组织目标优化为能够激励组织成员共同活动并加以追求的组织未来景象。①

1. 提出班级愿景

提出班级愿景是指班主任把自己设计的班级愿景向全班同学介绍,以使班级成员了解班级愿景,从而为班级愿景的确立创造条件。

班主任提出班级愿景必须以特定年龄阶段上的小学生能够接受的语言进行。在书面语言尚不丰富的小学低年级阶段,班主任的口头介绍更为重要。

同时,班主任也要把自己设计的班级愿景向任课教师和学生家长介绍,使班级

---

① 李学农.班级管理[M].第2版.北京:高等教育出版社,2010:91.

愿景成为包括任课教师和家长在内的共同愿景。

2. 讨论班级愿景

班级愿景要成为班级成员的共识，才是实际的存在；要使班级成员达成愿景共识，就必须让班级成员对愿景进行讨论。

在组织班级成员对愿景进行讨论时，班主任应注意指导。小学生的年龄特点以及他们作为班级成员的角色，使得他们并不能自觉地从班级整体来考虑问题。这就需要班主任对学生进行班级组织生活的介绍，让小学生懂得怎样过组织生活。

班级愿景因为融入了个人的愿景才成为班级的共同愿景，所以班级愿景的讨论，包括班级成员表达个人的成长意愿。通过对班级愿景的讨论和个人愿景的表达，才能最终确立班级实际共同愿景。

案例 4-1

你们的愿景是什么？[①]

在 2006 年元旦文艺汇演前夕，笔者作为主要负责的老师和各班有演出任务的学生一起加班加点地排练节目，那段时间和 2 班一个姓 G 的女同学特别聊得来，有一天，我们聊到关于愿景。

笔者：为什么你们班以前学习不太好？

小 G：L 老师讲我们以前没有养成一个良好的学习习惯，所以告诉我们一些学习的方法。我们才知道我们努力学习是为了什么，还知道了……

笔者：那你们的愿景是什么？

小 G：努力形成学风浓厚、团结向上的班集体，以良好的精神状态向中学冲刺。

笔者："所有的人都可以上初中""以良好的精神状态向中学冲刺"也是愿望吗？

小 G：是目标。

笔者：愿景和目标有区别吗？

小 G：有啊，愿景是希望将来能达到某种境界的追求，而目标是想要达到的标准。

---

① 许多欢.运用愿景构建中学班级学习共同体的叙事研究[D].桂林：广西师范大学硕士学位论文，2007:18.

3. 达成愿景共识

要达成全班愿景共识,班主任要对班级愿景的讨论结果进行评估。评估的要点是:第一,学生是否充分理解自己的愿景设计。如果学生不能够充分理解,就还需要进一步向学生说明。如果始终不能让大部分学生理解自己的愿景设计,就要考虑自己设计的愿景的适切性,根据需要修改原有的设计。第二,愿景设计是否符合本班学生的发展实际。低于或超越本班学生的实际情况,都要进行修订。第三,是否充分吸纳个体积极意愿。充分吸纳班级成员个人意愿的愿景,必定使愿景更具有个性,也必定会为多数班级成员所接受。

(二) 班级组织机构的建立

班级作为正式的社会组织要有一定的组织机构。组织机构的建立为组织的正常运行提供坚实的基础。班级中的正式组织机构主要存在以下几种形式。

1. 班委会制度

班委会是班级的核心组织,其成员由班主任任命或由民主方式产生。班委会设班长、副班长、学习委员、宣传委员、文艺委员、体育委员、生活委员和劳动委员等。班委会的产生方式,应视班级具体情况而定。低年级班委会可在教师指导下民主选举产生,也可任命。高年级由学生充分发扬民主,可竞选产生。班委会可下设4－5个行政小组,并选出相应的组长。班委会在班主任的指导下,由班长领导,相对独立地开展班级的各项工作。在小学班委会的建设中,要根据小学生自治能力发展的可能性来发挥其作用,既不可低估小学生自治能力,也不可高估其自治能力。

2. 实行值日班长制

值日班长要负责检查督促各个岗位的工作,处理集体当天发生的事情,协助班主任安排当天的工作,并负责对班级各项工作及时进行总结。实行值日班长制,班主任老师要精心指导,使更多的同学关心班级工作并在工作中得到锻炼的机会。

3. 建立各种类型的小组

学生是教育过程的主体,班级必须给每个学生创造一个表现自我、发展自我、塑造自我的空间。要在班级内部建立各种类型的小组,小组实行组长负责制,定期轮换,使更多学生得到锻炼的机会。例如学习小组、团的知识学习小组、各种兴趣小组、小记者团、合唱队等。学生在各小组内能有效地开发自己、展示自己,得到锻炼。

班级机构的建立并不是一蹴而就的,要有一个较长期的完善过程。它会随着

班集体的发展而不断完善。从促进学生发展的目标出发设置机构,能有效地开发学生个体的聪明才智,培养班级骨干及班级成员的主人翁意识,使组织机构成为集体建设的有力支柱。

4. 班级学生会议制度

从民主管理的要求出发,应当有班级学生会议制度。但是在小学里由于学生的年龄较小,以及学校管理制度上的差异或班主任管理思想的差异,这一制度的建立和执行情况可能有很大差异。

(三) 少先队组织机构的建立

小学班级组织是一个班队合一的双重性质的组织。在小学班级里,不仅要建立班委会,同时还要建立少先队组织的机构。中队由两个以上小队组成,成立中队委员会。中队委员会由3至7人组成,有:中队长、副中队长(兼旗手)、中队组织委员、中队学习委员、中队宣传委员、中队文娱体育委员和中队劳动委员。小队由5至13人组成,设正副小队长。少先队组织与班级合一的性质,也导致有些小学班级的班委会和中队委员会是合一的。

(四) 班级组织规范的建立

任何一个群体,为达到群体目标而开展共同活动,都必须制定一定的行为准则,这就是规范。规范的形成离不开经常性的训练活动,离不开检查和指导。班主任、班委会要经常对照班级组织规范进行检查,发现问题及时处理,保证班级常规工作正常进行。

班级规范的形成要从组织规范制定入手。班级组织规范就是班级成员在教育教学和日常行为活动中必须共同遵守的行为准则。班级组织规范不仅有国家制定的,还有学校和班级自己制定的。从内容上看十分丰富,既有显性的又有隐性的,既有倡导性的又有禁止性的,既有强制性的又有非强制性的。班级组织规范对于维持班级的正常教育教学秩序,对于少年儿童的社会化发展、对于班级组织建设与发展都是不可缺少的。

1. 班级组织规范体系

班级组织规范体系包括班级组织制度、行为规范、集体舆论与班风等。制度与行为规范是班级组织规范的内容,集体舆论与班风是班级组织规范的支持力量。这里主要讲班级制度与行为规范。

(1) 班级制度

班级制度使班级教育教学和管理行为有章可循,并井然有序,使班级工作常规化、制度化,从而有利于稳定教学秩序,提高教育的质量,履行班级社会组织的社会功能。①

班级制度一般以文字形式表达,用以指导、约束班级成员的言行,协调、维系班级组织成员之间的关系。班级制度,必须组织全班同学共同参与制定。制度的内容涉及日常生活、教学、考核等各方面的制度,以此来统一班级组织成员的行动。

班级制度包括学生在校学习和生活常规制度、课堂纪律要求、生活作息制度、值日生制度、课外活动制度、体育锻炼制度、奖惩制度等。班级公约是班级制度的基本形式。

(2) 行为规范

行为规范主要指小学生所要遵循的日常行为准则。它包括对学生品德、仪表、生活方式的要求,人际交往中的要求,学校集体生活的要求等。

2. 制定班级组织规范的要求

制定班级规范要讲求实效。班级规范的效果,取决于学生的遵从水平。一般认为,学生遵从规范有三种水平,即服从、认同和内化。新建班级初期,学生对规范的认识是服从。学生在外力的控制下对规范的遵从,是为了获得奖励或避免批评。随着班级组织的发展,班级组织规范逐渐被学生认同。认同是学生以他人为榜样进行模仿而表现的遵从。当班级组织发展为班集体时,班级规范内化为班级成员的行动。内化是学生真正认识到规范要求的重要性、正确性以及它的社会价值,认为自己必须按照规范行动,把规范转化为自我的要求。这样,规范逐渐就会成为个人较为稳定的观念和行为习惯。要想使班级组织规范建设有序进行,班主任要在学生对规范已有认识的基础上进行引导,从而使班级大多数学生达到规范内化的水平。

3. 班级组织规范的作用

班级组织规范的作用有四:一是协调集体与个人的行为,以保证共同活动的目标得以实现;二是保护集体与组织中个人的权益,一方面个人服从组织,维护组织的权益,另一方面组织也要保障个人的发展权益;三是塑造作用,班级倡导性的规范为组织成员提供了行为参照,班级规范成为组织成员的行动指南,成为成员行动的准则,并潜移默化地塑造着组织成员的行为;四是警示作用,班级规范中的禁止性规范起着防范作用,用以警示组织成员。

班级组织规范形成以后,要进行有效的训练工作,使各项常规管理工作能有序进行。

---

① 唐迅.班级社会学引论[M].南京:南京大学出版社,1990:157.

三、小学班级组织建设过程

班级组织建设是一个过程,即班级组织发展的过程。这个过程是:从班级人群到组织,从初步的组织到稳定的组织,从被外在力量控制的组织到自觉前进的组织即组织发展的高级阶段——集体阶段。

1. 从班级人群到组织

当几十位素不相识的学生汇聚到一起时,一个新的班级产生了。但这时还不能说一个班级组织存在了,因为这个班级的几十位学生还处在松散的状态,他们彼此之间还不熟悉,相互之间有生疏感;班级成员间缺乏认同,没有认同的愿景,没有认同的行为方式;班级成员的行动缺乏组织的协调,成员在组织活动中应当怎样联系,各种角色关系如何分配,还都没有确定。这样的班级只能说是一个人群。

当这个班级有了一定的领导机构,有了集体认同的规范,彼此确立了角色意识,为着共同的愿景有序地开展活动时,一个组织就建立起来了。

2. 从初步的组织到稳定的组织

班级组织初步建立时,各方面还是不稳定的。

班主任的领导地位明确了,但是班级全体成员还在熟悉自己的班主任,对班主任提出的各种要求也还处在领会的阶段,对班主任要求的执行也会有不到位之处。

班级自治组织建立起来了,但是班级干部还在学习着自己的角色,他们对自己角色的扮演还不够准确,这会影响他们角色任务的完成。

班级规范也确认了,但是班级成员对规范还处在服从的阶段,他们对规范的执行还会有偏差。

班级成员间彼此的角色明确了,他们之间的互动方式也明确了,但是他们也还要熟悉自己的角色,熟悉自己的行动方式,以逐步达到与班级组织生活行为方式协调一致。

当班级成员都对班级组织的运行机制习惯化了,这个班级组织就进入了稳定的阶段。

3. 从被外在力量控制的组织到自觉的集体

只要组织机构稳定了,组织愿景和规范为大家基本认同了,彼此间的角色地位、任务和行为方式明确了,班级的运行机制能够顺利运转了,这就是一个完全意义上的组织了,班级成员也就在一起过共同的组织生活了。

但是,班级组织的生活质量仍然存在不同,班级组织所发挥的作用也不同。一个班级成为一个有结构的组织,班级人群就得到有效的控制。但是,一个被控制着的组织,还缺乏足够的凝聚力,离开控制就可能松散。这样的班级组织在小学教育活动中常会见到,只要班主任不在就会混乱,只有班主任在的情况下才能保证班级的秩序。

班级组织的发展还有它的高级状态,这就是班级组织的作用得到最大限度的发挥,班级组织愿景得到最大限度的实现。做到这一点,班级组织的内部状态就会发生质的变化,班级组织成员不只是接受组织规定角色、角色任务和角色规范等等,班级组织的要求会成为他们自己的要求,班级组织的愿景也是他们自觉追求的愿景,他们同自己的组织达到了完全不能分离的状态。这样一种组织就是集体的状态。

一直以来,班级管理研究者都把班级组织建设的最高状态定位在班集体,人们从不同的角度、以不同的方法描述这个集体的图景,但人们还没有获得一个完全一致的看法。不过这并不影响人们在实践中对它的把握。作为集体性质的班级组织和一般的班级组织的最主要的区别可能在于:集体性质的班级组织,其成员是这个组织的自觉者,班级组织对成员的一切要求都不会视为外在的要求;而一般的班级组织,其成员还没有成为这个组织的自觉者,组织对他们的要求是一种外在的要求。当一个班级组织的一切活动都成为全体成员的自觉要求时,这个班级组织的作用就会得到最大限度的发挥,班级组织的所有成员也会得到最好的发展。

第二节 班级学习共同体的构建

一、学习共同体的概念

"学习共同体"这个词首见于美国卡内基教育振兴财团理事长博耶 1995 年发表的一份报告中,他认为在知识社会里,儿童需要有更高的读写能力、技术能力、终身学习能力,为了推动教育改革,必须明确初等学校的重点所在,即形成学习共同体。博耶认为教室本身即是共同体,并指出学校只有在一定条件下方构成学习共同体:学校是一个有目的的场所;学校是能够沟通思想的场所;学校是一个公正的场所,人人都相信自己拥有获得成功的机会;学校处于有序状态,学生守纪律,学校成员彼此尊重、互相关怀;学校是一个朝气蓬勃的场。①

莱夫和温格认为:"一个实践共同体是一个诸多个体的集合,这些个体长时间地共享共同确定的实践、信念和理解,追求共同的事业。"②他们还给出了自己的解释:"共同体并不必然一起出现,有一个明确界定身份的小组,或者存在着可以看见的社会界限,它意味着对一个活动系统的参与,在这个活动系统中,对于他们在干什么,这在他们的生活中意味着什么,对他们的共同体意味着什么,参与者有共同的理解。"③这个定义给予我们几点启示:第一,共同体并非一个社会组织;第二,共同体成员达成共同理解的关键在于对活动系统的参与;第三,共同体成员在这种共同从事的活动中,对自己及他人的行为,对此行为对共同体的意义在认识上是一致的。

学习共同体是指一个由学习者及其助学者(包括教师、专家、辅导者等)共同构成的团体,他们彼此之间经常在学习过程中进行沟通、交流,分享各种学习资源,共同完成一定的学习任务,因而在成员之间形成了相互影响、相互促进的人际关系。也就是说,学习共同体是为了完成学习任务而构成的一个团体,在这个团体内部,大家拥有共同的目的、期望、知识、志趣和情感,并因这些共同的精神因素而将团体内的成员凝聚在一起,大家彼此相互依赖,平等相待,荣辱与共,最大限度地共享利益。

一种良好的学习共同体有四大构成要素。

第一,归属感。指学习成员之间的精神共同体、成员关系,对共同体的认同感、归属感。它表示共同体成员之间的接纳感,以及有助于个人发展的成员友谊、凝聚力和满意度。

第二,信任感。指共同体中成员之间可以相互信任相互影响,它是一种共同体值得信任,能自由表达建设性意见和反馈的感觉,有序、有规章制约。一旦人们被认可作为学习共同体的一分子时,他们将产生安全感,并信任共同体,成员之间能畅所欲言。

---

① 钟启泉.基础学校:学习的共同体——新世纪"基础学校"的构图(之一)[J].上海教育,1998(8):13.
② [美]戴维·H.乔纳森.学习环境的理论基础[M].郑太年,任友群,译.上海:华东师范大学出版社,2002:32.
③ [美]戴维·H.乔纳森.学习环境的理论基础[M].郑太年,任友群,译.上海:华东师范大学出版社,2002:33.

第三,互惠感。指共同体中成员之间可以相互受益、强化和共享价值观念。它是一种从与其他人进行交互而来的相互利益的感觉。

第四,分享感。指超越时空和心理藩篱,分享学习的体验和结果,达到情感的沟通和分享。学习者在共同体中建构知识和意义的过程中,共同体促进了知识和理解的获得,促进了知识和情感的分享。作为一种学习方式,学习共同体所具有的意义是多方面的,如提高解决真实问题的能力,增进学习者之间的信息流,增大支持性和提高获取支持的效力,投入群体学习目标,增进成员之间的协作,提高群体努力的满意度,使个体从共同体成员的互动中获益和培养自己与他人的有效协作能力。①

二、班级学习共同体的实践构建

(一)构建学习共同体的尝试

下文列举两个案例进行说明。

案例 4-2

> 2008年扬州中学开始了打造学习共同体的实践,主要目的是为教师和学生、学生和学生搭建一个相互交流和学习的平台。初中学生们自发成立了一些学习小组,这些学习小组是固定时间的,设置了学习目标,且学习内容是具有一定难度的课程。通过组织讨论会,分享学习心得,展开交流与合作,营造了相当良好的学习氛围。这些学习小组在扬州中学已经有数十个之多,通过发挥学生各自的优势和特长,学生间相互影响,学习小组发挥着很好的作用。在构建方式上,最初由班主任在班级宣讲什么是学习共同体,引导学生自由构建社团,以自愿、相互信赖为基础。当共同体从一种自发行为变成一种有组织的行为后,由共同体自己形成内部规章制度。最后,这些做法取得了相当良好的效果,学生们拓展了自己的视野、增长了知识,同时学生间的关系也变得更加融洽。②

---

① 钟志贤.知识建构、学习共同体与互动概念的理解[J].电化教育研究,2005(11):22.
② 秦学占."学习共同体":扬州教育新探索[N].扬州时报,2010-12-27(7).

案例 4-3

　　日本学者佐藤学记载与研究了日本推进学校及课堂改革,构筑学习共同体的诸多案例。他描述了在静冈县富士市立岳阳初中创建学习共同体的情况。创建的背景:小学建设学习共同体的热情在日本很高,然而初中则处于踌躇不前的状态。初中教育围绕三种指导即俱乐部活动指导、生活指导与出路指导组织起来,学生的学习被边缘化了。该所学校初中教师付出大量热情与努力,可是教育现实依然不乐观,不良行为和校园暴力、辍学、厌学现象较多,不及格学生也很多。在此背景下,校长与教师决心构筑学习共同体以对情况进行改变。改革的举措:首先,岳阳初中的改革从课堂中引进三个要素——活动、合作学习和分享表达——开始进行,使教师确定在一切课里各方面活动各占多少份额,不再以教师各人的独白控制课堂。其次,教师进行公开教学,进行相互切磋,教师被要求超越学科的界限,彼此公开自己的教学。组织教师进行教学研讨会,所有教师平等发言,表达自己的意见与想法。第三,开展综合学习实践活动,吸收家长、居民和教师一同参与教学设计。最终获得了良好的效果,逃学率大大降低,学习成为学生的主要活动,教师也对研修与讨论有了更多的兴趣,学习成绩有了明显提高。①

　　案例 4-2 与案例 4-3 在主要目的上都是为了构建学习共同体,案例 4-2 构建学习共同体的落脚点在于在班级内部构建学习共同体,主要通过构建非正式小组以推进班级互动和互相理解,最终使全体师生形成共同意识。案例 4-3 的思路主要在于从课堂改革开始最终推进整个学校的改革,将整个学校构建成为学习共同体。

　　两个案例中构建学习共同体的做法存在相当的区别。在方式上,二者都是由校长与教师合力推进学习共同体的构建,但案例一中,其依靠的主要力量在于学生,重视学生非正式小组在促进学生沟通与交流方面的作用;案例二则主要依赖教师的力量,重视由教师教学行为及指导方向的改变以引发学生行为的改变,将学生引导进入学习共同体的框架内。就构建学习共同体这一工程来说,具体的实现举措存在相当的灵活性,而且在它的影响下,学习共同体能够很好地适应各具特色的班级的需要。

---

　　① [日]佐藤学.学校的挑战——创建学习共同体[M].钟启泉,译.上海:华东师范大学出版社,2010:60.

(二)构建班级学习共同体的原则

学习共同体与以往班级中教师与学生的关系最主要的不同在于学习共同体更加强调教师与学生在追求共同目标的过程中对话关系的展开,强调每个人在自我发展过程中与他人及群体形成一种相互依赖的关系。以往的班级则过多地强调教师与某一小部分人的交往关系,其他的多数人则处于被忽视的地位。

学习共同体关注的焦点和共同目标在于促进成员的成长和发展,即使学生和教师在此共同目标的达成方面承担着不同的责任,但学生和教师均需在学习共同体中实现自己的发展——学生必须实现知识的掌握和个人身体素质与心理素质的发展,达到国家规定的教育目标的要求;教师则主要在于更新知识储备、提高教学能力,实现向专家型教师的转变。

构建班级学习共同体要遵循以下一些原则。

1. 确保成员形成共同的价值追求

要将班级的松散结构团结紧密,需要将教师与学生的价值与利益统一起来并形成强大的凝聚力,将他们的活动统一到共同的事业上去。以往班级过度依赖学生的自觉性,将学生视作能够为自己的学业、未来和人格负责,然而在事实上,这需要相当的心理发展水平和一定的社会阅历,教师作为心理发展成熟和具有相当社会经验这方面的资源被忽视了,因为教师易形成这不关我的事,我只需要将我自己的本门课程教好就行了的思想。在构建学习共同体的过程中,教师与学生形成共同的价值追求,共同对学生的学业、未来、个性发展负责。

2. 重视文化历史传统,保证共同体的延续性

构建学习共同体并非对班级全然的破坏与颠覆,相反它重视对班级原有资源的保护与利用,以往被忽视的一些东西则受到了重视。一个班级的存在有着自身独特的历史,一些被以班级日志、日记的形式记录并保留了下来,更多地被学习者与教师记忆在脑海里并不时地浮现。这段历史被学习共同体视作一种资源,能够利用它来加强成员的归属感,使得成员产生你与我之间曾直接或间接地发生过很多交往,我们都是共同体一员的意识,并使共同体能够在一个前后相继的轨迹中前进。即使当新成员逐渐涌入共同体并占据大多数时,这段历史也能够使共同体保持相当的稳定性和延续性。

3. 重视成员的独特性

在以教师向学生单向传递信息为主的班级中,教师为保证教学的效果而对学习者的异质性采取了排斥的态度,认为它容易使教学进度难以掌握、教学效果难以

保证并最终造成学习者发展极不均衡。故而以往的班级倾向于按照一定的标准将学习者进行分类,在课程内容上保持一致,在教学进度上也尽量做到符合大多数人的标准。与班级不同,学习共同体并不排斥学习者的异质性,而是将其视作一种宝贵的资源并竭力对它进行开发。主体间的差异及独特的个体经验能够使对话更加富有魅力与价值,也最能够使对话达到触及生命的效果。因而,在构建学习共同体中,我们要对成员的独特性保持相当的兴趣与敏感。

4. 使每个成员都参与到共同体的构建中,以建立共同的理解

苏联教育家马卡连柯在建设高尔基工学团时,注意到吸收学生参与到集体性的生产劳动中对学生特别是不良学生的深刻教育意义,他认为这是对成员个人能力与尊严的肯定,参与者能够获得被集体所承认的认同感,因此获得骄傲与荣誉,相反则会受挫和沮丧。将每个成员吸纳进入构建学习共同体的事业本身即是达成共同理解,以之作为构建学习共同体的主体,将会使成员深刻地体会到自身独特力量与身份,在这个过程中也形成了他对群体和他人的认同感。

 案例 4-4

> 马卡连柯曾介绍过这样一个案例:
>
> 有一天,队员彼特连柯上班迟到了。马卡连柯得知了这件事情后,不是和某些老师一样,把学生立刻找来,申斥一顿或给以适当的惩罚,而是把彼特连柯所属分队的队长叫了来,对队长说:"你的队里有人上班迟到。""是的,彼特连柯迟到了。"队长答。"以后不要再有这样的情形。""是,以后不会有了。"①
>
> 可是彼特连柯第二次又迟到了,马卡连柯仍然不把他本人找来,而是把全分队集合起来,并责备他们说:"你们分队里的彼特连柯第二次迟到了。"
>
> 马卡连柯责备了全分队,分队集体答应保证以后不会再有这样的情形。散会后,分队立刻教育彼特连柯,并对他说:"你上班迟到,这就等于说我们全分队都迟到了。"该分队以后就把彼特连柯当做分队的一个成员,当做整个集体的一分子而向他提出了许多严格的要求,而彼特连柯也在集体的影响下,逐渐克服了迟到的现象。

(三)班级成员在学习共同体中的角色定位

考察如何构建学习共同体,我们必须深入研究在学习情境中,共同体成员的活

---

① [苏联]马卡连柯. 马卡连柯教育文集[M]. 北京:人民教育出版社,1985:22.

动在怎样的角色和身份中进行。

第一,共同体成员身份的形成。共同体划定自己的领域,成员必须对这个领域内的活动与问题产生兴趣,在这个特定的范围内活动,并通过挖掘自身独特资源、对共同接触到的资源理解得更深或是更广,从而能够为其他成员提供一些对他们来说比较感兴趣、有价值的交往材料。共同的领域使成员能够汇聚在一起,决定从事什么样的活动是有利于大家的,而从事别的活动是不利于共同体的。在学习共同体中成员必须将精力投入到以知识与技能获得、个人成长发展有关的活动范围中,其他的活动则不被其他成员所承认。

学习共同体成员在特定领域内共同活动,他们处在一个相互影响、共同学习与交流的氛围中,其他人分享对于这个领域的整体看法,又带来个人的观点[①],使得学习共同体所获得的资源远远地超过每个个体所获得资源相加的总和。最终这种有规律的相互影响使得成员们对这一共同体形成了共同的理解,对各人也形成了较深的相互理解。随着对话关系的持续,成员们渐渐地形成了我是共同体中的一员、我对于群体有自己独特的价值的感觉,形成了各自的成员身份和对于群体的归属感。

第二,学生自我主体性的建构与发现。学生在学习共同体中的学习与交往过程实际上也是学生建构自己主体性,真正地以独立主体身份行动的过程。我国学者冯建军认为,人是社会关系的产物,并非抽象的、孤立的个人存在,真正的主体地位只有在主体间的交往关系中,即主体与主体间相互承认和对对方予以对等的尊重时才能存在,因而真正的主体性是一种主体间性。他认为主体间性超出了主体与客体关系的模式,进入了主体与主体关系的模式。[②] 在传统班级中,学生难以获得主体地位,教师与学生在知识获得量的多少、年龄、权威、个人发展情况上存在较大差异,这样即天然地产生了两个在地位上完全不等的群体:学生群体与教师群体。学生群体知识获得量少,在心理、生理上远不如教师成熟,他们理所当然地被认为处于等待帮助的地位,教师则被认为处于提供帮助的地位,经过一段时间的交往,学生与教师双方普遍地坦然接受了这样的地位,教师们由于制度的延续性早已视之为当然。从传统的关于教师的隐喻可以得知这种情况,比如将教师喻为蜡烛、园丁,教师始终处于主动,而学生均处于被动受影响的状态。

---

① [美]埃蒂纳·温格.实践社团——学习型组织知识管理指南[M].边婧,译.北京:机械工业出版社,2003:28.

② 冯建军.生命与教育[M].北京:教育科学出版社,2004:80.

在学习共同体中人与人的关系是主体与主体的关系,他们以平等的姿态展开对话,互相承认对方是平等的对话主体。在学习共同体中,教师与学生均在共同的学习过程中,区别在于二者承担的责任不尽相同。不同于传统课堂上的师生关系,在学习共同体中二者是专家学习者—新手学习者的关系或是高级研究者—初级研究者的关系。① 这种定义是相当准确的,师生间在资源掌握多少、研究方法熟练程度上的区别等并不能影响二者间的地位,师生是平等的研究主体,学生的个体经验、掌握的资源不应被视作是无用的,如传统课堂一样,而应视作是学生成长过程中不可或缺的必经之路,它具有独特的个人成长价值。

 案例 4-5

> **"不简单"和"不容易"**②
>
> 一女生在心窗本上写道:今天早上,我在读一些 L 老师给我们的资料,是一些学习方法,当我读到这一句时,我很有感想,她说到"不必每一分钟都用来学习,但学习的每一分钟都要有收获"。对啊!想想自己,我原以为我比别人勤奋点,我就会获得更多,但是我的效率是多少?别人虽然只做两个小时的作业但比我做半天的效率还高。以前我总以为快快地把作业做完,可挤出更多的时间来预习和复习,但是在作业中,我却忽略了很多,结果又得用后面的时间来补前面的漏洞,这样急促还不如一开始就认真地做。但我很浮躁,有时虽见我坐在那学习,但我并没有好好利用这段时间,不过,我在努力地改,虽有时还会犯这样的错,但我会尽量改。还有一句"什么叫不简单?就是把简单的事情千百遍都做好,就是不简单;什么叫不容易?就是把大家认为非常容易的事情非常认真地做好,就是不容易。"我觉得这句话十分适合我们现在做复习工作。
>
> 班主任回复:是的,但愿你能把此感悟与周围的同学分享。

L 老师还举办学习方法报告会,邀请学校里或者班级中成绩优异的同学作报告,报告人回答听众的问题。最终通过班主任的指引,学生能进行自主、合作、探究性的学习。

第三,教师在共同体中的身份。教师在学习共同体中的角色不像学生这么单

---

① 赵健.学习共同体——关于学习的社会文化分析[M].上海:华东师范大学出版社,2006:93.
② 许多欢.运用愿景构建中学班级学习共同体的叙事研究[D].桂林:广西师范大学硕士学位论文,2007:22.

一,一方面,教师作为学习共同体中的一员必须接纳共同体目标,承担共同体的责任;另一方面,班级教学的目的决定了教师必须对学生的成长和发展肩负一定的指引责任,现代教学论认为教师不能包办学生的成长,成长和发展的任务主要是由学生个人完成的,作为教师只能起一种指引、引导的责任。教师在共同体中具有多重角色。

(四) 班级学习共同体构建的具体步骤

将班级构建成为学习共同体,主要是对学习者、教师关系的一种改变。由于其中班级所涉关系的复杂性,构建学习共同体的努力是一个系统的工程,根据学习共同体的实际情况,将它分为三个阶段——准备阶段、实行阶段和维持阶段,三个阶段递进式地推进工程的完成。

1. 准备阶段:学习共同体发展的酝酿期

在此阶段,还未开始学习共同体的构建工作,共同体的边界也未确定下来,构建主体的主要任务是立足于实际,对原有班级情况进行研究、分析已具备的条件和拟订实际可行、可操作的计划。

第一,对原班级开展研究,作为构建工作的基础。构建主体必须对原有班级状况进行分析,找出原有班级不足点和已经部分接近学习共同体要求的方面。一些具有相当学习共同体意义的东西诸如班规、班级内部非正式小组、活动惯例等应当受到重视。学习共同体并非对班级全部系统的破坏,相反,它尊重班级的存在并大部分以班级原有结构作为其生存的基础,它主要的关注点在于调整班级成员关系和构建利于成员互动的环境。

第二,确定条件。对构建学习共同体已经具备的物质条件、制度条件作深入分析,将还未具备的条件列入计划试图加以解决。班级原有物质基础如文本、仪器设备等都能够对它有帮助,已形成的班级交往习惯、班级规章制度、活动惯例都是构建者应当重视并予以改造和吸收入新的学习共同体中的。

第三,吸引足够的人力。构建学习共同体需要学校教育管理人员、教师团体、学生群体的努力,吸引校外人士,如家长、社工进入此项事业能够让这项活动更加便利。

第四,确定对共同体目标及期待边界。共同体并非一次性构建完毕,而它的成员也不能一开始即全部确定,构建者必须预先决定共同体共同目标和边界,它决定了共同体所面对的群体。构建者应当考虑核心成员对它的期待,否则核心成员将有可能因利益和兴趣的迥异而离开共同体。因为这一阶段并未划定边界及目标,

因而存在大量的潜在会员,构建者必须抽出大量的精力对这些潜在会员进行了解,每当一位潜在会员决定进入学习共同体,共同体在这些方面都或多或少地因之发生改变。

第五,拟订发展计划。对此项事业整体的时间安排和进程安排进行规划,计划的拟订者应当是学校教育管理人员或是教师团体,在充分吸取学生意见的基础上制定。

2. 实行阶段:学习共同体的正式构建阶段

在本阶段,构建主体开始根据之前拟订的计划进行构建,学习共同体的大致轮廓在此阶段呈现。下面介绍一些为构建学习共同体可以采取的策略。

第一,划定共同体边界和目标。如果说前一阶段还存在大量的潜在会员,那么这一阶段因为已经划定了共同体的边界和目标则确定了共同体成员与非成员,成员必须统一地按照共同体的领域和目标开展活动。共同体是一个开放的系统,与外界发生密切的关联,因而存在边缘,通过边缘非成员能够合法地与共同体成员发生联系,有兴趣的人将一步步地被允许进入共同体最终成为成员。共同体成员也非固定不变的,因放弃了共同目标,不再认同它的成员也将离开共同体,不再是成员。正如高中阶段一部分人弃学从事一定的职业。

第二,确定定期活动时间、场所和活动方式。有规律的社团活动使得成员的会面与对话稳定下来,以往固定下来的班级活动如竞赛、班会、研讨会完全可以加以调整继续延用为学习共同体服务。这些有规律的活动,给活动主体以我们是一个集体,我在一个集体中进行活动的感觉。通过确定对话的时间和形式,成员们可以分享相互的想法、见解和个体经验,建立起互助的良好关系。有些班级设置了书画角、作品展,却并未将它们好好利用起来,有些人将对话仅仅视作口头语言的交流,这未免太过局限,对话可以发生在人与人之间,也可以发生在人与物质载体之间。通过分享成员作品和对这些作品的见解,成员们了解了各人的能力、兴趣、观点等,对话无形之中像一根红线一般串联起了每一个人。因而场所应该有一定的固定性,且不一定要固定在班级内部,可以是在校园内甚至在某位学生的家中,但它一定要起到吸引成员到来并为成员开展对话提供便利的作用。固定下来已成习惯的班级活动将成为共同体文化历史传统的一部分继续发挥作用。

第三,对班级非正式小组进行改造。学习共同体并不排斥非正式小组的存在。班级内部原先存在的各种形式的非正式组织如兴趣班、自治组织、模拟社团经过一定的调整与改造可以作为一种重要的资源引入到学习共同体中。学习共同体不能凭空产生,它必须在已发展一段时间的一定群体中产生,原有群体非正式组织的存在即是作为学生共同体开展活动、开展对话的载体,通过参与各个非正式小组,某一成员与其他成员在某个非正式小组中的对话则更富有趣味,它提供了对话的主题和范围,使得他与其他人能够在更宽阔的领域进行对话。

案例 4-6

"四大金刚"降服记①

接手这个班不到一星期,"四大金刚"就给我这个班主任来了个下马威。那天下午,学校组织高年级师生到邻近的马家巷开展学雷锋活动,对小巷的各个卫生死角进行彻底的大扫除。同学们按分配好的任务正干得热火朝天,却有班干部报告:以王军为首的"四大金刚"集体失踪。可等大家劳动完准备收队回校时,这几个臭小子又不知从哪儿冒出来,笑嘻嘻地跟在队伍后面。我是看在眼里,气在心里。对这"四大金刚"我早有耳闻。他们住在附近的部队大院里,父亲都是军人。也许从小就在兵营里摸爬滚打,所以练就了他们天不怕、地不怕的个性。四个人中,王军长得高大强壮,加上他的爸爸又是部队的参谋长,自然就成了几人的首脑,李明、小超和萌萌对他言听计从。唯一让我感到欣慰的是他们成绩都还不错,而且还是体育健将,每年的运动会上总少不了他们矫健的身影,为班级、甚至是学校争得了不少荣誉。这也许是他们居功自傲,助长散漫习气的缘由之一吧,所以他们大事不犯,小事不断,不是今天这个没完成家庭作业,就是那个值日不做……这次的集体失踪事件算是比较严重的。我思忖着:这个"金刚团体"本质不错,怎么才能降服他们,让他们这个小团体融入到大集体中来呢?假如放任自流,可能会让他们成为真正的离群野马。

教育契机小期而至。庆祝新中国 60 华诞阅兵式即将在京举行,学校也准备开展一次全校性的师生队列大赛,一方面激发学生的爱国之心和民族自豪感,另一方面也是为了增强学生体质,抵御如甲型 H1N1 流感之类的疾病。接到通知,我计上心来。放学后,我让"四大金刚"到我办公室。一进门,四个人就不约而同地靠墙一溜儿低头站好了,从那熟练程度看,平时没少被老师拧来办公室"报到"。我走到他们身边,突然大声喊口令:"立正!"四个人条件反射似的挺胸抬头站得端端正正,不愧是军人的儿子。我赞许地点点头说:"不错!动作标准,反应灵敏。就是你们了!"四个人满眼的愕然,不知我到底要做什么。我

---

① 张玉."四大金刚"降服记[J].小学德育,2009(21):40.

搬了张凳子在他们面前坐定,正色道:"老师有一项艰巨而光荣的任务要交给你们去完成,你们四个人可是咱班的秘密武器哦,只有交给你们我才放心!"四个小子都瞪大了眼睛,脸上更是充满了迷惑。"老师,快说是什么任务啊?"快嘴的小超脱口而出,又感觉不妥似地瞟了一眼王军,并吐了吐舌头。我笑着说:"学校将要举行全校师生队列大赛,咱们班的队列训练就交给你们了。你们每人负责训练一个组,王军同学还要负责全班四个组最后的训练。咱军人的孩子训练出来的队列还能差吗!是不是啊?""那是!"四个人异口同声,小身板挺得笔直,眼里充满了激动和自豪。我把四个小脑袋聚拢过来悄悄地说:"下午大扫除时你们的行为可不像军人后代所为,老师保留追究的权利,就看你们以后的表现了。"四个小脑袋瓜低了下来,悔意写在脸上。

这招果然有效。之后,王军一有空就督促李明他们几个拉上各自分管的小组进行队列训练,萌萌和小超甚至把在家休假的爸爸请到学校来现场指导。结果可想而知,我们班一举夺得了大赛一等奖。最让我高兴的是,这"四大金刚"一改平日自由散漫的作风,不再给老师和同学们添麻烦,真正把自己当做班集体的一员,时时处处以班集体的荣誉为重,王军更是成了老师的得力助手。

第四,规章规范的制定。规章规范包括以下几种功能:第一,在制度上限制了共同体成员的活动范围,确保成员在共同体领域内活动,这样就如同设置了一个无形的围墙;第二,调控规范,保证成员共同的活动正常进行的规范,如保证成员的活动不受扰乱、保证成员对活动的参加、使活动按规则进行;第三,准入规范,学习共同体并非一个封闭的系统,非共同体成员可以参与并最终进入共同体转变为成员,准入规范即保证其作为合法的边缘参与者参与到共同体的活动,保证其与成员开展对话的权利。规章与规范确定了成员共同活动的方式、时间、场所与纪律规定,这些制度能够使成员的活动更加有序,形成规律化的活动,最终形成具有共同体的历史传统,对于促进成员的对话也是相当有益处的。由外界强制性地制定规章与规范虽然更加省事,但它会让成员的活动如同背上枷锁,也难以产生相应的效果。

 资料贴吧

英国"小学生守则"
1. 平安成长比成功更重要;

> 2. 背心、裤衩覆盖的地方不许别人摸；
> 3. 生命第一，财产第二；
> 4. 小秘密要告诉妈妈；
> 5. 不喝陌生人的饮料，不吃陌生人的糖果；
> 6. 不与陌生人说话；
> 7. 遇到危险可以打破玻璃，破坏家具；
> 8. 遇到危险可以自己先跑；
> 9. 不保守坏人的秘密；
> 10. 坏人可以骗。

第五，形成共同体资源库。个体资源及其经过对话产生的新的信息为共同体大部分成员认可的构成了共同体资源库，它只能部分而不能全部物化，某些信息早已被纳入成员知识背景当中难以区分，只有在一定环境中当一位非成员闯入时才能唤醒它。学习共同体成员自由地共享这些资源而不用获得特别的许可，从而节约了自己进行探索的时间，这使得成员感受到作为成员的价值。通过为学习共同体贡献自己独特的资源和对资源进行共享，成员形成了对共同体目标、共同事业的整体性的理解，加深了其作为一名成员的身份认同感。对分享资源库的渴望也是非成员展开边缘参与和加入共同体的重要原因。

第六，促进成员对共同目标的理解和接纳。学习共同体成员的主要活动均须围绕成员的成长和发展这一目标。对它理解与否、接纳与否决定了成员如何活动和最终能够获得什么，也影响到了共同体能否成功构建和共同体凝聚力的形成。

3. 维持阶段：学习共同体的发展及成熟阶段

一个成熟的良好运作的学习共同体仍旧需要经过一段时间的调整与完善，当学习共同体已经完成了构建，仍旧需要采取一系列措施使之得以维持，否则它也将如肌体一样走向衰落，失去活力。

第一，对前期行动进行反省与评价，完善制度与规范。对整个学习共同体的构建过程进行反思并加以评价，能够为我们提供一个纠正偏颇，弥补不足的机会。还需要对前期在构建学习共同体时采用的一些做法、规范与制度进行考察，摒弃不合时宜的，完善有缺陷的，可以在这些方面进行：①共同体的边界与边缘。共同体的建立伴随着人员的加入与退出，带来成员结构的变动，根据这种变化对共同体的边界与边缘进行清晰的界定可以使成员的结构更加紧密，成员间交往的阻力也会随之减少。②新成员准入制度。内部成员对学习共同体的目标达成普遍的共识后,继续无限制地接纳与之相违背的成员进入共同体无疑是不明智的,而且有可能带来不利影响。对制度进行完善的工作此时显得格外重要。③成员角色方面。学习共同体强调成员的地位平等但绝非去角色化,相反它认为正是成员角色的不同使得他们的活动更加富于组织性与协调性。前期进行的有针对性的促进成员间平等的做法有可能超过必要的限度而使得成员的角色不明,如有需要必须对这种状况进行调整,明确共同体的领导与管理者。

第二,形成共同体文化历史传统,保证其延续性。前期对班级的历史采取的是高度重视并尽力保持其延续性的态度,当学习共同体最终形成并运行一段时间以后,成员间的对话也逐渐地成为历史并对未来持续地产生影响。某些有特色的活动、成员间有趣味性的一次对话、某次小事故都将带来对共同体的或大或小的影响,导致一些变化,最终能够形成一些比较稳定的被成员共同接纳的规范、制度、行为方式与态度等,即构成了学习共同体的传统,它能够增加共同体的凝聚力,使得成员产生浓厚的归属感并以一个统一的身份对外活动。共同体是开放的,当大量的人员进入,即使这些人员将会带来历史传统的一定的改变,它的存在也会如同染缸一样使新成员迅速融入传统并加入到学习共同体中。为保持学习共同体的活力同时也保证它的体系结构也不致受到破坏,形成稳定的共同体文化历史传统是相当重要的。

第三,与更大的群体发展关系。班级学习共同体只是处于学校体系中的一个小型的学习共同体,在与其他班级学习共同体和与更大的学习共同体的交往过程中产生了它作为共同体的边缘与在学校中的定位,这种定位使得它能够既保持自身的独立性,又能以开放的姿态与他者交换资源与信息。正如日本学者佐藤学所说,学习共同体超越了课堂而同新的生活方式与社会原理相通,他强调处于学习共同体中的成员的眼光不能仅仅停留在学习者在班级内部的分裂与激烈竞争而应是走向更大领域的社会,而学习共同体则不应当仅仅停留于班级的狭小范围内。[①]通过班级学习共同体与外界建立的友好交往关系,成员能够走出班级,走出学校,能够与更大范围的群体发生对话,我相信这不仅对于共同体成员的成长有着积极的作用,同时通过这一过程能够在共同体与社会间建立迅捷的信息沟通通路,使共同体获得新的更加丰富的信息与资源,使它保持活力。

---

① [日]佐藤学.学习的快乐——走向对话[M].钟启泉,译.北京:教育科学出版社,2004:384.

第三节 优秀小学班集体形成的标志

班集体是班级发展的高级形式,班集体形成并非自然之物,而是需要较长的时间,需要教师付出大量的艰辛的劳动才能实现,有的班级可能要经过几年的时间才能建立起班集体来,有的班级到毕业仍是一个散漫的班级,始终未能形成班集体。虽然每个班集体都会各具特色,但每个班集体必然具有超过所有成员作用总和的作用力,即在优秀班集体中,群体的合力大于各个个体力量的总和。其标志体现在以下几个方面。

一、共同的奋斗目标,丰富的集体活动

班集体的共同奋斗目标是班集体的理想和前进的方向,这个目标应是长期、中期、近期目标的结合,如果没有共同追求的奋斗目标,班级就会失去前进的动力。作为班级组织者的班主任应结合本班学生思想、学习实际,制定出本班的奋斗目标。初接班时要勤与学生沟通,勤向科任老师了解,勤同学生家长联系,从而做到及时、全面地了解情况,发现问题。在做好前期了解工作的基础上,带领学生召开第一次班会,增加学生的班级认同感和归属感,并提出切实的奋斗目标,设计一个美好的前景,让全班学生都能为了班级的共同奋斗目标贡献出自己的全部力量,树立强烈的责任感和集体主义精神。在实现奋斗目标的过程中,要充分发挥每个成员的积极性,使实现目标的过程成为教育与自我教育的过程,要让全体成员感受这是大家共同努力的结果,要让他们分享集体的欢乐和幸福,从而形成集体荣誉感和责任感。

集体活动能发挥娱乐、导向、育人的功能,班主任要积极组织、参与学校各项有意义的活动,在活动中,促进学生相互关心、尊重、理解和协作。许多优秀班主任的经验表明,"寓教育于活动中"对实现班集体的共同目标、对每一个人的健康成长都是行之有效的。教育活动内容则需班主任根据不同年级的特点来确定。对于中、高年级的孩子可在班级中设立"队角",每期主题不同,让学生自己组稿上墙,让学生尽情展示自己的聪明才智。还可利用各种节日或纪念日等开展各项活动,例如

母亲节时要求学生回家后为妈妈洗一次脚,然后请妈妈写评语;植树节时带领学生在校园里栽树;"学雷锋日"带领学生走向社区做好事……每次的班队会时间都要确定相应的主题。另外,积极组织学生参加各级各类的活动,例如报纸上的作文竞赛、社区里的活动、学校里"雏鹰行动"等。

案例 4-7

孩子们,让我们携手奋进——班级目标管理法心得[①]

记得曾在网上看到"有目标的生活叫远航,没有目标的生活叫流浪"时,内心激起阵阵波澜,感触颇深。的确,明确的目标是一切组织活动的出发点和终结点,是维持组织存在和发展的链条。学校班级作为组织存在的一种形式,自然也离不开明确目标的指引和激励。有了目标,学生才会有不断奋进的动力,才会有昂扬自信的斗志,才会有热力四射的激情。

笔者前年刚刚教完六年级毕业班,新接手了二年级升三年级的一个班,由于特殊原因,班级在二年级学年期末的学校考核中,无论是班级的学业成绩,还是学生的行为习惯方面,都列年级末尾,因此在三年级开学初的第一次升旗仪式的学期班级考核表彰大会上,学生见自己班没有获得任何表彰,个个垂头丧气地向教室走去。进了教室,面对孩子们自卑难过的目光,我的心战栗了,对全班孩子说:"同学们,虽然我还叫不出你们的名字,但从今天开始我们就是一个战壕里的战友,大家荣辱与共!即使我们曾经失败,但能就此轻言放弃么?"孩子们都摇头,眼里透出一丝明亮,我接着说:"失败已经属于过去,我们不再追究谁是谁非,今天是开学第一天,未来我们有很长的路要走,只有反思过去,总结教训,及时修正错误,才会让今后的每一步走得稳、走得实。现在我们一起来总结、反思……"孩子们纷纷发言,深刻剖析自己及班级在集体荣誉感、学习、行为习惯上存在的不足。有的孩子说:"课间时我们班总是有同学追逐奔跑,这样不但危险还违反学校常规,导致班级周评比扣分……"有的孩子说:"我们班有的同学不爱学习,考试成绩总是拖班级的后腿……"看着一个个不到十岁的孩子有如此积极向上的激情和班级凝聚力,我深为感动,对孩子们说:"从哪儿跌倒,就从哪儿爬起来,我们从最基本的行为习惯开始训练,相信自己,相信老师,我

[①] 陈辉.孩子们,让我们携手奋进——班级目标管理法心得[J].教育教学论坛,2014(12):28.

们同心协力,一定会取得辉煌的成绩,老师向你们透露一个小秘密,我所教的每一届毕业班都是学校的'模范班'或京口区的'先进集体'哦!"孩子们听了,眼睛更亮了!

经过一周共同的学习生活,我制订了班级建设的方案。首先我提出班级建设的目标——向上、博学、健康(心理的阳光和身体的健康),由班会讨论。在讨论会上我详细解释了目标的内涵,获班委干部一致通过。同时利用开学初的家长会向全体家长宣讲班级建设内容及内涵,得到全体家长的认可和全力支持。有了这个班魂,有了这个共同的奋斗目标,学生的激情迸发了。其次,要确立集体的奋斗目标。集体的目标是集体努力的方向,就是班级班风、学风的建设。要让集体的每个孩子清楚地知道集体的"远期目标""中期目标"和"近期目标"。"远期目标"即一个优秀集体应达到的要求,对我班级孩子而言就是争创学期"校级模范班",这些要求不是一两天能做到,但我们要让孩子知道这些要求不是可望而不可即的,而是通过全班同学努力之后能做到的。"中期目标"就是针对班级建设过程中存在的误区进行矫正,培养并巩固学生在学习和行为习惯上的良好习惯。"近期目标"是近期根据学校德育、教学和后勤等部门布置的相关工作,结合本班的实际情况,有组织、有计划、有目标地完成各项任务,让孩子的个人努力目标与集体的荣誉目标相一致。依据班级建设目标从时间上制定班级的短期目标、中期目标和长期目标,从内容上分为学习目标、德育目标、行为习惯目标和素质目标等。要求学生从自身实际出发制定自己的努力目标。具体落实在学习目标上,从听课专注、午间阅读专注、作业专注开始;行为习惯目标从课间不奔跑、上下楼右行礼让开始;德育目标从进校向老师第一声问好开始;素质目标从认真记录《书香伴我快成长》开始。

卧薪尝胆的历程是艰难的,孩子在成长的过程中有犯错和反复的权利,这也是他们成长的必需。每每这时,我总会以班级的奋斗目标激励他们;以宽容错误的心等待他们的成长;以小故事蕴藏的大道理去引领;以丰富多彩的活动去激发;以班级每周获得"五星班级"为赞赏……全班总动员,共奋进。短短的两个月,整个班级悄然发生了翻天覆地的变化:上课铃响,所有同学迅速进班,方向一致地静息候课;课前准备同学个个整齐到位;上课时每位同学专注听讲,即使窗外人头攒动,无一人移动目光;课间时上下楼人人右行礼让;校园里见到每一位老师都会热情招呼"老师好";午间阅读时每位同学坐姿端正,双手握书,

> 静静专注阅读……原来最怕进我们班级上课的老师现在最爱进我班上课了;校领导多次在巡视后进班表扬全班专注学习和午间阅读;上级领导行为习惯验收抽查时,长时间驻足我班窗口,我班孩子无人张望,他们的读写姿势深受检查者的赞赏;孩子们参加全校的各项比赛活动屡获佳绩,获奖奖状贴满了班级荣誉栏。学生的潜能是开发不尽的宝藏,只要师生摆正了位置,明确了各自的职责,用最恰当的方式方法,发挥了各自最大的作用,那么我们既定的目标就不会成为一纸空谈,相信我们班级在这个目标的引领下,会取得更大的成绩。

二、健全的组织,坚强的核心

当学校组织班级时,班主任被任命为班级的领导者,成为班级的一员。但班主任毕竟不是随时随地都与学生在一起,所以由学生组成的班级领导、管理机构就必不可少,它包括班委会和团队组织,班干部、团干部开始可以由教师指定,当学生们都熟悉以后则应当由学生选举产生。这两个领导机构都要得到学生、老师和学校的正式承认。班干部、团队干部在班级活动中起着核心的作用。他们依据集体的目标组织班级学生的活动,使学校的教育目标在班级得以彻底贯彻和实现,协调集体目标与班级学生个人目标,团结同学,使班级具有凝聚力。在一个良好的集体中,如果班干部和团队干部管理富有成效,就能很好地维持班级的正常秩序,督促同学遵守纪律,解决班里出现的问题,保证教学活动与教育活动的顺利进行。班委会、团支部本身是班级这个大组织中的小组织,是班级的核心和神经中枢,要担负起调节整个班级活动的任务。班级中设计的平行小组、各科兴趣小组等,是最基层的组织,是进行特色活动、开展合作和竞争的基本单位,是可以利用的重要的管理资源。

一个良好的班级除了班干部、团队干部、小组长和课代表以外,还应有一定数量的积极分子。如果说班干部、团队干部对班级学生的影响是正式的,那么,积极分子对其他同学的影响则是非正式的。在一个集体中,成员之间具有互动作用,班级积极分子对其他同学起着积极的潜移默化的作用。

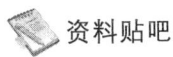 **资料贴吧**

小学班干部"扩编"的N种方法[①]

"妈妈,我当上班级的灯长了。"刚上小学一年级的帅帅,急着将这个好消息告诉妈妈。从当上灯长的那一天开始,他每天都要更多留意自己的管辖对象——教室最前排的两盏灯,这也是他作为灯长的全部职能。

"从来没见过这么多班干部,很多官衔你也许从来都没听说过。"生于20世纪70年代的帅帅妈对儿子现在的职务很有些意外,对班级里"花长""灯长"等官衔更是一头雾水。和自己小时候班级里凤毛麟角的班干部比例相比,儿子班级80%的孩子都担任班干部的事实让她不知说什么好。"不怕你笑话,我发现这种情况后的第一反应,竟然是想起了小时候常说的那个绕口令'班干部管班干部'。"

全班五十学生八成当上"班官"

目前完成的一项调查显示,北京近九成小学生想当班干部,七成小学生想当班长,也就是要当班里的"一把手"。而在哈尔滨市的一些小学校里,"全民皆官"的现象也屡有发生。班长、学习委员、体育委员甚至课代表都分正副职,灯长、花长,官名繁多,一个班50名学生竟有40多名学生都能负责一项工作,90%以上的学生都能有做班干部的体验。

"我这周当班长了!"一名一年级小学生兴奋地对记者说。据他讲,他们班每周一换班长,每周谁得的小红花最多谁就当班长。当班长都干什么?面对记者的提问,这位小班长回答,上课的时候领喊:"老师,您好!"据介绍,这名小学生还当过班级的"花长",就是负责给班级的两盆花草浇水。

小学一年级学生小研,目前在班里负责下课秩序管理。他所在的班级共有50名学生,老师给每个学生都安排了一个职务,有负责课间喊队的队长,有检查课间下课秩序的小"管家",还有各个学科的课代表。班主任老师告诉记者,她之所以让每个孩子都有职位,一是希望能调动起他们的主人翁意识,积极融入到班级管理中;另一方面,也是对孩子的一种激励,提升学生的自信心,增强他们的组织和领导才能。"现在的孩子愿意表现自己。安排职位时,很多同学

[①] 赵琳,马晓雪.小学班干部"扩编"的N种方法[N].哈尔滨日报,2010-10-24(1).

举手积极争取。"老师拿小研的变化举了例子，小研过于活泼，自己缺乏组织纪律性，负责课间秩序管理前，一下课拔腿就跑。当了"干部"后，一犯爱闹的毛病，老师就提醒他要以身作则，小研马上就能改正过来，渐渐对自己有了约束力。

从以往的仅有班委成员，到现在从少先队大、中、小队长到班长、副班长、课代表、学习小组小组长，最近几年，小学班干部"扩编"成了一个趋势。轮岗等形式的出现，让更多学生有机会参与到班级管理中来。采访中，记者发现多数学校这样安排旨在培养孩子多方面素质，提升他们的自信心。但是，也有一些老师提出，作为赏识教育的一部分，为学生提供过多的"为官"机会，会对孩子的价值观产生冲击。学生干部的确有一定的权力，但如何引导孩子们看待这种权力，是能否摆正心态的关键。

三、正确的舆论，和谐的气氛

正确的集体舆论，就是集体中占优势和为多数人赞同的正确议论和意见。它以议论、褒贬等形式肯定或公认集体的动向或集体成员的言行。它是推动班集体及其成员发展进步的力量，其对某些学生的影响，有时比教师的作用还要大。集体舆论在班级中的重要表现就是集体的规范。它通过奖赏或处罚来保持行为的一致，从而推动班集体的形成和发展。任何一个集体，其形成都必然有一套大家共同遵守的行为准则，集体形成后也需要这些准则来保持集体的整体，当集体成员的行为偏离或违反这些准则时，集体对这些行为马上产生反应，很快成为班集体舆论的焦点，从而纠正成员的偏离行为，禁止成员违背集体规范、使成员的行为回到规范的轨道上来，使其与其他成员、与集体的行为保持一致。

一个班级的心理气氛也很重要。心理气氛是指群体中占优势的人们某些态度与情感的综合表现。好的班集体应该是和谐、欢乐、严肃紧张而有序的，它通常情况下表现为积极的态度和高涨的情绪，即旺盛的"士气"。它可以给集体染上一层特有的、蓬勃向上的色彩，而且这种"士气"作为一种社会条件影响着每一个集体成员的心理与行为。

四、严明的规章制度

班级规章制度是班集体为实现共同的奋斗目标而制定的规则和章程，是在学校规章制度的基础上,在教师指导和全班同学认可的情况下,根据班级实际情况制定出来的,对班级每个同学都有约束力。班级规章制度实质上是社会规范在学校生活中的具体表现形式,也是班集体形成和发展的准则。一个班集体是否已经形成,一个重要的条件就是要看有没有全体成员共同遵守的严格的规章制度。它是对全体成员的约束,也是对全体成员的引导;它既是一种对个性自由的限定,也是一种对个体正当权利和利益的保护;既能够维持正常的学习生活秩序,又能够锻炼学生的意志。班级规章制度应该涵盖班级学习生活的方方面面,一般而言大致包括四个方面:课堂学习制度、课余生活制度、清洁卫生制度、作息制度。

案例 4-8

班规的制定①

"同学们,"约翰快速拍了一下手掌说,"因为这是你们的课堂,迈尔老师和我想让你们制订自己的计划,以便今年大家能融洽相处。谁想到了让大家融洽相处的规则?"

孩子们轮流发言,热切地参与规则制定。约翰把他们的建议写在一大张挂在黑板上的记录纸上,保留了孩子们原来的用意和语言。

"这些规则很好。但是太多了,而且一些规则说的都是一回事。所以我们要把它们分组,变成很少几条规则。看我要怎么做。大家在看吗?"

约翰停顿了一下,确保大家在看。

"这条'不踢人'的规则和对他人的身体伤害有关。所以我要用蓝色记号笔把这两条圈起来。好,现在看看这条'对别人好'的规则和另外这一条'不嘲笑别人'。这两条很相似,因为都涉及人们的情感。我要用红笔把它们圈起来。"

约翰把其余的规则也都圈好、分组。

"现在我们回头看看所有的蓝色规则。我们可以用一条什么样的规则就能说出所有的蓝色规则呢?"

没有人举手。

"这挺难的。因为所有的蓝色规则都和伤害我们的身体有关,我们就这么写吧,'不要伤害别人'。"约翰继续这一过程,直到敲定了最后的清单:

---

① [美]卡罗尔·西蒙·温斯坦,安德鲁·J.米格纳诺.小学课堂管理[M].第三版.梁钫,戴艳萍,译.上海:华东师范大学出版社,2006:48-49.

> 1. 公平游戏；
> 2. 不破坏任何物品；
> 3. 轮流讲话；
> 4. 手和脚要规矩地放好；
> 5. 不伤害他人的感情。

五、健康的班风，优良的传统

班风是班集体长期形成的具有自身特色、稳定的集体作风。它是班集体的精神面貌和道德风尚的反映，体现在班级成员的思想认识、情感意志、言论行动的共向倾向之中。班级中正确舆论持久地发生作用，就会形成良好的班风。良好的班风一旦形成，将成为巨大的教育力量，成为影响班级成员的积极因素。而良好的班风的日渐巩固和长久保持，就形成了传统。优良的班风和传统，是班级成员长期努力的结果，是班级精神和灵魂的积淀，它可以深入学生的心灵深处，具有引导、鼓励、催人奋进的作用。它会使班级成员对班集体产生自豪感、荣誉感，从而自觉履行和维护优良的班风和传统，进一步促进班集体的成熟和发展。①

 资料贴吧

> 一个良好的班集体就像一座熔炉，陶冶着每个学生的思想、作风、品德，带动着班内每个学生前进。只有在良好的班集体中，教师开展教育和教学活动，才能收到较好效果。好班风的主要标志是全班学生有共同的前进目标，有正确的集体舆论，有较强的集体观念。
>
> 那么，怎样才能培养优良的班风？②
>
> 一是重教育。班主任要懂得学生心理活动的规律，注意时时事事开个好头。比如班主任上任要从工作的第一天抓起，作好第一次讲话，办好第一件事，处理好第一个问题，开好第一次班会，等等。良好班风的形成往往就是这样从若干个第一开始的。发挥舆论的作用有利于班风的培育，必须抓住舆论阵地，如办好黑板报、思想评论专栏，召开班会、演讲会、报告会，开展团队组织生活等，

---

① 林冬桂,张东,黄玉华.班级教育管理学[M].广州:广东高等教育出版社,1999:100.
② 甘霖.班主任工作技能训练[M].上海:华东师范大学出版社,1995:60-62.

针对班内出现的带倾向性的问题开展评论,对大家关心的问题展开讨论,建立起正确的舆论阵地,其作用是不可低估的。班内还要有计划地开展各种教育活动,联系学生思想实际,提高他们的思想觉悟,如通过开展"学雷锋树新风"活动,组织学生以小组为单位,为班集体、为学校、为社会做好事,培养为人民服务的思想,通过贯彻《中小学生礼仪常规》,狠抓"明礼""导行"和"强化"三个环节,向学生进行文明礼貌的教育。通过开展丰富多彩的课外活动如参加军训,使学生懂得什么是错误的,应该反对和避免,什么是正确的,应该学习和坚持,从而规范自己的行为,逐步养成良好的行为习惯。

二是严要求。良好的班风不可能通过一两件事,在短期内形成,而需要积极引导、培养和巩固,是一个长期的过程,需要运用不断强化的心理规律。班主任要针对班内学生的特点和表现,从大处着眼,小处着手,制定必要的规章制度,提出明确的要求,如考勤制度、文明公约,使学生行有所循。凡是在班内宣布的制度要求,一定要认真执行,并且经常进行检查、讲评、总结。对学校提出的各项要求和布置的每项任务,都教育学生认真执行,不折不扣去完成。如学校提出建设校园文化,班内就要精心设计和布置,创造一个优美、怡人的育人环境,这样既能营造一种浓厚的学习风气,也有助于培养学生关心集体、爱护集体的思想。只要平时严格要求,久而久之,良好的班风就逐渐形成了。

三是树样板。一个好的班风,开始时往往只是少数人作出榜样。通过一桩桩、一件件事例的积累,才能进而扩大为班内的一部分人和班内的大多数人的行为,最后风行全班,成为全班学生的行为准则和行为习惯。由此看来,榜样的力量是无穷的,有了好的典型,就能通过他们去团结其他同学,扩大积极分子队伍。因此,班主任要抓典型,树样板。典型的培养应是全方位的,如有三好学生的典型、关心集体的典型、拾金不昧的典型、体育锻炼的典型、助人为乐的典型、后进变先进的典型……对于涌现出的各种典型要宣传,要表扬,推广他们的经验。青少年的模仿性强,身边的榜样对他们有很强的吸引力、号召力,抓出好典型就能收到拨亮一盏灯,照明一大片的效果。

四是指方向。建立良好的班风是创建先进集体的先决条件。一个先进的班集体应该做到:有一个好的班委会,团队作用发挥得好;学生尊师守纪,文明礼貌,团结友爱,勤劳朴实;有一个好的学风,绝大部分学生学习目的明确,考试诚实,求知欲强,自觉性高,成绩优良,或在原有基础上有明显提高;有一个好的健康状况,体育达标率高;各种课外文体活动开展得好。对于这些目标要求,班主任要不断给班内制定某一阶段的具体努力方向,统一大家的思想和行为,不断增强学生对班集体的热情。每一阶段提出的目标,任务要具体,口号要新颖。由于班主任在工作中注意根据本班的实际情况、学校的工作安排、社会的发展形势,分阶段恰当地向全班学生提出新任务、新目标,就能不断促使班集体的发展,促进良好班风的建立。

良好班风一经形成,就会对班内每个学生产生强有力的教育作用,使他们把自己的一言一行与班集体联系起来,使每个学生都知道自己对集体所应承担的责任和义务。他们会意识到自己的行为不单是个人的私事,而又是直接关系到全班集体荣誉的大事。学生有了维护集体荣誉的观念,就会产生一种强大的内聚力,使学生根据集体的利益和要求去行动,从而创造出良好的成绩。学校中多数班级形成了良好的班风,那么,优良的校风就会逐步形成了。

课堂活动

班干部可以这样选

现在你新接任一个班的班主任,请你为你的班级选拔班干部。

1. 活动主要围绕以下几个方面开展(采用小组合作的方式来完成)

活动背景

活动目的

活动准备

活动过程

总结与启示

2. 交流

各小组汇报班干部选拔的不同方式,同学点评,教师做总结。

【实践活动】

1. 考察小学的一个班级,参考第三节"优秀小学班集体形成的标志",评估该班的班集体发展水平,并提出改进的建议。

2. 浏览"中国班主任网(《班主任》杂志官方网站)"(http://www.banzhuren.com/)。

3. 观看魏书生讲座《班级管理科学化》。

【读书指导】

1. ［日本］左藤学.学习的快乐——走向对话［M］.钟启泉,译.北京:教育科学出版社,2004.

2. 古人伏,沈嘉祺,朱炜.小学班队工作:原理与实践［M］.第2版.上海:华东师范大学出版社,2010.

3. 邓艳红.小学班级管理［M］.上海:华东师范大学出版社,2010.

4. ［美］彼得·圣吉.第五项修炼［M］.郭进隆,译.上海:上海三联书店,1998.

第五章

小学班级日常管理
——学生发展的有序与有效

 内容提要

小学班级日常管理是班主任将班级组织的要求与个人意愿融合,使组织机构有效运作,培育起学生们的规范行为并加以维护,使班级最终成为愿景中的组织。这些工作就是班级管理的日常实务,也叫日常管理,它的主要内容有小学班级日常行为管理、小学班级环境管理、学生发展指导以及小学班级日常管理中的奖惩。本章重点论述小学班级管理的四项主要内容,旨在有效指导教师进行班级日常管理,促进学生有序、有效地发展。

学习目标

1. 识记"小学班级日常管理""小学班级日常行为管理""小学班级环境管理"及"学生成长档案袋"的概念。

2. 掌握小学班级日常管理的主要内容。

3. 学会运用"学生成长档案袋"对学生进行评价。

 **教育写真**

班主任的困惑[①]

新学期伊始,我成了某班的班主任。我一直想努力遵从以学生为主体的现代教育观,想让学校的"自主教育"在他们身上得以体现。所以开始的时候,我就本着

---

① 周保英. 新课改视域下班级管理案例析[M]. 武汉:华中师范大学出版社,2005:38-39.

信任、民主的理念,在向学生提出了乘车、卫生、学习等方面的要求后,就给了学生一个比较宽泛的环境,让他们自主、自立,希望他们的个性能得到自由的发展。但是,天不遂人愿。不久,一系列问题接踵而来:

乘校车时,很多同学上车前拥挤抢夺,在车上大声喧哗吵闹,相互之间不懂谦让,更有甚者竟将杂物扔在窗外的行人身上并以此为乐,让同车的老师、司机摇头不已;到校后,学生们一个个昂首向前,无视身边老师的存在,几乎无人主动行礼招呼;进教室后,交作业本的同学行动乱糟糟,卫生值日的同学动作慢腾腾,值日时各干各的,如果有把笤帚扔在地上,是绝对不会有人捡起来的;自习课必须有老师在班监督,否则就一片嘈杂,并时有打架的事情发生;中午就餐前整队拖拉,领餐时争先恐后,挑食现象严重;课间休息的时候,在走廊里追逐打闹,弄得满头大汗,直至上课铃响;有的学生学习被动,在校车上抄作业、对答案;回家不能巩固复习课堂所授内容,第一次默写英语单词错误百出……

总之,该班成了全校注目的焦点,不满多于赞扬。作为班主任,我困惑了。难道是自主管理的要求言之太早?可是,学生的调查问卷不是表明绝大多数学生不喜欢管头管脚的保姆式老师吗?他们入学分数很高,素质相对其他班级要好。那么问题究竟出在哪里呢?

面对几十名兴趣、性格、爱好迥异的学生,班主任日常管理的事务是具体的,甚至是琐碎的。那么,班主任应如何有效地开展日常管理活动呢?

班级是学校开展教育教学活动的基本单位,班主任通过组织和领导班级集体、协调科任老师与学生的关系来实施对全班学生的教育教学管理。班级的管理首先面对的是日常管理,这是班级工作的基础,日常管理中要做好日常行为管理、日常环境管理、学生发展指导和学生奖惩工作。班级日常管理是班主任工作的重要内容,作为班主任这项工作只能做好,或者说要尽可能地做好,因为我们对学生的管理首先从班级日常管理开始,我们与学生的交流、对学生各方面的现实表现的了解主要在班级日常管理中,我们对学生的教育更多地落实在班级日常管理中。

第一节　小学班级日常行为管理

小学班主任在每日工作中经常碰到的问题就是学生的行为问题,每天主要"管"的事情也是学生的行为。一个班级组织有它所要求的行为,班级组织中行为的一致性,就成为班级日常管理的首要任务。

一、小学班级日常行为管理的概念

小学班级日常行为管理是指班级管理者向班级成员传授小学生在班级组织中的规范行为,帮助小学生掌握规范行为,同时也纠正小学生违反组织规范的行为。[①]

任何一个组织都有它自己规定的行为方式,一个组织特定的行为方式是组织存在的基础。任何一个组织也要求它的成员掌握组织的行为方式。在社会的成人组织中,成人有能力理解组织的规范,能够自己学习掌握组织规范。但是,在由未成年人组成的小学班级中,受到年龄、认知能力等方面因素的影响,行为的学习对他们来说,还不可能完全靠自己完成。因此,在小学班级的日常管理中,班主任就有向班级组织成员传授规范行为的任务。

小学生在班级中学习组织的规范行为,不仅是组织活动的需要,更是小学生个体发展的需要。学会在组织中学习、生活,是个体社会性发展的要求。正确的行为规范,能引导人健康地发展。

二、小学班级日常行为管理的内容

班级的日常行为规范,既要遵循国家教育行政部门颁布的《小学生守则》《小学生日常行为规范》,也要体现学校制定的具体规定,同时反映本年级和本班的特殊要求。班主任应根据这些守则、规范、要求及本班学生年龄特征和日常行为规范的实际情况,制定本班一日规范,促进学生成长与发展。

[①] 李学农.班级管理[M].第2版.北京:高等教育出版社,2010:149.

根据小学生的一日活动情况和我国教育活动的实际,可以列出如下小学班级一日规范主题。①

 资料贴吧

1. 上学

   主要内容有:(1)到校时间;(2)礼仪;(3)进班要求;等。

2. 升旗、早操

   主要内容有:(1)升旗礼仪;(2)早操排队、动作;等。

3. 晨会

   主要内容有:(1)态度;(2)行为;等。

4. 上课

   主要内容有:(1)课前准备;(2)听课;(3)课堂作业;(4)下课。

5. 课间

   主要内容有:(1)时间;(2)活动方式;等。

6. 眼保健操

   主要内容有:(1)姿势;(2)动作;等。

7. 午间用餐

   主要内容有:(1)时间;(2)吃饭要求;等。

8. 午睡

   主要内容有:(1)时间;(2)安静;等。

9. 劳动

   主要内容有:(1)态度;(2)方式;等。

10. 放学

    主要内容有:(1)排队;(2)安全;等。

11. 家庭作业

    主要内容有:(1)时间;(2)数量、质量;等。

---

① 李学农.班级管理[M].第 2 版.北京:高等教育出版社,2010:151.

三、小学班级日常行为管理的方法

（一）榜样示范法

通过榜样来学习规范行为，从本质上说也是观察学习。这里的榜样特指小学生自己班级中的榜样，因为自身班级群体中的行为样本更容易得到认同。供班级成员学习的本班中的行为榜样，要靠班主任来树立。但是，在采用这种方法时，班主任不可认为榜样就是班级中一两个优秀的学生，而要逐步扩大榜样行为的人群。当榜样人群足够大时，就会形成行为压力，从而更好地促进所有班级成员习得规范行为。

如果班级管理者感到榜样缺乏模范作用，可能就在于榜样的人数有限，不能对周围的人形成学习的压力。

案例 5-1

> **小饭桌中的蒸饺事件**①
>
> 　　中午我跟 H 老师一起值小饭桌，因为小学生本身就爱说话、乱走动，所以吃饭吃到快结束的时候，班级难免有点小乱。如果是我自己在教室，我肯定会狠狠地敲敲黑板或者用力地喊两声，来把学生们镇压住。但我面前的这位老师没这样做，她态度很和蔼，缓缓地说："老师这里还有一些……又大又圆的蒸饺，我看谁表现得好就再多给谁几个，这么光荣的事，咱们一起看看谁第一个得到。"
>
> 　　班级很快就安静了下来，这是我始料不及的。当然说奖励就得奖励，后来 H 老师就开始叫名，让他们来领蒸饺，我隐隐约约看到了他们领蒸饺时那骄傲的表情。

（二）行为强化法

"强化（reinforcement）是指对紧随着刺激出现的行为起到维持或者增加该种行为作用的任何刺激"②，是行为习得的重要条件。

用以强化行为的强化物是多种多样的。我们在小学低年级普遍看到一种行为管理的强化方法，即给具有规范行为的学生一个印有红花、五角星或笑脸的纸片，也可把红花、五角星或笑脸做成印章，盖在或贴在墙上的表格中，等等。这些东西

---

① 林洪.一名小学班主任班级管理活动的研究[D].济南：山东师范大学硕士学位论文，2012：17.
② [美]Thomas J. Zirpoli.学生行为管理——教师应用指南[M].第四版.关丹丹，等译.北京：中国轻工业出版社，2004：148.

就是强化物。到了小学高年级,实物就换成了评分表上的分数。然而,无论是前者还是后者,都是符号性的。这种强化被称"代币强化"。所谓代币,就是替代强化物的符号性的东西,就像纸币一样,代币是可以换取东西的。代币强化的特点在于,学生由于规范性行为积累起来的代币最终可以换得他们所期待的强化物,譬如,"三好生"的荣誉称号。

 案例 5-2

随时奖励小标志[①]

上课时,刘洋表现得很好,H 老师会说:"嗯,刘洋表现得真不错,下课后到我这儿领一颗小标志。"

下课时,王丽主动帮助学习困难的同学,老师会说:"咱班王丽同学真乐于助人,值得我们班所有的同学来学习。下课到老师这儿领一颗小标志。"

放学时,马佳第一个站好队,老师会直接表扬:"同学们,马佳是第一个收拾好东西,站好队的人。好,明天到老师这儿领一颗小标志。"

家庭作业,全部做对一次,在书本最前面画一个小五角星,等集够五个了,到老师那换一个小标志……

无论是课上还是课下,是在学校还是在家里,只要学生表现优秀,随时对表现好的学生进行奖励。通过小标志的奖励,同学们的积极性得到了很大提高,逐渐培养了学生的荣誉意识和竞争意识。

(三)纪律约束

纪律是把行为规范作明文规定,并以一定的奖惩措施来予以保证。惩罚措施往往带有强制性,因而具有约束性。班级日常行为管理不仅是帮助班级成员学习规范性行为,也包括以纪律来约束班级成员的行为。

采用纪律约束,要有纪律的学习过程,要向班级成员宣示纪律文明。但是,班级纪律不能止于文本,必须让学生经过学习深入了解。

采用纪律约束管理班级组织行为必须措施到位,要做到奖惩分明、奖惩公正。通过纪律约束,逐步培养起班级成员的荣辱意识,以便最终产生自律的力量。

[①] 林洪.一名小学班主任班级管理活动的研究[D].济南:山东师范大学硕士学位论文,2012:17.

第二节 小学班级环境管理

环境是人的环境,也是班级组织的环境。在一个组织中人和环境相互作用,因而班级日常管理中也要处理人和环境的关系,这就是班级环境管理。主要包括班级规范环境管理和班级物质环境管理。

一、班级规范环境管理

(一)考勤管理

考勤是维护班级正常教学秩序,建立良好班风的需要。班主任通过对学生的出勤情况进行考察,督促学生自觉遵守纪律。

"按时上学,不随便缺课",这是维护学校正常教学秩序,建立良好校风的需要。小学生大都很听老师的话,并且精力旺盛,大多会提早到校的,但总会有个别学生迟到。首先班主任要做的就是调查迟到的原因,一般迟到的原因一是自身睡懒觉或动作太慢,另外就是家长的疏忽。对于前者可以给予当面的口头语言的批评,让其了解准时上学是每个学生必须遵守的,并且要与家长沟通,让家长对学生的生活习惯进行改善。后者原因大都出现在开学初或不守时的家长身上,刚开学很多家长还没适应送孩子上学的生活,所以班主任有必要通过电话或短信联系的方法提醒家长孩子开学要按时上学的这个事实。对于屡犯不改的学生,可能会出现说谎的现象,这样的情况要及时与家长联系,了解真实情况。并且对其进行全班批评,让他为班级服务一天作为惩罚,让其感受到来自集体的压力,约束其行为。

(二)课堂秩序管理

课堂是实施教育教学的重要场所,为保证教育教学正常进行,必须加强对学生的课堂秩序管理。可以从以下几个方面进行规范。

(1)课前准备

班主任要训练学生养成课前准备的习惯,一下课就先把下一节课的书本等物品准备好,然后上厕所。对于能够做到这两样的学生进行即时的口头表扬。

(2) 教学活动要求

进行教学活动前,老师要把规矩和细节跟学生说清楚,并且进行示范后再开始活动。

(3) 师生间的交往礼仪规范

教师在教授知识的同时也是在树人,上课和下课的师生问候是必不可少的。并且上课时的师生问候也是一种纪律的整顿,让孩子的心思快速地集中到课堂上来。在上课过程中,学生要养成举手发言认真听讲的好习惯,让他们明白举手再发言是文明的表现,倾听也是一种美德。

(三) 自习管理

自习课是学生自主预习、复习和完成作业的课。小学的自习课是养成小学生良好自习习惯、培养自学能力的有效途径。班主任应指导学生如何自习,帮助他们培养自习的习惯。例如要先完成课堂作业,并且不要几门功课同时进行,要一样一样逐个完成,以提高作业效率。在完成课堂作业的基础上可以复习当天的学习内容,预习下一次课的内容。并且告诉学生,这种自习方法也可以运用到平时家中的学习。

(四) 考试管理

考试是教学过程的基本环节。通过考试,教师可以对学生的学习情况进行了解,学生也可了解自己的学习情况。考试既有助于教师反思自己教学的成败,及时调整教学策略,完成教学任务,又有助于学生对自己的学习进行自我评价。

考试不仅是学习的问题,更是做人的问题,因为考试也存在诚信问题,反映出对人品的考察,对日常教学活动也会产生重要影响。班主任要做好考试的规范管理。

做好考试管理,班主任要注意以下工作:第一,要重视思想教育,强调考试的目的、意义,形成良好的考风。学生要把学习看做自己的责任,为终身学习做准备,从思想上杜绝考试作弊现象。第二,教师要对学生的考试成绩进行科学的处理,指导学生能通过考试成绩来评估自己的学习水平,及时与教师、同学交流,找到适合自己的、科学的学习方法,有效地开发自己的潜力。

(五) 偶发事件处理

班级日常管理中,由于班级的学生人数多,很可能有一些意想不到的事情突然发生,出乎师生的意料,对班级生活产生影响。班主任应做好这些偶发事件处理议案,以便妥善、及时做出反应。小学班级偶发事件的管理在本书第七章会有详细论述,此处仅对有关学生的惩罚提出几点应遵循的原则。

1. 惩教结合原则

事件发生,班主任首先要深入了解情况,客观分析,当确定学生有错误时,应及时给予适当的批评和惩罚。批评或惩罚学生时,不能全盘否定,既帮助学生找出错误的原因,又要耐心鼓励,指出其努力方向。

班主任对学生进行惩罚是不可避免的,但惩罚不是目的而是手段。单纯的惩罚很难完全改变被罚者的不良行为和错误思想,甚至会适得其反,因此惩罚必须与教育结合起来。惩罚前制定好"校规""班规","有言在先",这是前提;惩罚中要进行细致的思想教育工作,做到态度严肃诚恳,道理明了实在,使学生心服口服;惩罚后通过教育帮助学生树立改正错误、继续前进的目标。

2. 公正合理原则

班主任对班级要明确统一标准,针对学生的差异性进行不同手段的教育。例如好面子的学生一般适合单独教育,然后在班上进行非点名性的教育,这样既让学生记忆深刻,又能让班级学生觉得公正合理。

 案例 5-3

> 一天下午,王老师去四(二)班上写字课。进教室后,发现班里居然开了电扇,而且开得还很大。没有人去关电扇。本来已经是深秋了,外面四五级的大风,而且这两天气温骤降,很多人都穿上了厚外衣,教室里却开了电扇,真是让人哭笑不得。王老师当时并没有生气,一直在想怎么才能改变这种现象呢。恰巧,这时关X提出来要关上电扇。于是王老师借此对他们说:"我给大家说一首诗吧。"于是王老师慢慢地念出了一首打油诗:
>
> 夏穿棉衣冬穿单,
> 到了秋冬扇电扇;
> 此情此景何处见?
> 四(二)班!

3. 及时原则

现代教育理论认为,惩罚的部分效果是来自条件反射,而有条件刺激和无条件刺激的时间间隔越短,则条件反射效果越好。所以班主任一旦发现学生的行为有错,只要条件许可就应立即予以相应的惩罚;如果当时的情境不允许立即做出反应,事后应及时创造条件尽可能使学生回到与原来相似的情境中去,师生一起回顾和总结当时的言行,使学生认识到自己的错误,并明确要求他改正。

二、班级物质环境管理

我们这里所说的班级物质环境,实际上指以物质为载体的环境。在人生活的环境中,并没有纯粹的物质环境,人生活的物质环境总会打下人的烙印。正因为如此,反映了人的状态的物质环境对人有着重要的影响。

(一)教室环境布置

教室是班级组织存在的物质条件,是班级生活的场所,是班级文化的组成部分。教室应该具有一定的吸引力,让学生感觉舒适。教室布置是美化育人环境,建设班级文化的重要手段,是开展素质教育的渠道之一,对于学生的身心发展、道德品质的形成以及品德情感的熏陶起潜移默化的作用。

创设教室环境是从布置教室开始的,教师可通过在教室内贴上学生的照片、展览学生的作品、养殖花卉等,使教室布置符合学生的特点;也可以发挥学生的参与意识,师生共同把教室创设成学习的乐园。

在教室的布置上,教师要遵循一定的原则。

(1) 教室环境布置,既要追求新颖、活泼、美观、大方的视觉效果,又要符合班级学生的年龄特征,并力求富有班级特色。

(2) 教室环境布置注意整体协调,要有明确主题,切忌杂乱无章,缺乏美感。所设计的内容要注意突出知识性、趣味性、实用性和激励性。

(3) 环境的布置既是一个美化的过程,又是一个展示学生学习成果的平台。因此,对教室的布置应该根据班级情况进行动态调整,不断更新变化,让学生在这个过程中不断地获取进步的动力。

(4) 整体设计教室的环境,注重时效性。教室是一个整体性的教育环境,要整体设计,做到整体结构优美、合理利用空间、形式丰富多样、色彩搭配自然。同时,教室布置也应"与时俱进"。

案例 5-4

教室布置创意大赛实施方案

"人创造环境,同样环境也创造人。"教室的布置,教室的文化环境建设,对于创建先进班集体会起到潜移默化的引导作用。同时,教室也是学生生命活动的重要场所,它不应该是思想的桎梏,而应该是青春的家园。因而,为了营造一个和谐、"自由"、灵动的氛围,学校计划在本周举行我校第一届教室布置创意大赛。

一、参赛对象:全校各班级。

二、教室布置基本要求:

1. 热情朴实、美观大方、整齐清洁。

2. 内容引人入胜、形式生动、物有定处、别类分明。

3. 从实际出发,与专业建设发展紧密相连,能对学生起到教育、激励作用。

4. 要充分发挥学生的积极性、主动性,力求体现时代特色和集体意志。

5. 班级标志:设计别具一格的标志或标徽。

三、参考模块:

1. 作品展示:将一些学生的优秀作品及进步幅度较大的作品陈列于此。

2. 公布栏:将每天的注意事项、叮嘱学生完成的事项列于公布栏上。

3. 荣誉榜:将学生的优良表现公告于此榜。

4. 新闻焦点:将最近热门的时事新闻张贴于此,供学生阅览。

5. 生活点滴:供学生们将所学心德、感想或针对时事新闻所发表的意见、看法写出来与同学分享。

四、评分标准:

1. 内容积极、健康、具有班级特色。

2. 班级标志独特、新颖、寓意深刻。

3. 创意独特、色彩搭配合理、赏心悦目。

4. 布局合理、美化、绿化环境。

5. 整洁、回收资源利用。

五、评比时间:

完成布置:2014 年 3 月 5 日

评比日期:2014 年 3 月 6 日

六、评委成员:校领导及各年级组长

七、奖项奖品设置:

1. 一等奖:壹名(50 元)

2. 二等奖:壹名(30 元)

3. 三等奖:壹名(20 元)

(二) 座位编排

 资料贴吧

> 有位有经验的教师特意写了一首打油诗《教室的位置》:读书学习在教室,教室里面有位置;位置到底哪个好,哪个位置都很妙。昂首挺胸坐前面,黑板字小看得见;时有唾沫一点点,粉笔灰灰一片片。不远不近坐中间,眼睛看字倒是欢;挤进挤出不方便,另外空气不新鲜。又斜又偏坐窗边,清脆鸟声在耳畔;阳光普照脸和眼,头晕眼花有点闪。晃晃悠悠坐后面,交头接耳较自在;"个性""特长"尽展现,成绩下滑怎么办?同学们要听清,前后左右和正中,只要上课很认真,学习成绩往上撑。个个位置都平凡,看你态度如何来,人人位置都普通,看你是否很用功……

座位编排是指学生日常座位次序的排列方式。座位的编排方式对学生的课堂行为、学习态度、学习效果、社会交往、人际关系以及整个教育活动有着直接或间接的影响。因此,在编排座位和管理上,既要科学又要注意方式方法。

班主任在编排座位时必须遵循以下几个原则。

1. 面向全体原则

教育是面向全体学生,是让每一个学生得到全面健康的发展。在安排座位时要本着对全体学生负责任的思想,不应该带有任何个人偏见和歧视,不应该考虑来自成人世界中的、社会上的各种各样的人情关系、功利因素,把学生座位的安排变成人际交往中的一个砝码。

2. 性格互补原则

由于小学生的性格正处于形成期,有相当的可塑性和变化空间。将不同性格的学生安排在一起,可以起到性格互补的作用。客观地讲,各种性格各有其优缺点,或外向或内向,或活泼或文静,所谓"近墨者黑,近朱者赤",相邻位子学生性格有差异,会给他们带来优势互补的机会,有利于全体成员健康性格的养成。具体而言,易出差错的同学,其同桌应配以虑事周密的;默默无闻的同学,应配以大胆活跃的;敢想敢干的同学,应配以畏首畏尾的;拖拖拉拉的,应配以雷厉风行的;自私无纪的,应配以自尊自强的;心理浮躁的,应配以性格沉稳的。

3. 帮带互助原则

学生的学习基础有强有弱,学科成绩参差不齐,门门优秀为数极少,因此,让基础好的学生与基础薄弱的学生坐在一起,学科优劣差异明显的坐在一起。同学们有的有了做"人师"的机会,有的有了随时请教的对象,"教学相长",可以起到帮带互助、取长补短的作用,达到共同提高的目的。

4. 营造竞争原则

位置的安排要有利于营造不同层面上的学习竞争气氛。将不同类型的学生分散到教室的各个部位以及不同小组,把男女学生较为平均地安排在不同的小组,能造成小组与小组之间、男女生同学之间良好的竞争的氛围。有些班主任,在安排座位时,总喜欢让学习成绩好的同学坐在中间位置,而让所谓的"学困生"坐在两旁,这不但不能形成良好的竞争氛围,反而会挫伤大部分学生的自尊心,同时让所谓的"优等生"显得无所适从,造成学生相互间的关系紧张。我们的竞争要达到双赢的目的,要达到和谐发展共同提高的目的。

5. 性别交错原则

适当调配男女生同桌或邻桌,不但有利于消除彼此不必要的神秘感,增强激励作用,而且对学生的行为自律可以起到"无为而治"的作用。

6. 自由组合原则

座位是为每一个学生发展服务的,安排座位应当充分考虑学生的个头高矮、视力好坏、自控能力强弱、互助能力高低等个性特点,而对于这些个性特点学生自己最了解。把选择座位的主动权交给学生,让学生自由选择位置,自由选择同桌同学,是建立在尊重个性化发展和良好的人际关系基础上的选择。不仅是对学生上进愿望的信任,而且有利于他们在学习上寻找默契的合作伙伴,加深同学之间的友谊,激发他们自觉遵守纪律,从而使座位这一教育资源实行合理配置。

7. 综合平衡原则

一个班级由几十个学生组成。性别上有男女之别,成绩上有好坏之差,性格上有外向内向,品质上有优劣差异,体质上有强弱之分,视力上有正常近视,爱好上各有千秋,家庭上有富裕贫寒,基础上有扎实薄弱,学科上有强项弱项,关系上有亲密疏淡。所有这一切都要求班主任做有心人,尤其是刚刚接手的班级,对学生的情况除了在有关书面资料上获得以外,更需要在尽量短的时间里同他们个别接触。当然,开学时的位置可作为临时性的安排。待一段时间后再作具体调整。要尽可能地了解学生各个方面的情况,将它们纳入到安排座位时考虑的因素。

总之,安排学生座位要求班主任留心学生不同层面上的情况,同科任老师之间保持良好的配合。既要发扬民主,尊重学生的个人选择,也要讲究集中,使班主任成为班级座位安排的主心骨、决策人。要求我们宏观把握、兼顾全面、综合平衡、男女交错、自由组合,以营造竞争氛围、协调人际关系、发展学生个性。

第三节 学生发展指导

小学班主任的管理工作发生在每一天中。如果学生每一天都能按照根据教育目标、学校的规范要求制订的班级一日规范去做,班级自然就会是一个有序的组织。因此,在小学班级管理的实践中,管理者们都特别重视学生一日行为管理。但是,如果把班级日常管理仅仅看做日常行为管理,至少是不全面的。无论从班级组织的社会功能出发,还是从学生的成长出发,班级日常管理决不能仅仅是"规范",班级管理的根本目标还是在学生的发展。这也是班级管理具有教育性的原因所在。因此,班主任在日常管理中需对学生的发展进行指导。学生发展指导可分为两个方面:集体指导与个别指导。

一、集体指导

学生的发展并不只是知识的获得,而是作为一个完整的人的发展,完整的人的发展只能在完整的生活中实现。学生在班级组织中的发展也正是在班级生活中实现的。从这个意义上说,小学生在班级组织中的发展就是通过班级生活实现的。帮助学生在集体生活中获得发展,就是学生发展的"集体指导"。[①]

---

① 李学农.班级管理[M].第2版.北京:高等教育出版社,2010:156.

小学生的全面生活是怎样的？"仁者见仁，智者见智"，但一个基本的看法是，他们应当在品德、知识、身体等方面均得到发展。

（一）品德指导

1. 班主任的品德指导是学校德育的要求

品德教育是小学教育的组成部分，它要通过学校教育的多种途径来进行。在小学，这些途径包括：品德与生活（社会）课、各科教学和班队工作。由此可见，班级管理本身就负有进行品德教育的任务。班级管理中的品德教育同专门的品德课和各科教学活动中所进行的品德教育是不同的。在《品德与生活》《品德与社会》课程中，小学生接受系统的思想道德教育，包括提高道德认识、培养道德情感、训练道德行为。在各科教学中，小学生在相关学科的学习中，接受科学态度与价值观的教育。然而，品德的养成并不能只靠课堂教学活动，还必须有生活实践的支持。小学生的品德发展是在生活中实践一定的道德认识，体验一定的道德情感，操练一定的道德行为而实现的。在品德课和各科教学以外，小学生践行道德，过道德的生活，也需要班主任来指导。

 **资料贴吧**

加强中小学德育工作践行社会主义核心价值观

教育部近日印发《关于培育和践行社会主义核心价值观 进一步加强中小学德育工作的意见》（以下简称《意见》），号召各级教育部门和中小学校加强德育规律研究，从中小学生的身心特点和思想实际出发，注重因材施教，润物细无声，真正把德育工作做到学生心坎上。《意见》强调，要加强中小学德育的薄弱环节。要通过加强中华优秀传统文化教育、公民意识教育、生态文明教育、心理健康教育和网络环境下德育工作，培育和践行社会主义核心价值观。

《意见》要求改进中小学德育的关键载体。强调要充分发挥课程的德育功能，将社会主义核心价值观的内容和要求细化落实到各学科课程的德育目标之中。要广泛开展社会实践活动，充分体现"德育在行动"，将社会主义核心价值观细化为贴近学生的具体要求，转化为实实在在的行动。要挖掘地域历史文化传统，因地制宜开展校园文化建设，将社会主义核心价值观融入校园物质文化、精神文化、制度文化、行为文化之中。要积极推进学校治理现代化，将社会主义核心价值观的要求贯穿于学校管理每一个细节之中。

《意见》重申,要提高中小学德育的实效性。号召各级教育部门和中小学校要突出知行结合,着力培养学生养成良好的行为习惯,客观真实记录学生行为表现情况,引导学生将道德认知转化为道德实践。要勇于改革创新,探索德育工作的新途径、新方法,定期开展德育教研活动,提升教师德育专业能力。要加强对德育工作的组织领导和督导检查,将其纳入地区、学校教育发展规划和年度工作计划,纳入教育综合督导的重要内容及责任区督学的工作范畴,保障德育工作经费。

2. 品德指导的任务

(1) 巩固和加强小学生在品德课上获得的认识

要巩固和加强小学生在思想品德课和其他学科课程中获得的道德认识,班主任要做到三点:第一,班主任在班级管理活动中的言论,要能够支持小学生在课堂上获得的道德认识;第二,班主任在与小学生的日常交流中,引导小学生提高道德认识;第三,创设提高小学生道德认识能力的情境。

(2) 丰富小学生的道德情感体验

帮助小学生体验道德情感,就要在班级创造一种道德情感的氛围。道德情感的氛围是由班级所有成员共同创造的,每一个成员都在这个氛围的创造中发挥着重要作用。

第一,班主任自己要成为小学生体验道德情感的对象。情感是在人与人的交往中产生的,班主任是学生最重要的交往对象,因而班主任自己就应当是一个充满道德情感的人,让所有的班级成员在自己的身上体验到深刻的道德情感。

第二,班主任要创设一个有着浓浓情意的班级。在班级中,学生的情感体验对象是所有的班级成员,因此,班主任要把班级建设成为一个有着浓浓情意的班级。在这个班级里,不仅班主任关爱学生,任课教师关爱学生,学生之间也相互关爱。

(3) 引导小学生的道德行为,使之养成道德习惯

小学阶段是人进行道德行为学习的最重要阶段。在班级生活中指导小学生进行道德行为的践行,使小学生的道德行为习惯化,也是班主任的重要任务。

养成小学生的道德行为,需要在班级生活中按照道德行为规范的要求创造出一个规范的学生行为环境,要造成使小学生遵从道德行为规范的团体压力。

引导小学生的道德行为,可用榜样示范的方法。榜样只有可亲、可敬、可信,才能使儿童感到榜样的权威性、真实性、感染力,才能使儿童向往榜样、效仿榜样,把

榜样的言行当成自己的言行准则。①

(二) 学习指导

1. 学习指导是班级组织中心任务的要求

班级是一个学习的组织,因而学习是小学生班级生活的中心任务。小学生的学习不仅有课堂学习还有课外学习,小学生的学习活动不仅在班级内、校内进行,还涉及班级外、校外。虽然课堂学习是小学生学习活动的重要方面,但是课外的学习对小学生的发展同样重要,在某种意义上说甚至更加重要。课堂上的学习可由任课教师负责,但是课外的学习活动却要依赖班主任的指导。

2. 学习指导的任务

各种科目的教学活动是由任课教师承担的,班主任没有必要也不可能去替代任课教师开展教学活动。这里的学习主要指智育方面的学习。智育不仅是指智力因素的发展,还包括非智力因素的发展。如果说任课教师的任务主要是发展学生的智力(当然也不能忽略非智力因素的发展),那么班主任的学习指导任务主要就是发展学生的非智力因素,同时要重视对小学生的学习方法的指导。

(1) 促进小学生非智力因素的发展②

促进小学生非智力因素的发展,重点要做好以下工作。

第一,激发学习动机。学习动机是直接推动学生进行学习的一种内部动力。学习动机对促进学生学习活动,提高其活动的积极性和主动性具有十分重要的作用。学习动机产生于学习的需要,正如吃饭、休息一样,人本来就有学习的需要。班主任应努力使具有不同水平学习需要的学生,都能够得到满足。

第二,帮助小学生明确学习意义,提高学生学习积极性。学习活动的特点是具有目的性,学生学习的目标会成为推动其学习的动力。

第三,要善于激发学生的学习兴趣,增强其求知欲。兴趣是人积极探索事物的认识倾向。学生有了学习兴趣,自然会有效地学习。班主任在学习指导中应有意地激发学生认识的兴趣与好奇心,但要谨防朝三暮四的兴趣和低级的好奇心。

第四,要使学生看到自己学习的进步。当一个人在学习和工作中取得成绩时,会自然而然产生一种喜悦的心情,会提高自己的自信心,使学习和工作的抱负水平提高。小学生更是如此。教师要引导学生看到自己学习的进步,让学生体验到成功。

---

① 李学农.班级管理[M].第2版.北京:高等教育出版社,2010:158.
② 李学农.班级管理[M].第2版.北京:高等教育出版社,2010:159.

第五,培养学生学习的意志品质。学习兴趣非常重要,但仅有兴趣是不够的,因为学习毕竟是一种持续的、艰苦的脑力劳动。要学有所得,必须坚毅顽强、刻苦钻研,"锲而不舍,金石可镂"。

(2)指导小学生掌握学习方法

"教会学生学习"既是教师教学的首要任务,也是教师教学的重要责任。因为学生获取知识不能单靠教师的传授,而应该是在教师的引导下,自己去学、去做、去体验,从而获得终身学习的能力。这是现代教学思想的重要标志。班主任应重视对小学生进行学习方法的指导。

第一,班主任要帮助小学生制定适合自己的学习目标,进行学习的自我规划,正确地进行学习。小学生来自不同的家庭,有不同的兴趣、爱好,对学习有不同的认识水平,教师要针对每一位学生进行指导,让他们找到适合自己的学习方法。

第二,指导小学生在理解的基础上进行识记。小学低年级学生不善于自觉地给自己提出识记的目的和任务。教师应特别注意加强指导。教学中教师一方面要指出哪些字必须会认或会用,哪些课及段落要背诵或讲述,哪些公式、定理和口诀要熟识,并说明记住这些知识的重要意义;另一方面,对要求小学生记住的内容,必须运用多种方式进行检查,既使学生真正地、具体地理解记忆的意义,又要提高学生实际的记忆水平。同时,还要帮助学生在理解识记内容的基础上强记。

第三,指导学生学会思维。学习总是伴随着思维,概念的学习、题目的理解与解答都涉及思维。班主任应指导学生学会思维。

第四,培养学生良好的学习习惯。"少成若天性,习惯成自然",习惯是在经常性的活动中形成的,是不经意间采取的行为方式。习惯一经形成,就难以改变,会影响学生一生。小学生是形成习惯的关键时期,因此小学班主任要帮助小学生形成良好的学习习惯。

第五,指导学生学会合理安排时间。小学生由于年龄小,对时间的概念、合理利用的意义等不甚清楚,需要教师的逐步指导。

第六,指导学生学会阅读与笔记。指导阅读的方法有:向儿童介绍好书,启发和诱导他们产生强烈的读书愿望;指导读书方法,让小学生学会精读和速读。

第七,指导学生养成参与实践活动的习惯。"纸上得来终觉浅,绝知此事要躬行",读书是学习,实践也是学习。班主任要有意识地指导小学生养成主动学习、积极参与校内外实践活动的习惯。

(三) 安全与法规教育

1. 安全与法规教育是小学班主任必须予以重视的班级日常管理工作

近年来,儿童意外死亡或其他伤害事件及相关统计,时不时会见诸媒体,儿童意外伤害也引起人们普遍关注,甚至成为教育研究者的课题。有关的研究表明,导致小学生意外伤害甚至死亡的原因多种多样,如,自然灾害、校园外的溺水、交通事故、突发疾病等等。

因为小学生的年纪小,他们的安全意识相对薄弱,缺乏辨别是非的能力,自我保护能力差,更容易受到人身伤害。由此看来,保护好每一个孩子,使发生在他们身上的意外减少到最低限度,是学校乃至整个社会共同的责任。

班主任要把学生的安全与法规教育当成头等大事来抓,教育学生遵纪守法,增强安全意识和生存、生活、自防、自救及遇事处理的能力。

2. 安全与法规教育的任务

(1) 安全教育责任

班主任除对班级学生进行爱国主义、社会主义、集体主义以及基本道德规范等思想政治教育和基础科学文化知识教育外,还要对学生进行安全教育和自护自救教育,让学生掌握一些基本的安全防范、安全自护和安全自救知识。如对学生进行交通安全、消防安全、人身安全、财物安全、饮食卫生安全等教育。班主任不仅自己要牢固树立"安全责任重如山,生命责任大如天"的意识,还要努力使学生树立"安全第一"观念。

(2) 安全告知责任

班主任的告知可分为四个方面。

第一,把学校或班级进行的各种活动中有关安全方面应注意的问题对学生进行告知。如实践活动中的行走、乘车、具体的操作注意事项;体育运动中某些项目的危险性,练习设备、器材的安全性能等内容都应在活动之前告知学生。

第二,把校园及其周边的设施包括环境中可能存在的安全隐患告知学生。如校园内外维修改造,施工场所或临时搭建的设施,校园内外处所、场地、水电设备可能存在的安全隐患等都应及时告知学生。

第三,把学生的有关情况向家长告知。如学生生病、学生请假离校或缺课、学生间发生纠纷或矛盾、学生的不良习气以及学生发生伤害或意外事故等,都要及时与家长联系、沟通。

第四,把发现的班级内部、校园内部及校园周边存在的安全隐患以及安全事故向学校领导告知。班主任履行告知义务,可积极有效地预防安全事故的发生。

(3) 安全告诫责任

班主任在教育教学活动中负有对学生告诫的责任。加强对学生思想品德教育,增强学生的遵纪守法意识,规范学生的日常行为,保护学生的合法权益等是班级安全管理工作的重要内容。特别是对学生的危险行为或潜在的危险行为要及时地告诫、制止和纠正。

(4) 安全防范责任

班主任要对班级活动以及教育教学过程中可能出现的安全问题进行防范。如对流行病、传染病的防范,对班级进行的各种活动以及学生之间的矛盾纠纷、校园欺侮、包括隐性伤害在内的预防等。要防微杜渐,而不要亡羊补牢。

(四) 健康指导

1. 保护学生的健康是班主任的责任

世界卫生组织(WHO)指出:健康就是在身体上、精神上、社会适应上完全处于良好的状态,而不是单纯地指疾病或病弱。也就是说,它不仅涉及人的心理,而且涉及社会道德方面的问题,生理健康、心理健康、道德健康,三方面构成健康的整体概念。

没有健康,知识的学习、能力的发展等,都是没有意义的。健康并不能简单地通过教学获得,而要在生活中获得,这也是班主任进行班级日常管理的内容。小学班主任既要重视学生的生理健康,也要重视学生的心理健康,当然也不能忽视学生的道德健康。

2. 健康指导的任务

(1) 生理健康指导的任务

班主任首先自己要养成良好的生活习惯,以自己健康的生活习惯影响学生的生活习惯。其次,班主任要及时发现学生生理上的问题,及时予以帮助。

小学班主任要能正确地指导小学生保证生理健康,自己一定要掌握有关生理健康的知识。

(2) 心理健康指导的任务

心理健康是指人的精神、情绪和意识方面的良好状态,包括智力发育正常,情绪稳定乐观,意志坚强,行为规范协调,精力充沛,应变能力较强,经常保持充沛的精力,人际关系协调,心理年龄与生理年龄相一致等。小学生的心理健康主要体现在能够正确地对待自己,正确地对待他人,正确地对待学习,在班级生活中有良好的适应性等方面。

小学生的心理健康是一个非常重要也非常复杂的问题。正确地认识小学生的心理健康,掌握有关心理健康的知识,并且能够进行心理健康的指导,是很艰巨的任务。小学班主任若想真正承担起心理健康的指导任务,需要经过专门的系统的训练。对小学生心理健康的指导应从以下两个方面进行:第一,帮助小学生逐步认识自己、认识他人、认识环境、认识自己与环境的关系;从而使小学生能逐步地把握自己与环境的关系;第二,小学班主任应创设班级的健康心理氛围。心理健康也是环境的产物,健康的心理需要健康的环境。

(3) 道德健康指导的任务

道德健康也是健康新概念中的一项内容。主要指能够按照社会道德行为规范准则约束自己,并支配自己的思想和行为,有辨别真与伪、善与恶、美与丑、荣与辱的是非观念和能力。

对小学生道德健康的指导应从以下两个方面进行:第一,要回到日常生活、学习生活、文化生活,并用活动来保障实施,在生活道德教育中重视文明习惯的养成;第二,用民族文化、地域文化、学校文化来培育学生的道德精神,树立道德榜样,生成道德智慧。

二、个别指导

教育的目的是促进学生的全面发展,欲促进学生的全面发展,固然需要有完善的课程、设备,尤其需要运用各种适当的教育指导方法,个别指导便是其重要的方法之一。班主任在班级管理实践中,为帮助每一个学生都获得可能的发展,要依据班级成员的个别特点,给予特别的指导。

以下即针对优良学生、普通学生及特殊学生所给予不同指导方式加以说明。

(一) 优良学生

1. 勉励保持优良的习性

若学生已有许多优良习性,如说话诚实、礼貌周到、热心服务、友爱同学等优良习性,应加以勉励,鼓励其继续保持,且在团体中产生示范作用。

2. 发展特长

当学生已有特殊才能时,可在课间及课外勤加指导,让学生多有表现的机会,使学生本身的专长能得到正常的发展。

3. 鼓励学生立志

当学生做事有条理、有毅力、负责任,有守法及勇敢牺牲等精神时,可多鼓励学生立定个人志向,为实现自己的目标而努力,且予以必要的辅助。

4．增加责任

对于具备领导才能的学生,可安排其担任班干部,以培养和发挥其领导才能。

（二）普通学生

1．鼓励向上

鼓励是沐浴学生成长的阳光雨露,当学生有精神萎靡、不肯用功及生活懒散等现象时,要根据学生的性格特征,多运用鼓励性的语言对其进行引导,激发他们以后行动的信念,看到今后前进的希望。

2．加强信心

自信心是一个人获取成功的精神支柱,是一个人成长和成才不可或缺的重要心理品质。班集体中大多数普通学生由于表现自己的机会少,有的会逐渐遇事胆小退缩,不敢展现自己,缺乏自信。针对这种心理,应利用一切可能的机会,让学生表现自我,发现自我,树立自信,超越自我。

（三）特殊学生

所谓的特殊学生主要指精神异常学生、身体缺陷学生及行为过失学生。对于特殊学生的指导,可从以下几个方面展开。

1．寻求真正原因

以各种检查方式,从研究其家庭、社会背景及学生能力入手,寻找其体力、智力、精神等之所以特殊的原因,从而对症下药。

2．补救身心缺陷

依据检查及诊断结果,发现特殊原因,及身心有所缺陷时,设法请专家予以诊疗以求补救。

3．平衡情绪生活

可使学生专心致力参加健身活动或其他正当娱乐活动,以减低其紧张情绪。

4．利用环境实行间接指导

利用环境自然地改善其不良行为,较直接教条式的训话来得省力且有效。

5．调整作业分量

若学生是因作业量的多寡而逐渐引起精神上的失常,则可依学生的个性、能力调整作业分量。

6. 指导正常活动

当学生做不正当活动时,应诱导其参加正当活动,使其向正当的方向发泄情绪。

7. 介绍良师益友

学生的行为常会受师长及同伴间的影响,若发现学生有不正当或特殊行为时,可以此达到潜移默化、互为影响的效果。

三、集体指导与个别指导的统一

集体指导与个别指导是统一的整体。集体是由个人组成的,对集体的统一要求,就是对集体中每一个体的要求;集体要求的实现,又必须以每一个体各具特点的发展为条件。

在班级组织中每个学生由于生活环境的影响,形成了各自不同的特点和个性。班主任对每一个学生都应该根据学生各自的具体问题、个性特征,深入细致地做好个别学生的指导工作,特别是对那些学习和思想有障碍的学生,更要多做个别指导工作,使他们在班级集体中健康成长。

集体指导与个别指导都是班级日常管理工作,其指导方法是多样的,途径是多元的,具有极大的灵活性和创造性,没有固定的模式。小学班主任要根据不同情况将集体指导与个别指导结合起来。

第四节　小学班级日常管理中的奖惩

在小学班级日常管理中,通过实施规范化的奖惩管理制度,可以提高学生学习、活动的积极性,使学生在成长过程中能够合理认清自己的优势和不足,取长补短,激励进取之心;奖惩机制在班级日常管理中的合理运用,也能大大提高班主任工作的效率,促进班级管理水平的提升。

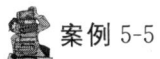 案例 5-5

某学校四年级(1)班管理奖惩条例

(一)纪律

1. 上课(含早读、自习等)不专心,违反纪律,被点名者,点名 3 次罚扫一天地。(由班长负责记录统计,一星期从未点名的加 1 颗星。)

2. 认真做"两操"受到表扬者,一次加 1 颗星。

3. 一个月内从未迟到、早退、旷课加 5 颗星。

4. 一个星期内没有违反班规校纪的现象发生奖励 1 颗星。

(二)卫生

1. 及时并认真打扫卫生的加 1 颗星。

2. 每天桌底地面保持干净,从不乱丢垃圾的加 1 颗星。

3. 当天卫生检查满分的每人加 1 颗星。

(三)其他

1. 做一件好事奖励 1 颗星。

2. 红领巾、校徽佩戴:全天监督检查,发现没戴,每次扣该生 1 颗星。

3. 值日班干部当周夺得流动红旗的奖 5 颗星,其他同学奖 2 颗星。

4. 积极撰写广播稿的加 1 颗星,播出的再加 1 颗星,不完成任务的罚扫一天教室。

5. 当好小组长加 1 颗星,当好值日班长加 2 颗星。

6. 实行小组竞争制,如小组中各成员均表现良好,一星期中未出现差作业、违反纪律等情况,小组每人可加 5 颗星。

(平时所获得的星星可以兑换成奖杯,奖杯可以兑换成皇冠。具体兑换办法:累计 5 颗星星可以兑换 1 个奖杯,累计 5 个奖杯可以兑换一个皇冠。一个月进行一次评选,每次评选操行分最高的 5 个人进行奖励,操行分最低者请家长,并罚扫一个星期教室。)

四(1)班班委会

2012 年 9 月

一、班级日常管理中奖惩的类型

奖励和惩罚是教育活动中常用的评价方法,在班级日常管理中班主任也经常使用。那么,究竟什么是奖励,什么是惩罚呢?

(一) 奖励

奖励是对学生行为给予肯定的评价。有研究者把奖励分为赞许、表扬、奖赏三类[1],这是符合教育实际情况的。

1. 赞许

赞许是管理者用口头语言(如"好""很好""不错"等)或形体语言(如目光、点头、微笑、手势等)对学生的行为予以肯定。赞许在班级日常管理活动中是即时性的。

2. 表扬

表扬是正式地对学生的行为给予肯定。表扬的正式性表现在两个方面:全体的场合,书面的方式。

3. 奖赏

奖赏是依据预先制定的奖励办法对学生行为以物化形式给予肯定。奖赏的正式程度比表扬更高。第一,它是依据预先制定的奖励办法进行的;第二,进行奖励时有一定的仪式;第三,有物化的形式,如奖状、奖品等。

(二) 惩罚

惩罚是对学生的行为作否定的评价。惩罚的方法一般有批评和处分。

1. 批评

批评是以口头语言或形体语言的方式对学生的行为作出否定的评价。班主任在日常管理中所批评的行为,一般是性质轻微的错误,批评也是即时性的。

2. 处分

处分是依据一定的规定对严重的错误行为给予正式的处理(记过、警告等)。在小学里处分的情况是很少的。

---

[1] 李学农.班级管理[M].第2版.北京:高等教育出版社,2010:170.

二、班级日常管理中奖惩的作用

(一) 奖励的作用

奖励可以强化学生符合规范要求的行为,也可以激发学生采取正确行为的动机。通过奖励,学生明确自己的优点和长处,并使其得到进一步的巩固和发扬。奖励也可激发学生的荣誉感、自豪感、自信心、上进心等,有助于学生良好行为习惯的形成和巩固。

(二) 惩罚的作用

通过惩罚,学生可以分清是非、善恶,对受惩罚的行为做出回避、退缩、改变的行为反应,以达到克服不良行为、形成良好行为习惯的目的。

三、奖励与惩罚实施时应注意的问题[①]

(一) 奖励应注意的问题

1. 奖励要做到实事求是,公正合理

班主任要深入了解具体情况。当学生确实表现好时,就给予恰如其分的表扬或奖励,特别是对于"有问题行为"的学生更要注意发现他们身上的闪光点,及时表扬鼓励,一视同仁。

2. 奖励要有教育性

奖励要恰如其分并体现教育意义。奖励是一种行为刺激的手段而不是目的,不应使奖励本身成为学生追求的目标,同时,过多地运用奖励不会使学生感到光荣,反而容易使学生对奖励产生满不在乎或无所谓的心态。

3. 奖励要有群众基础,得到学生集体的支持

在奖励中,只有当教师对学生的评价与学生集体对个人的评价相符合,并得到学生集体舆论的支持时,才会产生既教育个人又教育集体的作用。

(二) 惩罚应注意的问题

1. 尊重学生的人格,不损害学生身心健康

学生是发展的人、独立的人,教师要在深入了解情况的基础上,用发展的观点对学生的不足进行科学分析。当学生确有错误时,应及时给予适当的批评或惩罚。

---

① 李学农. 班级管理[M]. 第 2 版. 北京:高等教育出版社,2010:171.

批评或惩罚学生时,不能全盘否定,既要帮助学生找到错误的原因,又要耐心鼓励,指出其努力方向。

2. 惩罚要公正合理

班主任对班级学生中出现的问题,要用统一的标准去评价,但也要注意学生差异,因人而异进行教育。

3. 惩罚要得到学生集体的支持

惩罚也要有群众基础。特别是重大的惩罚,最好是组织学生先进行充分酝酿讨论,得到集体的认可,以达到教育个人也教育全体的目的。

4. 惩罚要讲究艺术

譬如,惩罚时讲究适当的时机和场合;缜密考虑效果,做好惩罚后的引导教育工作;正确地选择不同的惩罚形式;如有必要,惩罚时应与家长联系,达成教育的共识,避免造成对学生生理和心理的伤害。

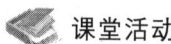
课堂活动

情景短剧表演——班主任的一天

假如你是五年级(二)班新来的班主任,工作第一天就遇到班里的各种"突发状况"(如打架的男生、告状的班长、气走任课教师的"刺头学生"等),作为班主任老师,你该如何正确指导才能顺利解决问题并最终赢得学生的信任。

【实践活动】

1. 走进当地的几所小学,收集各具特色的教室布置图片并作出评析。

2. 浏览"中国班主任网(《班主任》杂志官方网站)"(http://www.banzhuren.com/)。

【读书指导】

1. [苏联]苏霍姆林斯基. 给教师的建议[M]. 杜殿坤,译. 北京:教育科学出版社,1984.

2. 李学农. 班级管理[M]. 第2版. 北京:高等教育出版社,2010.

3. 张永明. 课程理念与实践[M]. 北京:北京大学出版社,2013.

4. 周保英. 新课改视域下班级管理案例析[M]. 武汉:华中师范大学出版社,2005.

第六章

小学班级活动管理
——焕发学生生命活力

 内容提要

小学班级活动是在班主任的指导下,有目的、有计划地为实现班级教育目标而举行的各种教育、教学实践活动。小学班级活动管理是班级管理的基本任务之一,也是班主任进行班级组织建设的重要途径,它具有目的性、系统性、计划性的特点。本章在了解开展小学班级活动的意义与原则的基础上,重点论述了小学班级活动的形式与组织。旨在有效指导学生能够进行班级活动的设计与组织。

 **学习目标**

1. 识记"小学班级活动""小学班级活动管理"的概念,掌握开展小学班级活动的意义,提升对班级活动价值的认识。
2. 理解小学班级活动管理的原则及功能。
3. 了解小学班级活动的类型。
4. 能根据班级活动的特点及规律进行班级活动设计与组织。

 教育写真

在"玩"中学①

上海市同泰路小学　王时松

要让学生学会"玩",学会活动,在"玩"中学习。这样的口号在我们学校一提

---

① 张镇波.百位校长谈人生[M].上海:少年儿童出版社,2000:314-315.

出,便得到了学生、家长、老师的欢迎,我校的活动课也成了学生学习与"玩"的好场所。有不少平时调皮捣蛋的学生也因此学会了"玩",学会了活动,在"玩"中找到乐趣。就拿学校的武术兴趣活动课来说吧,五六十人的队伍中有一半以上是来自不同班级中的"小调皮""小捣蛋",他们平时坐不定站不定,老是喜欢给老师找麻烦,可武术队的训练竟然使他们有了不少的改变。老师在司令台上舞剑示范,小家伙们也拿着把小木剑依样画葫芦,转身、起剑、踢腿……做得不好再来一遍,那股认真劲儿还真是有点"忘我"。同学之间相互吵闹的少了,操场上三五成群一起练武,你练我看,互相帮助,有时为了一个动作是否标准还争得面红耳赤,最后非要老师再示范一次不可。走廊上晃来晃去的学生少了,中队主题会上,学校联欢会上,外出比赛的舞台上,到处可见学生矫健的身影、飒爽的英姿。难怪有人戏说,你们"同泰"个个都是"武林高手"。

让学生们在活动中学会"玩","玩"出好身体,"玩"出好精神,"玩"出本领,"玩"出水准,即使"玩"需要占用一些学习时间,我个人以为那也是值得的。

我真心希望我们的下一代更幸福,更快乐。

儿童都是喜欢活动的,成功的班级活动不但使学生们身心愉悦,同时也是学生身心成长的重要途径。班级活动和课堂教学是学校教育的两个重要途径,它们相辅相成,又相对独立。课堂教学是以学科知识的教与学为中心的活动,而班级活动则以更广泛的育人为核心。班级活动能为学生提供更多的独立创造和亲身经历的实践机会,同时,班级活动在班级建设中也起着不可替代的作用。

第一节　小学班级活动管理概述

一、小学班级活动管理及开展班级活动的意义

(一) 小学班级活动管理

小学班级活动是在班主任的指导下,有目的、有计划地为实现班级教育目标而举行的各种教育、教学实践活动。开展班级活动有利于培养学生良好的品德,发展个性特长,锻炼意志品质,培养行为习惯。班级活动是集体形成的基础、发展的催化剂。

第六章 小学班级活动管理

小学班级活动管理是班级管理的基本任务之一,也是班主任进行班级组织建设的重要途径。

就一学期而言,班主任对班级活动管理包括:(1)按照学校指导性意见,针对班级学生实际,确定学期教育目标;(2)围绕学期教育目标制定学期班级活动计划;(3)组织实施班级活动计划,包括确定某个时间开展哪项活动,按计划组织实施每个班级活动,根据情况变化对班级活动计划进行补充、调整和修正;(4)检查计划完成情况,总结经验,找出不足。

就一次班级活动而言,内容为:(1)确定活动内容;(2)进行班级活动的准备;(3)组织开展班级活动;(4)总结班级活动情况。

(二)小学班级活动管理的特点

小学班级活动管理有它自身的特点,明确这些特点,可以帮助我们更好地进行班级活动管理。小学班级活动管理的特点体现在以下几个方面。

1. 目的性

小学班级活动是学校教育的重要形式,是思想教育的重要载体,班级管理者是为了促进全体同学德智体美劳诸方面的全面发展与健康成长组织班级活动的,这是班级活动的教育目的。因而,目的性就是班级活动管理的首要特点。没有明确教育目的的班级活动,便失去了意义。

不管是制订一个学期的活动计划,或者是安排组织一次班级活动,都应当有明确的目的。活动的目的应切合学生实际,这样班级活动的教育功能才能实现。这需要班主任深入学生生活,多和小学生进行心与心的交流,把握他们的思想脉搏,了解他们的所作所为。从一次班级活动到一学期的班级活动计划,直至整个小学阶段的班级活动,班主任都要能根据班集体和学生实际情况的"小气候",针对学生思想上存在的典型或共性问题,确定教育目标,并据此选择学生感兴趣的、具有启发教育作用的内容组织开展班级活动;精选现实而又新鲜,真实可信,发生在学生身边的具有强烈说服力和感染力的典型事例进行教育。这种从"班情""生情"实际出发确定教育目标,有的放矢、抓住教育契机开展的班级活动,学生才会感兴趣,才能解决学生的实际问题,班级活动的教育功能才能实现,班级管理也才能发挥最优效益。

班级活动对学生的教育培养,是一个持续并不断深化的过程,围绕着某一个教育目标,常常需要开展一系列的教育活动。在小学阶段,低、中、高三个年级段的学生,在智力、体力等方面有较大的差距,因而同样的教育目标,对于不同年级段的学生,班主任要善于选择不同的教育内容。如培养学生劳动观念的班级活动,对高年级的学生,可以组织他们参加公益性劳动,比如参加义务植树、到福利院打扫卫生等活动;对低年级的学生,更适合组织他们进行自理性劳动,比如开展穿衣服、扣纽扣、系鞋带、整理书包等比赛活动。不同年龄的孩子,喜欢和适宜的班级活动形式是有差异的。班主任在组织低年级学生的班级活动时,比较适宜采用谈话、游戏、表演等方式,而组织高年级学生的班级活动,则比较适宜采用讨论、竞赛、社会活动等方式。

2. 系统性

组织一个班级活动,是围绕一定的教育目标,通过活动设计、活动准备、活动实施、活动评价来完成的,这四个阶段就构成一个完整的教育过程。

学校的教育教学活动是按学期为单位组织的,围绕着教育总目标,一个班级在不同年级段的每一个学期都有各不相同的阶段性的教育目标。班级管理者围绕着阶段性教育目标制定学期班级活动计划,开展班级活动。每一次班级活动都是实现阶段性教育目标的一个环节。一个学期的班级活动构成一个相对独立而完整的教育阶段。

我国小学学制是六年,一个班级从它组成到结束的这六年是一个完整的阶段。对一个小学生来说,在这个集体中生活的六年就是他的小学生涯。从班级组建的那一天起,班级管理者就应当对学生培养有一个总的教育目标,也应当对班集体建设有一个总的建设目标。尽管在这六年中,学生将从一个六七岁的儿童成长为一个十二三岁的少年,身心将会有很大发展,尽管作为班级管理者的班主任可能会有变化,但班级管理者不管是组织一次班级活动还是制订一个学期的班级活动计划,都应当围绕这个教育总目标而开展,最终使得小学六年12个学期的班级活动成为一个完整的系统。

3. 计划性

既然班级活动有明确的目的,那么班级活动管理就要有严密的计划性。班级活动管理的计划性体现在两个方面:一是班级活动应制订具体的活动计划;二是实施计划的过程有细致周密的安排。

不管是一学期的班级活动,还是一次班级活动,都要制订详细周密的计划。就一个学期的班级活动而言,首先需根据本学期学校教育的总体要求,根据班级学生状况,确定学期活动的教育目标;然后围绕实现这个教育目标,统筹考虑安排哪些活动,这些活动分别安排在什么时候。就一次具体的班级活动而言,在设计时,首先需明确这一活动在本学期班级活动中,是从什么方面来为实现学期教育目标服务;然后据此确定具体的活动内容,选择合适的活动形式,安排由哪些同学做什么准备工作,需要进行哪方面的指导,活动什么时候举行,等等。

4. 阶段性

小学班级活动是以小学生为主体开展的具有自我教育特征的活动,小学生是活动的主体,班主任是活动的指导者,因而在小学班级活动管理中,教师的指导作用和学生的自主作用始终是融合并存的。小学阶段的学生身心变化大、发展迅速,因而在不同年级段的班级活动管理中,教师的指导作用与学生的自主作用在管理中所处的主次位置是不同的。这就使得不同年级段要采用不同活动管理模式,班级活动管理呈现出阶段性的特征。

在低年级,学生年龄小,知识面窄,能力不强,班级活动主要由班主任设计并组织实施,学生在教师的指导下参与活动。这一阶段班级活动管理的特点是班主任指导为主,学生自主为辅。到了中年级,学生的知识与能力都得到了一定的发展,同时也有了参与班级活动的体验与实践,因而班级活动就逐渐过渡到在班主任的指导下,班主任与班干部和活动骨干共同设计、组织、实施。这个阶段班级活动管理的特点是,班主任的指导与学生的自主并重。进入高年级后,学生的知识与能力进一步得到发展,同时有了一定的组织班级活动的经验,因而班级活动就逐渐过渡到在班主任的指导下,主要由学生干部和活动骨干设计和组织实施,全体同学参与的阶段。这个阶段班级活动管理的特点是学生的自主为主,教师的指导为辅。由此可见,小学班级活动管理,始终是在班主任的指导下,同时小学生在活动中的自主性和自我管理作用逐渐加强。

(三) 开展小学班级活动的意义

 资料贴吧

> 学校作为高尚的道德和文明的策源地,如果没有集体的丰富而多方面的精神生活,那是不可思议的。
> ——苏霍姆林斯基

班级活动是学生在正常上课以外的时间内有计划、有目的地参与的各种活动。它是学生获取知识和技能的另一种途径,是对学生课堂知识的丰富和补充。

1. 班级活动能开阔视野

学生在课堂上学到的东西是极其有限的,而组织班级活动,如参加各种知识讲座、参观科技发明展、参观名胜古迹等会为小学生了解外面的世界增加一扇窗口。

2. 班级活动能陶冶情操

学生如果整天埋头于书本,时间长了,一定会觉得很枯燥,甚至会产生厌学情绪。如果适时组织一些文娱活动,可以使同学们的紧张情绪得到缓解、放松,并且在美的旋律中感受到生活的美好与充实,带着愉悦的心情去学习、去生活,使个性得到充分的发展。例如,在观看烈士纪念馆或组织学习革命烈士事迹时,也会在学生心中升起一种民族自豪感,并且更加珍惜今天来之不易的幸福生活。

3. 班级活动能锻炼能力

开展多种多样的班级活动,可以锻炼学生各方面的能力。在活动中,学生通过各种感官去感受事物,增长了知识,提高了他们的认识能力与思考能力;在丰富多彩的活动中,学生不仅要看、要听、要想,而且要说、要写、要做,提高了他们的实践操作能力;通过社会调查、劳动、参观访问等活动,锻炼了学生的适应自然环境和社会环境的能力。

案例 6-1

> 每个班级中,总有一部分学生比较胆小,不敢发言,不愿参加班级活动,对此我有意识地为这部分学生创造锻炼的机会:为他们创造读课文的机会、发言的机会,鼓励他们参加各种活动,从而让学生在活动中得到了锻炼,提高了素质。如我班的小萌、小花、小波等学生和三年级时相比,各方面都取得了很大的进步:他们由不敢发言、不敢参加任何活动、说话低声细语变得落落大方、读课文有声有色、每次活动积极参与。看到他们的变化,我从心底里感到高兴。事实证明,锻炼能使人变得聪明,不断进步。[①]

4. 班级活动能使学生融洽关系

学生在活动中能增进彼此间的了解,并在活动中培养互相协作的精神,明白团结才是力量的道理,因而也会更加热爱集体,增强集体凝聚力与荣誉感。

案例 6-2

> 我刚接手三(四)班时,这个班的学生对任何事都不够齐心,做事劲儿不往一处使,经过观察,我发现原因是这个班的学生是由三(一)、三(二)、三(三)三

---

① 权淑兰. 让学生在班级活动中成长[J]. 学周刊,2014(2):5.

个班各分出的二十几人组成的新班级。针对这一情况,我处处有意识培养他们的合作精神,学习、搞卫生、参加活动,都将他们分成几个小组,每个小组都由来自原来三个不同班级的学生组成,且平时常在班级开展小组竞赛、小组评比活动,在鼓励每个学生都参与的同时,积极发挥个别学生的特长,从而使学生学会了关爱他人,学会了与他人合作。现在他们已是五年级的学生了,通过这两年多的团结合作,他们已是一个坚强的、朝气蓬勃的团队。每次参加活动,人人都积极参与、献计献策,只要是集体参加活动,他们都能齐心协力,次次为班级争得荣誉,而且我班已连续三年被学校评为优秀班集体、优秀中队。①

二、小学班级活动管理的功能

班级活动是班主任实施班级组织建设的重要途径。课堂教学活动由于是通过课程进行的,管理者就是课程的任课教师,作为班级管理者的班主任对它的管理是间接的,其管理作用表现为协调;而班级活动是由班主任直接组织实施的,班主任对它的管理就是直接的。由此可见,小学班级活动管理在班级管理中,是班主任对班级管理的直接体现,也是班主任实施班级管理的主要内容。

班级是一种教育组织,班级活动是对学生进行全面教育的载体,是对全体学生进行德育、智育、体育、美育和劳动教育的有效形式。如:为了培养少年儿童的共产主义理想和道德素质而开展的各种形式的理想道德教育活动;为了促进学生学科知识学习而举行的学科知识的竞赛、讲座活动;为了增强学生体质、磨炼其意志而举行的体育活动;为了提高学生审美能力而组织的参观、文艺表演、艺术才能展示等活动;为了培养学生的劳动观念和动手能力而开展的义务劳动、小制作比赛等等,都显示出班级活动的教育功能。通过开展各种内容和形式的班级活动,提高小学生思想道德素养,丰富小学生文化知识素养,促进小学生个性健康发展,培养小学生自我教育能力,已成为班级管理者们通过班级活动管理实践取得的共识。

班级活动管理就是班主任组织和开展各种班级活动。班级活动承载着对学生全面教育的重任,但班级活动的教育功能并不是自然而然地产生的,而是管理者赋予它,并且要靠学生内化才能实现的。班级活动是否具有教育功能,具有怎样的教育功能,能在多大程度上发挥其教育功能,这些均取决于班级活动管理者水平的高

---

① 权淑兰.让学生在班级活动中成长[J].学周刊,2014(2):5.

低。所以,只有当班级活动管理者能够依据教育目标和学生的实际,有针对性地选择活动内容,精心设计活动形式,组织学生充分准备,积极实施,认真进行总结反馈,班级活动的教育功能才可能在最大限度上得以发挥。由此可见,小学班级活动管理在班级管理中最重要的作用就是能最大限度地发挥班级活动的教育功能。

三、小学班级活动的原则

(一)教育性原则

班级活动的教育意义是多方面的,它可以是提高学生思想道德水平的,可以是开发智力,可以是提高实际操作能力的,可以是增强审美情趣的,可以是强身健体的,等等。好的班级活动应发挥教育的综合功能,使学生获得真正的教育,获得实实在在的发展,或增长了知识,或陶冶了情感,或培养了良好的品行。

案例 6-3

> 小李是个女孩子,比较文静,上课不敢举手回答问题,生怕出错,且因好玩偷拿了同学的笔、作业本受到过批评,因此她总觉得自己不如别人,什么也做不好,更是从不在他人面前展示自己。我有意观察她,偶尔有一次,我发现她搞卫生特别认真,把桌子腿儿底下也扫得干干净净,就连别人注意不到的地角线与墙之间的灰尘也顺手扫干净了。我很高兴,并在全班同学面前表扬了她。后来学校举行拔河比赛,在选拔运动员时,我推荐她参加,她说:"老师,我怕不行。"我说:"你身体结实,论个头和别的同学差不多,老师相信你能行。"在我的支持下和同学们的鼓励下,她成了拔河队的一员。比赛中,大家齐心协力,获得了胜利,她的笑容里也流露出了"我能行"的自信。从那以后,她好像找回了自信心,每次活动都积极参与,且她的作文还在四年级作文竞赛中获得了二等奖。如今一年过去了,经过教师的教育和引导,她不仅改掉了偷拿别人东西的不良习惯,而且在班上表现得非常积极,上课发言时声音大,表演节目胆子大。①

(二)主体性原则

在学校教育教学活动中,教师为主导、学生为主体的原则,已被广大教师所认可。在班级活动中充分发挥学生的主体作用,让学生成为班级活动中的主人,班级

---

① 权淑兰.让学生在班级活动中成长[J].学周刊,2014(2):5.

活动的教育作用才能取得良好的效果。

皮亚杰认为,儿童活动的自主性是儿童认知发展尤其是个性形成的关键。他说:"传统教育方法与新的教育方法的对立,乃是被动性与主动性的对立。"他批评传统学校不尊重学生自主性的做法,"传统学校无论在理智方面还是道德方面,都把一切社会化的过程归结为一种约束机制了"。他说,儿童能够在他们自己的社会,特别是在他们的集体活动中,使他们自己服从一定的规则。"他们对于这种规则比对成人所发出的命令还要更加坚强地和自觉地予以尊重。"这种活动最有利于促进儿童养成"批判态度、客观性和推理思考的行为方式"。①

 资料贴吧

> **放手把活动交给学生**②
>
> 　　很多班主任都不敢放手让学生自己组织活动,每次活动下来,自己总是累得半死,而学生也索然寡味,怨声阵阵。这是由于班主任没有考虑学生的思想、心理状况,只依照自己的主观愿望行事,往往事与愿违,达不到预期的活动效果。班主任要相信学生的能力,充分发挥学生的智慧,从活动的策划、组织到开展都尽可能地交给学生,使学生感受自身的成就和价值。当然,对学生提出的但没被采纳的方案班主任要及时处理,也要进行鼓励,并建议他们积极协助活动的开展。在活动中班主任应尽量多鼓励、少批评,多指正、少指责,多参与、少旁观,发挥学生的个性才能和创造能力,调动学生的参与激情,使他们乐于开展各种班级文化活动。

(三) 多样性原则

小学阶段的学生,正处在一个求知欲旺盛,好奇心强,兴趣广泛,活泼好动,追求新异的阶段,因此,在组织班级活动时要充分考虑学生的这些特点,体现活动的多样化。班级活动要达到理想的教育目的,就必须注意活动内容、形式、组织方式的多样性。

1. 活动内容的多样性

开展班级活动要兼顾学生德、智、体、美、劳各方面的素质,使活动既有教育性,又有趣味性。如一个班级在制订活动计划时,主线是"通过活动促进学生全面发

---

① [瑞士]皮亚杰.教育科学与儿童心理学[M].傅统先,译.北京:文化教育出版社,1981:13.
② 张万祥,席咏梅.破解班主任难题[M].福州:福建教育出版社,2006:125-126.

展"。具体安排上既有思想教育方面的"一日常规我知道""集体在我心中"活动,又有学习方面的"智力竞赛"活动;既有发展体能的"乒乓球比赛"活动,又有图文并茂的"手抄报汇展",还有"科技小制作"班会。活动内容多样化,使不同程度的学生都有施展的机会,心理上有成功的体验。

2. 活动形式的多样性

小学生喜欢求知、求新、求实、求乐。因此,班级活动形式要丰富多彩,变化新奇。如班级活动内容是"心中有他人",形式上可多样:可以是故事会,讲英雄模范的事迹;可以用文艺演出的形式,把本班同学做的好事编成小节目演出来;可以去给退休老人送温暖。在一个活动中也可运用多种富于变化的形式,如中秋佳节,可以安排化妆晚会,有歌舞表演、民间传说介绍、即席演讲、谜语竞猜、点蜡烛、吃月饼等多种形式。让所有参加活动的学生都感受团圆,体验快乐。

3. 活动组织方式的多样性

除了集体活动,还可以是小组活动、社团活动,甚至是三五个人自由结合活动。兼顾学生的兴趣、爱好、发展需要,让活动更有实效性。

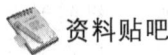 **资料贴吧**

基于学生成长需要的系列活动[①]

江苏省常州市第二实验小学　郭玉琴

我校以"成长需要"为重心,根据不同年龄阶段学生的发展要求,设计与之相对应的促进学生成长体验的系列活动。

一年级

1. 年龄特征。对新环境好奇,在入学之初对丰富的学习活动产生兴趣,但持久性不强,自控能力较差,注意力容易分散;经常会出现"违规"现象;伙伴间交往以"玩"为主题,常出现打闹、告状现象。

2. 成长问题。入学是人生的一个重要转折点,学生开始承担"学生"的责任,社会角色发生重大转变,这种变化对其心理产生影响。

3. 成长潜能。能听从师长的正确教导,大部分学生能主动适应新环境,乐于与教师、同学交往;能在手拉手朋友的帮助下,了解少先队的基本知识,顺利加入少先队;在教师的指导下,能遵守课间活动秩序,并能遵守游戏规则;在教

---

① 郭玉琴. 基于学生成长需要的系列活动[J]. 中国德育,2009(7).

师的激励下,有信心做到每天按时起床、穿衣服、叠被子、刷牙、独立睡觉,并养成习惯;并乐于把在学校学的新本领讲给爸爸妈妈听,愿意与师长和伙伴一起分享成功的快乐。

4. 系列设计。设计开展"我是神气的小学生"系列活动,内容包括:我是懂礼貌的神气娃;我是守纪律的神气娃;我是能独立的神气娃;我是爱读书的神气娃。策划并开展了"课间游戏我能行"系列活动,像"传统游戏大家玩""亲子游戏合作玩""开发游戏创新玩(纸的魔术、乒乓球超级玩)"等。既让他们在玩的过程中收获快乐,同时也培养规则意识。

二年级

1. 年龄特征。已基本适应学校的学习生活,喜欢集体活动,有着和同龄伙伴交往与游戏的强烈愿望和心理需求,但是交往还不甚得法。

2. 成长问题。交往的初步差异对学生心理的影响:一部分学生因不善于与人沟通、合作,产生自卑、怯懦感;一部分学生开始对学校生活缺乏新鲜感;还有一部分学生得到多方面的表扬、肯定,不断强化成功体验,开始产生优越感。

3. 成长潜能。学生喜欢和同伴交往、游戏,在教师加强了小队建设,进行小组活动指导、评价后,学生在交往方面取得了长足的进步。游戏中的规则意识也有了增强。

4. 系列设计。这个阶段需要强化学生的合作意识和集体意识,我们以小组建设为目标,从"游戏""岗位""学习"等方面入手,设计了系列体验活动,如"小队合作活动——岗位篇"系列活动设计:以小队为单位寻找合作岗位,参加班级岗位竞聘;"岗位合作,我们能行"经验交流;"岗位合作,我们真棒",优秀小队评选等。指导学生关心和帮助其他伙伴,在活动中分享与伙伴交往的乐趣,体验快乐学习的乐趣。

三年级

1. 年龄特征。学生从儿童期转入少年期,注意力、观察力、记忆力全面发展,思考问题从单一、幼稚向复杂、多元过渡;集体观念增强,乐于交往;独立自主的意识增强,想要逐步摆脱对成人、教师的依赖心理;大部分学生开始形成初步的道德规范。

2. 成长问题。随着学习难度和强度的增大,学生的学习兴趣开始分化,学科偏爱开始出现;自主意识的增强,使部分学生好表现自己。

3. 成长潜能。在教师的指导和帮助下,学生逐渐适应中年级的学习生活,良好的学习态度与习惯逐渐养成,适应力有了提高。

4. 系列设计。我们设计了"争做五好小公民""我是科学小博士""我是运动小健将""游戏活动我设计""环保小卫士在行动"等系列活动,帮助学生学习和理解合作与交往,学习发明与创造。"环保小卫士在行动"的班级系列活动,先后开展了"有关白色污染的知识竞赛""走进超市——关于塑料袋使用习惯的社会调查""我是小小设计师——购物袋的创意设计和制作"等活动。

四年级

1. 年龄特征。学生自我意识增强,有较强烈的自我表现欲望;学生情感体验丰富,社会性成分不断增加,责任心也有所发展。

2. 成长问题。部分女学生身体开始发育,男女生交往变得敏感起来。有些学生不愿意与异性同学共同活动。

3. 成长潜能。学生自行策划、组织活动的能力明显增强,班级活动基本可以自主进行。学生特别喜欢人人都能参与的自主活动,渴望拥有自我展示的舞台。

4. 系列设计。我们结合学校科技节、体育节等继续开展聪明系列的教育;抓住学生容易动情的年龄特点,组织开展感恩教育活动。针对学生成长问题设计了"男孩·女孩"系列活动,本活动主要是通过开展男女的对抗比赛,点击双方优点,发现男生和女生各自成长的特点,从而帮助学生树立"男女平等"的观念。"心灵碰撞"(讨论如何相处)、"风雨同舟"(模拟情景合作游戏)、"人气最旺的男孩(女孩)"推荐会、男女双打乒乓球比赛、羽毛球比赛、小合唱表演等活动,帮助学生逐步认识男女之间的性别差异,知道男女各有所长,也各有所短,要互相学习、团结合作,并在活动中体验男女同学友好交往的乐趣。

五年级

1. 年龄特征。学生的活动能力已有了很大提高,对许多事情有自己的看法,反对大人过多干涉;具有较强烈的竞争意识,比较关注竞争结果。学生兴趣、特长差异表现得更明显,学生个体之间、师生之间开始出现疏离,非正式群体的影响开始出现。

2. 成长问题。需要关注学习成绩和生活事件对学生心理的影响,例如考试没考好、班干部竞聘落选、对自己参与活动(比赛)的表现(成绩)不满等。对已完成学习活动的消极评价,会引发学生自我认识的偏差,产生挫折感,甚至对自己的成长与发展信心不足。

3. 成长潜能。自我评价的独立性、批判性、稳定性都有了一定程度的提高,开始进入伙伴关系依从性的高峰期,集体意识也开始增强,责任意识、小大人意识增强,如果给学生更多的成功体验、责任体验,学生的成长就更主动。

4. 系列设计。我们组织开展"今天我当家""当一日老师"等活动,给学生广泛参与各项活动的机会,使学生在多方面获得成功;开展"学习对对碰""学会控制自己的情绪""挫折助我成长"等主题活动,指导学生进行学习交流,学会情绪调控,培养耐挫品质,开展"解决烦恼我能行"小课题研究活动,使学生在课题答辩、图片展示、论文汇编、主题班会等方式的交流研讨中,彼此分享成果,获得成功、愉快的体验。

大队部还组织学生开展"大手拉小手"系列活动,如"手拉手,一起走进新学期""手拉手,一起学习新队章""手拉手,一起逛人才(跳蚤)市场""手拉手,共同走进体育节""手拉手,共读一本好书"等。通过调查、访谈、交友、设计游戏等活动,丰富了五年级学生的课间生活,也增强了五年级学生的责任感。

六年级

1. 年龄特征。个性特点日趋鲜明,部分学生开始步入青春期;对时尚的东西比较关注,同伴交往日益增加,对升学的选择,乃至对自己的人生理想开始有了思考。

2. 成长问题。现阶段小学毕业生仍然承受着巨大的升学压力;青春期的身心变化将会对学生的性格发展产生深远的影响。

3. 成长潜能。教师如果能够开展深入的工作,大部分学生能掌握学习方法,自主、有效地进行学习,并体验成长的快乐与自豪,学生就可能怀揣着责任与理想走向明天。

4. 系列设计。我们组织学生开展"照镜子——学会正确评价自己的学习""轻松驿站""成长的足迹"等系列活动,指导学生分析评价个人学习,学会自我减压,向同伴学习,组织开展"我选择我快乐""我是一名合格的毕业生""为母校留下什么"等系列活动,指导学生学会选择并对自己的选择负责,做合格的小学毕业生。

毕业班的班主任围绕"毕业赠言"组织系列活动,在充分关注学生成长需求的基础上,引领着学生更好地发展。

(四)整体性原则

 资料贴吧

> 日本教育界认为,在儿童早期教育中培养在集体中工作、与人合作相处的观念是非常重要的。反映在教育实践中,日本小学十分重视学生集体观念、合作精神和合作能力的培养。儿童进入一年级时,他们就加入了班级群体。从入学这天开始,学校就反复强调群体中的协调性,并按照班级的活动计划,以班级或小组活动的形式培养学生的协作能力。可以说,几乎所有的活动,包括学术的和其他非学术方面的,都以班级或小组的形式进行,以培养学生自主合作的意识,促进学生个性的全面发展,表现出鲜明的日本特色。①

整体性是指班级活动的内容、活动的全过程、活动的教育力量都要成为一个系统,用整体的教育思想指导整体的教育活动,达到教育目标实现的整体性和学生身心发展的整体的最高境界。

从活动内容看,要有整体教育的考虑,要包含德、智、体、美、劳诸方面活动,形成全面的信息网络,使学生得到多方面的教育和发展。

从活动的全过程看,整体活动和个别活动是辩证统一的。就一次活动来说,只有从酝酿、设计、准备阶段发动学生全身心地投入进来,活动实施时才会有激情,教育性也就蕴涵其中了。从整体活动看,活动之间也应有一个系统性和连贯性的安排。在系列活动中,每一个活动的结束成为后一个活动的起点,后一个活动巩固、强化前一个活动的教育影响。这样,一环套一环,循序渐进地进行活动,整体教育效果就显露出来了。

 案例 6-4

> 开学初学校计划第十周左右举行一次"爱祖国、爱家乡、爱校园"的学生歌咏比赛。许多班级是在第九周进行了突击式的集训,我却在第一周就进行了爱校爱班的主题班会。让学生读校训,说校风,介绍爱班爱校班级先进人物,出了一期"我身边的爱班模范"的专题板报。开过主题班会后,让学生从不同的角度展示自己的爱班风采。第二周以后陆续开展了"我爱亲人,我爱他人"等活动。

---

① 周月朗. 日本小学班级小组活动的特色——兼与美国比较[J]. 外国中小学教育,2006(6):34.

> 为了净化学生的心灵,我在班级里开设了"读书时光",设置了"读书角",进行了"图书漂流"活动。学生坚持每天摘抄一句名言,放学前推荐阅读一篇美文,考试前读几个幽默小故事或者笑话放松紧绷的弦,每天点燃一盏思想的明灯。一篇篇文章像是一下子化身为许多优秀班主任,引导学生在爱的海洋里畅游。在学校比赛的前两周,我让学生选出自己最拿手的歌曲表演,然后进行歌曲大串烧。会唱的用多种形式唱,不会演的配合表演,让每个学生各展所长,三分钟融合了10首歌。这次活动既丰富了全班师生的文娱生活,又促使学生在德、智、体、美等方面实现了综合发展,使校园文化更加丰富多彩,有力地推动了学生素质教育的开展,得到了来宾和学校的高度赞赏。①

从教育力量看,班级活动要尽可能地发挥学校、家庭、社会的整体教育功能。要争取科任教师的支持,向他们咨询,请他们协作。还可以经常请家长参加班级活动,作报告,出竞赛题,给学生写信,班会中发言等。在争取社会力量配合时,可采取"请进来""走出去"的方法,如邀请解放军、科学家、先进青年等到班里来座谈,或者走访革命前辈、科技园区的创业人士,和退休的老人联欢,参观博物馆,进行环保小调查等。

(五) 操作性原则

开展班级活动要注意它的易操作性,主要体现在以下几个方面。

1. 要注意班级活动的规模

从规模上看,有日常的活动,也有主题突出的活动。日常活动基本上是每天要进行的,因此要短、小、实。短,即时间短,一般三五分钟;小,即解决小问题,或针对班里的情况一事一议,或对一种行为展开评价,或背诵一首古诗,或表扬一个同学;实,即解决问题要实际,一次集中解决一个问题。

2. 要注意活动的频率

一学期,班级主题活动的次数不能过多,也不能没有。活动过多,学生很大精力花在活动上,必然会冲击学习,会造成一些人静不下心来学习。活动过少,学生会感到枯燥、乏味,滋生一些不健康思想。至于活动多少为宜,要依据具体情况具体分析。

---

① 高敏. 班级活动引发的滚雪球效应——小学班主任班级活动手记[J]. 考试周刊,2013(90):189.

3. 班级日常活动要形成自动化操作

如上操、查卫生、主持"每日一说"、读"班级光荣簿"等,每天有专人负责,固定时间进行,操作就简单了。每一次大的班级活动,事前要制订详细的方案,谁主持、谁发言、谁表演、谁录音、谁投影、谁总结都要事先安排,这样,操作起来才能有条不紊,顺利进行。

第二节 小学班级活动的形式与组织

一、班级例会

(一) 班级例会的形式

班级例会,是班级组织实行民主管理的例行班会,是属于班级的常规活动,主要有一般性班会和晨会两种。

1. 一般性班会

这是最经常的一种班级活动,主要围绕班级运行中的常规问题而展开,如学期初举行的班务工作计划,每月或期中进行的班级建设评价,或讨论班级中大家关心的问题等。

2. 晨会

在每天早晨上课前进行的活动,主要安排当日活动,如值日生讲评,简短的表扬或批评,通报重要信息等。形式不限,可以是班主任主讲,也可以是值日生汇报,或三分钟演讲等。

 **资料贴吧**

> 江苏省南京市石鼓路小学2003—2004学年第一学期一周晨会活动安排为:周一升旗仪式,周二道德文典,周三时政新闻/心育广播,周四小百灵广播,周五心理健康教育。
>
> 江苏省南京市马台街小学一周晨会活动安排为:周一"国旗下讲话",周五"红领巾广播站",其余三天的晨会活动由各班自行安排。

（二）班级例会的组织

1. 根据班级建设的需要安排班级例会内容

班会活动作为班级管理的一条重要途径，班级管理的事务性内容，一般被安排在班级例会中。如：开学初，听取同学对学期班级工作计划制订的意见，讨论制订学期班级工作计划；制定班级规章制度；民主选举任命班级干部；布置班级近期工作；处理班级日常事务；对班级、干部和同学的状况开展表扬和批评；学期结束时进行民主生活，总结班级工作，评选先进，等等。

2. 根据班级例会内容确定活动主持人和其他工作人员

班级例会如果是布置工作或进行常规教育，一般由班主任主持。如果是进行干部、三好学生的选举，制定班级规章制度，由班主任或班干部主持均可以。主持人对制订计划、规章制度的目的和要求应十分明确，并在发动同学讨论前向全班同学宣传；要善于调动同学们发言的积极性，能够听取并善于及时归纳同学的意见。如计划讨论或制定规章制度，要事先指定好会议记录人，以便在讨论时能及时准确地记下同学们发表的意见和建议。如果是民主选举活动，要事先安排好统计人员。

3. 做好班会活动的相关准备工作

如果是制订工作计划与规章制度的讨论，一般事先应拟好初稿，以便在例会上提请全体同学讨论，提出修改意见。如选举班干部、评选三好学生，事先要制定明确的参与选举或评选的候选人的条件，以及候选人产生的方法，在正式选举或评选前，将候选人推举出来。要考虑好便于操作的选举和评选方法及步骤，确定何时公布选举和评选的结果。

4. 民主、高效地组织活动

班级例会要追求高效。班级例会内容一般比较琐碎，因此必须安排好会议议程，认真进行组织。活动时要讲究效率，保证完成预定活动议程。

班级例会要坚持民主。小学生活是小学生接触社会的第一课堂，也是启迪、培养民主精神最初的课堂。班级例会进行讨论选举时，要坚持民主，不能老师一言堂，个人说了算；要充分尊重小学生的意见，尤其对少数人的意见要认真听取，做好解释和说服工作。

二、主题班会

主题班会是班会的另一种形式，主要是根据班级学生的年龄特点和成长中的实际问题，拟订一个大家感兴趣的主题，经过充分的准备而实施。与班级例会相比，它具有较强的针对性。

案例 6-5

班级主题活动：父母是无法选择的[①]

担任班主任工作已有一年多的时间，这期间我印象最深的是部分学生以自我为中心，有很强的虚荣心，不懂关心他人，不懂感恩，不能正确对待自己的父母，甚至瞧不起自己的父母。

我十分地震惊，一个个天真活泼的少年如此早就被世俗浸染。我又想起了另外一件"小事"：一位学生的家长是残疾人，靠开三轮车维持全家生计。家长有时候来学校接他，可他宁可走路回家，也不坐父亲的三轮车，甚至连见面都不打招呼。有一次，在帮助一个作业没有完成的学生完成作业后，天色已晚，出于安全考虑，我临时决定送他回家。临近他家时，我问哪是他家的房子，他就指了栋很漂亮的房子说那就是他家。我想，平时工作很忙，不妨就趁这个机会去一趟他家家访，但是他执意不让我去。在我的坚持下，他只好带我去了。令我惊异的是，他家不是那个漂亮的楼房，而是旁边低矮破旧的小平房。

针对这些现象，我觉得有必要在班级中开展一次"父母是无法选择的"的主题班会，并且要求他们做三件事情：

一、记录父母一天的所作所为；

二、任选一个班，调查班上前十名的学生中有多少是普通农民工的子弟；

三、搜集出身贫寒却做出了一番大事业的人的事迹。

后来就开了班会，在班会上，很多同学说出了自己心声：

"父母亲很辛苦，起早贪黑地在菜市场上卖菜，而我却从来不帮忙，还怕别人知道自己的父母亲是菜贩子，觉得很没有面子。我想我以后肯定不会了，我要开始学会在课余时间帮爸爸妈妈做事，减轻他们的负担。"

"这个世界上唯一不抛弃我们的就是父母亲，他们辛辛苦苦地把我们养大，有好吃的都会留给我们吃，而自己却舍不得吃。我想我的父母虽然清贫，但是我觉得我很骄傲，因为他们是这个世界上对我最好的人。"

"觉得我以前和别人攀比是不对的，虽然我家境很好，但是还是经常会埋怨父母亲没有给自己提供最好的环境。现在想想，我以后真的要改正，父母亲都是不容易的，得学会感恩地去面对父母。"

[①] 谌启标,王晞,等.班级管理与班主任工作[M].福州:福建教育出版社,2007:173-175.

> 在班会之后,我发现那些平时羞于谈及自己父母的学生也能挺直腰杆侃侃而谈,看到同学们紧锁的眉头舒展了,我也笑了。是啊,一个人战胜自我,获得心灵的解放,是多么了不起的事情。

(一)确定主题班会题材

1. 以学生的困惑为载体

学生的困惑包括两个方面:一是学生自我成长过程的困惑。受市场经济的影响,当今学生的道德观念和过去相比已发生了很大变化,相当部分学生的道德观念和道德行为有弱化的趋势。另外,成长中的人在每一个阶段都会出现依靠自己不能解决或者不能正确解决的问题。对于学生来说,同伴群体在自我意识的形成与发展中起着越来越大的作用,作为教师要引导学生群体确立正确的科学合理的群体目标、规范和价值,作为约束和调整个体行为的指南,同时也是个体发展理想自我、进行自我评价的重要依据。比如,越来越多的农民工子女在城市学校就读出现的不适应问题,不少学生沉迷于网络而不能自拔的现象,教师都可以设计班级活动,通过同伴互助的教育方式,达到教育的目的。二是学生的好奇心。学生对生活中的各种现象具有广泛的好奇心,非常关注,并时常产生一些问题,在设计和实施班级活动中,教师常常以学生的问题为载体创设问题情境,引导学生亲历"问题",使学生对班级活动产生强烈的真实任务驱动效应,让学生在问题冲突中反思,从而找到解决问题的途径和办法。

2. 以学生关心的热点、焦点为载体

学生关心的热点、焦点问题是设计班级活动的题材之一,学生一方面喜欢盲从,一方面渴求不同,这些热点、焦点背后有着学生强烈的情感,承载着学生的价值取向,如何因势利导,将学生的情感、态度、价值观引导到正确的方向上来,是设计这类班级活动的目的。比如2005年的夏天,"超女"现象席卷中国,记者对长春市近100名中小学生调查,95%的学生知道这个节目;90%以上的学生在周五守在电视机旁看;50%以上的学生给支持的选手用手机投票。广大的中小学生被卷入这股狂热的浪潮之中,在追逐的背后,隐含着中小学生追求时尚、标新立异的追求个性化心理;同时也折射出追名逐利的世俗化、功利化的社会价值观对中小学生的巨大影响。一些有敏锐观察力的班主任就以此设计班级活动,进行正确引导。

3. 以本地资源为载体

以本地名胜古迹、人文特色作为设计班级活动的载体。比如文化古迹、历史遗迹、革命遗址、风景名胜等。班主任可以根据本班的实际情况确定开发和设计的目标及内容。

4. 以传统节日为载体

中国有56个民族,每个民族都有自己的节日,班主任以学生关注的传统佳节为载体设计主题活动,使学生在亲历班级活动过程中加深对传统节日的理解和认识,增强学生的民族精神、文化素养和人文情怀。比如在母亲节,开展"孝父母,敬长辈——为父母洗脚"的活动,这是一次丰富的情感体验,带来的是内心的喜悦,激励他们为父母做更多的事情。

 资料贴吧

表 6-1　节假日分类及目标[①]

节日分类	目标（学生角度）	代表节日
民族节日	了解每一个节日的来历、风俗,并能说一说。参与社会中的各种民俗活动,感受到民俗文化的丰富多彩,源远流长,热爱自己的民族	清明节、端午节、中秋节、重阳节、春节、元宵节等
生态节日	了解每一个节日的由来,并能自己进行策划宣传、参观等活动,以实际行动保护生态环境,从小树立生态意识	植树节、环保日、爱牙日、护眼日、世界水日等
纪念节日	了解每一个节日的纪念意义,并能用各种方式表达,从中感受到祖国的日新月异,热爱自己的祖国,认识到每个人都有一颗美好的心灵,树立正确的价值观、人生观等	建军节、国庆节、建党节、雷锋日等
娱乐节日	了解每一个节日的故事,积极策划愉快又有意义的庆祝活动,并能主动参与。在活动中增长智慧,学会合作	儿童节、元旦等
情感节日	了解每一个节日的由来,感受到社会给予自己的爱,培育感激之心。能自主策划"爱心活动",用积极的行动回报社会	妇女节、母亲节、父亲节、教师节等
假日活动	能自主策划丰富有益的假期活动,活动安排有计划,在多样化的活动中亲近社会,开阔视野,积累学问,增长见识	寒假、暑假等

① 许嫣娜. 节假日:学生生命成长的节点[J]. 中国德育,2009(9).

（二）制订周密的计划

一般来说，在学期或学年之初，班主任就要根据学校教育的要求和班级的实际情况对一个学期或学年的主题班会作出安排，大致勾勒出活动的计划，但具体到每一次班级主题活动，则要与学生共同讨论后作出更为周密的计划。

1. 给活动起个好名称

班会的主题确定以后，给活动起一个什么样的名称，会影响到活动的成效。一般来说，这个名称要反映主题，能充分体现主题活动的要求。主题名称切忌政治化，要直观、醒目、生活化、趣味化，使学生闻其名便有亲切之感。

 资料贴吧

表6-2 主题活动名称辑选[①]

教育主题	活动名称	教育主题	活动名称
节约	节约——你行，我也行	珍惜生命	安全自护，我能行
	行动吧，节约小天使		艰辛与汗水——为生命喝彩
交通安全	珍爱生命，平安出行	诚信	我和诚信交朋友
	学校交通小卫士		诚实守信在心中
环保	今天我们怎么扔垃圾	挫折教育	阳光总在风雨后
	环保365，伴我文明行		我努力，我成功
民俗文化	欢欢喜喜闹元宵	爱国家	祖国的昨天、今天、明天
	话端午、忆端午、品端午		爱我河山
善待他人	与微笑同行	增强社会责任感	小小志愿者之旅
	老少同心，快乐同行		让劳动更有意义
文明上网	QQ，我的快乐，我的烦恼	民族团结	走进民族园
	科技知识网上行		民族文化村，快乐少年心
热爱家乡	家乡的桥，心中的桥	关心国家大事	我与世博零距离
	古镇寻"宝"		梦圆，迎奥运

2. 确定活动的形式

好的主题班会必须由好的形式来表现。主题班会的形式依据内容的不同有不同的种类。①演讲。这种形式的特点是以学生的活动为主，能充分调动学生参与活动的积极性，锻炼学生的多种能力，有相互影响、相互促进的效果。但是这种活动由于是以学生的语言表达和组织能力为基础，因此，只适合小学高年级学生采

---

① 古人伏，等.小学班队工作：原理与实践[M].第2版.上海：华东师范大学出版社，2010：10.

用。②报告。这种形式适合于各个年级的学生,可根据主题要求不同,聘请不同的人士做相关的报告,如英模报告会就是常用的一种方法。③竞赛。可根据学校、家庭、社会的情况,结合学生的思想、学习、生活,组织专题竞赛,让学生在竞赛中学习知识,受到教育。④表演或观看录像,可围绕某一主题,对学生进行形象化的教育。另外,还有座谈、辩论、参观、走访等形式也都可作为主题班会或主题队会的形式。

3. 确定活动的时间和活动的场所

活动的时间安排至关重要。日常活动是每天都要进行的,例如,劳动活动、每周一歌活动、课前 5 分钟演讲活动等。主题班会活动一般是一个阶段搞一次,具体时间既要考虑到学校整体的安排,也要结合班级内部的实际情况。总之,一学期,班级活动的次数不能过多,也不能没有,要依据具体情况具体分析。

活动场所事关教育氛围。对于比较严肃的主题,最好选择在安静、少干扰的室内进行。对于形式活泼的内容,则可选择在开放式的场所。

4. 确定参与人员的不同角色

活动由谁主持,哪些人发言或表演,是小组式还是个人式等,在活动计划中都要有说明,有安排。

(三) 做好充分的准备

准备过程本身就是一个教育过程。计划是以文字的形式描述活动的程序和安排的过程,而准备则是计划实质性的落实阶段。

1. 物质准备

物质准备包括选择场地,落实场地器材、多媒体课件(视频、图片、音乐),布置会场。

2. 人员准备

人员准备主要是对活动中人员职责、角色进行分工。这个分工是要尽量体现职责和角色的公平性,尽量给每一个学生都有承担活动所要求的角色的机会,做到人人有岗位,个个有职责,既发挥特长,又尽自己的义务。尤其是对一些活泼好动、比较调皮的学生或集体观念不强或性格内向但有特殊才能的学生,更要给他们分担一定的工作,为他们创造表现、锻炼和受教育的机会,使他们在活动中增强责任感、自尊心和自信心。

(四) 举行班级主题活动

在做了充分准备工作的基础上,把富有感染力的情境、新颖有趣的形式和具有针对性的主题紧紧地结合在一起,举行主题班会。在活动过程中应以学生为主体,教育者起引导作用,使活动全过程形成一个"动之以情、晓之以理、启之以思、导之以行、持之以恒"的良性流程。

（五）总结巩固成果

班会教育活动结束以后,应与学生一起对活动的实施情况和结果进行分析总结评估,肯定成绩,找出不足,巩固班队会活动的成果。有的班主任要求学生将主题班会写成日记和作文,或出墙报,以加深学生的印象。这些都是比较好的可供借鉴的成果巩固形式。

案例 6-6

一个以"爸爸、妈妈的口袋"为主题的班会活动方案[①]

湖北省武昌实验小学　曾莉

在现实生活中,学生都曾经向家长提出过这样或那样的愿望或要求,一旦愿望不能达到就不依不饶。我想从学生的生活实际出发,邀请家长作为嘉宾,通过引导学生进行自主活动,讨论探究以及合作交流,使学生了解哪些要求是合理的,哪些要求是不合理的,初步懂得爸爸、妈妈口袋中的财富并不是取之不尽、用之不竭的,学会从父母的角度去思考,要体谅父母、理解父母,不向父母提过分的要求。

一、谈话激趣

1. 问:假如爸爸、妈妈有一只像圣诞老人那样神奇的大口袋,你们最想从爸爸、妈妈的口袋里得到什么礼物?

2. 小组内交流,再把最想得到的礼物用纸画下来或写下来,装进"爸爸、妈妈的口袋"里。（教具出示:一只口袋）

（从儿童喜爱的人物入手,充分发挥学生的想象力,调动学生学习的积极性,让课堂充满趣味。）

二、引导学生探讨

1. 探讨学生提出的愿望的合理性

（1）请一名学生从口袋中抽出一份愿望,并出示给大家看。

问:如果是你向爸爸、妈妈提出这个愿望,你认为他们可以帮助你实现,还是难以实现你的愿望呢?

（2）说说你们各自的理由。

[①] 麦志强,潘海燕.班主任工作培训读本[M].北京:中国轻工业出版社,2010:118-121.

(3) 再请几位学生从口袋中抽出几份愿望,同学们判断选择,说出各自的理由。

(4) 让同学们想一想为什么有的同学提出的愿望可以实现,而有的同学提出的愿望却难以实现。

(5) 小结:合理的愿望父母总是尽量满足我们,不合理的要求使父母很为难。

(引导学生从自身出发,根据家庭情况、兴趣爱好的不同做出相应的选择判断,并有理有据、大胆地发表自己的观点。)

2. 与嘉宾对话交流,引导感悟

(1) 当你提出的要求遭到父母拒绝时,你是怎样想、怎样做的?爸爸、妈妈又是怎样说的呢?

(2) 你们想知道爸爸、妈妈真实的想法吗?

(3) 嘉宾与学生互动交流。

(4) 其他的同学想知道爸爸、妈妈为什么拒绝了自己的要求吗?爸爸、妈妈将他们的想法写在了信里,装进了"口袋",快拿出来看看吧。(学生读信,交流读后的感受)

(通过与嘉宾的对话交流,以及读爸爸、妈妈的信,让学生获得多方面的内心体验,在与亲情的交融中感悟,在与同学的交流中深化。)

3. 探讨领悟"爸爸、妈妈的口袋"里还有什么

(1) 想象一下,爸爸、妈妈的口袋里除了装着我们的愿望,还会有什么。(出示口袋,分到各组去摸一摸)

(2) 你们摸出了什么? 这些支出中哪些是必须付出的,哪些是可以削减的?(小组讨论)

(3) 从这个活动中你想到了什么?

(通过"摸口袋"的活动,使学生知道父母的口袋中的收入是有计划安排的,不应向父母提过分的要求。)

三、动手活动

假如你也有一只神奇的口袋,能装进一件礼物送给爸爸、妈妈,满足爸爸、妈妈的一个愿望,你最希望装进去的是什么呢?

(学生动手实践,可画、可做、可写。)

（教师创设宽泛自主的空间，引导学生用各种形式表达对父母的爱，发展学生的思维和动手能力。）

四、活动评价

1. 学生是否能大胆清楚地表达自己的观点。
2. 学生是否能从父母的角度去思考，体谅父母的难处。

【案例分析】这是一节德育活动课，也是一次主题班会。曾老师站在解决学生生活实际问题的出发点上，选择具有引导意义和超前意义的内容进行开发，形成一系列精彩课例。比如，她在学生中广泛调查发现：学生存在相互攀比、以自我为中心、不能体谅父母的现象。针对这一典型问题，曾老师设计了生活指导类班会活动"爸爸、妈妈的口袋"。从学生实际出发，围绕孩子们生活中消费的种种现象，以情感体验为线索，创设师、生、家长平等沟通、真诚交流的情境，让师、生、家长三方在丰富深入的交流中彼此理解和认同，引导学生领悟爸爸、妈妈口袋中的财富并非取之不尽、用之不竭的，学会从父母的角度去思考，不向家人提出过分的要求，体谅父母，理解父母，唤起内心的真情，感受美好的父母之情、师生之情、子女之情。整节活动课始终从学生熟悉的现象出发，让学生观察、交流、发现，从而让学生自省自悟。内容本身来源于学生生活，又在学生日常生活的基础上有所凝练与提升，并最终达到解决学生实际生活问题，指导学生更美好地生活的目标。

 资料贴吧

表6-3 某小学以"交往"为主题开展的班级系列活动[①]

年级	内容 主题词	活动目的	实施建议
一年级	我	1. 7岁的孩子已经有一定的自我意识，但目光更多的还是向外，希望通过此活动看到更多的"镜中自我"	1. 让学生画出自己，不一定很像，但一定要突出三个特点，可以夸张 2. 交流：同学们评一评谁画的最有趣

---

① 邓艳红.小学班级管理[M].上海：华东师范大学出版社，2010：108-110.

		2. 能够描述一些自身特点 3. 能够理解自身特点中有一些是不能改变的,没有好坏之分,是区分了"你"和"我"	3. 游戏:找两三个外形比较相像的孩子,让一个学生蒙眼摸猜 4. 你对画上的哪部分不满意?能改过来吗?
二年级	我的你的	1. 属有权的明辨对今后学习交往、尊重他人、提升自我意识都有重要的意义 2. 使学生从物质的属有意识发展到意识形态的属有意识	1. 说出十样属于自己的学习用品 2. 你不希望同学对你的学习用品做什么? 3. 把"我不希望你……"换成"你不希望我……" 4. 除了看得见的东西,有没有看不见但也属于你的东西?(家庭、时间、空间、想法、力量……) 5. 重点分析:如果占用了他人的时间,消耗了他人的体力,该如何处理?
三年级	我们	1. 这个阶段的友谊最善变,其实也是孩子在不断解散—组合—解散的过程中学习交往,寻找朋友 2. 让孩子理解:当"我"变成"我们"的时候,要学会降低对对方的要求	1. 阅读《我有友情要出租》 2. 为大猩猩写一个征友启事,条件越多越好 3. 如果必须符合所有的条件,大猩猩能找到朋友吗?如果真的有这样一个朋友,这个朋友会快乐吗? 4. 根据上面的两个问题排两个短剧 5. 给自己起一个动物名字,写一则征友启事,全班传看,愿意成为朋友的就签个字
四年级	我	促使孩子学习以诚恳、明确的方式表达自身的感受和看法,接纳自己的现状	1. 两人一组,面对面,相互注视对方的眼睛50秒,很肯定地看着对方,不要躲闪,体会彼此注视的感觉;然后,两个人再相互看着对方的眼睛,很肯定地、分别作1分钟的自我介绍

			2. 很肯定地对对方说出三句我的"什么"很好 3. 重新组合两次小组,做同样的练习 4. 大家评价每个同学在自我介绍时是否很肯定地表达了自己 5. 交流感受
五年级	你	使孩子们体会被人认识的感受,了解他人眼中的"我",从而促使他们"自知的我"和"他人所知的我"更加融合	1. 在纸上写五个描述某个同学的句子,用"你……"这个句式,不必署名 2. 老师收齐后,从中任意抽出一张念给大家听,让大家猜这一张是谁写的 3. 猜中的人说出他猜对的理由 4. 老师引导大家发表被猜中时及猜中别人时的心情、感受;对于猜错的同学,老师也引导他们发表一下自己的感受
六年级	我们	1. 学会诚恳地请求别人的帮助 2. 学会做到拒绝别人的请求但又不损害人际关系	1. 分组表演在日常生活中因为不会"拒绝"而产生的误解与烦恼 2. 描述一次你拒绝别人的经历,你们的关系因为你的拒绝而变差了吗?分析一下你们的关系因为你的拒绝而改变或不改变的原因 3. 回到开始的情境中,练习用诚恳的态度和合理的理由拒绝他人

三、文体活动

文体活动主要以丰富学生的课余生活、活跃班级气氛、增进心理交融、增强班级的凝聚力为目的。主要形式有诗歌朗诵会、音乐晚会、故事会、文娱晚会、理想晚会、庆祝节日的联欢会,还有体育竞赛、各种文体兴趣小组活动等。一般而言,活动前要有策划,节目应事先排练。班主任和任课教师要争取有自己的节目,教师的积极参与,有利于营造良好的气氛。

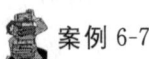 案例 6-7

难忘的班级活动①

新疆教育学院实验小学三(1)班　王泽楠

这周六,我们三年级(1)班在家委会家长们的组织下,搞了一次户外活动。

首先,史老师和胡老师带领我们去昌吉农业博览园游园赏花。一进园区的花卉展馆,各种各样的树木、花草就映入了眼帘,有非洲菊、蝴蝶兰、红掌、凤梨,还有挂着一串串诱人香蕉的香蕉树,简直太漂亮了!我带着照相机,每到一处景点,我和同学们都会争先恐后地抢拍最好、最美的画面。

除了参观,我们还举办了体育活动。让我最难忘的是拔河比赛,因为这项运动考验的是我们的团队协作能力。首先,爸爸和几位叔叔在休息区的空地上摆了一根又粗又长的绳子,绳子的中间还系了一条红丝带。第一场是男女生对战。比赛快要开始了,同学们个个摩拳擦掌,跃跃欲试。只听唐慧阿姨一声哨响,热闹的休息区顿时沸腾了。我们男生个个都叉开小腿,微微下蹲,紧紧地握住绳子往后拉。史老师、胡老师还有家长拉拉队都在卖力地给我们呐喊加油。女生们也不甘示弱,每个人的脚下像灌了铅似的,稳稳地钉在地上。渐渐地,红丝带慢悠悠地向女生阵地靠近。我们男生终于因寡不敌众,败下阵来。这次拔河比赛,虽然我们男生没有获得胜利,但我们每个参加比赛的同学都收获了一份大礼,那就是快乐!那是运动给我们带来的快乐,让我们懂得了"团结就是力量"的含义。

我期待着下次的班级活动,相信下次一定能收获更多……

四、学习活动

这里所说的学习活动,主要是指为了调动学生学习的积极性,扩大学生的知识视野,以班级全体成员为对象而开展的活动。

1. 作业展览

在班级一角设置作业展示栏,可以张贴学生得意的作业,也可以是教师推荐的

---

① 王泽楠. 难忘的班级活动[J]. 学生天地,2013(12).

作业,面向所有学科,请学生作评判,重在对学习成果进行交流,认真学习别人的长处,提高学习效果。

2. 学习经验交流会

可以邀请本班、其他班级或其他学校学习优秀的同学来讲述其学习心得,也可以请学习进步比较大的同学交流学习的经验。

3. 学习方法指导

一般采用讲座的形式,请任课教师或者同学就某一科的学习方法作具体介绍,也可以从综合的角度说明有效学习方法的一般步骤。

4. 知识竞赛、智力竞赛

主要结合学生的学习和发展特点来开展,出题、组织竞赛、裁判可以完全由学生来负责,教师做好指导工作即可。

5. 课外阅读活动

由任课教师或班主任推荐阅读书目,成立班级图书园地,可以定期或不定期举行读书交流会。

五、科技活动

科技活动的开展主要是为了丰富和开阔学生的视野,满足学生的求知欲和多方面的兴趣爱好。

1. 科技参观

组织学生参观当地的自然博物馆、科技馆,看科普电影等。

2. 科技班会

科技班会是主题班会的内容之一。与任课教师或科技辅导员配合,以科技实践或介绍科技新成就为主,如生态、地质、环保、计算机等方面内容。

3. 科技兴趣小组

可以选择组织电子玩具制作、教具制作、天文、地理、数学、物理、化学、生物、航空模型、计算机等小组。

六、社会实践活动

社会实践活动是学生接触社会,观察了解社会,增长知识,增长才干的有效途径。班主任应有计划、适当地组织学生走出校门,走上社会,培养社会责任感和义务感。

1. 参观访问

参观访问工厂、农村、部队、重点建设工程、英模事迹展览、著名文物古迹、纪念馆、博物馆等。

2. 社会调查

这种活动比较适合于高中学生,主要针对学生在思想认识上的问题,选定调查课题。调查之前要做充分准备,制订调查计划,列出调查提纲,对调查所得的数据和资料进行认真的统计、分析,并要求学生写出调查报告。

3. 社区服务

社区服务主要与学校所在的社区联系适合学生服务的项目。

 资料贴吧

> 据有的教育学者介绍,英国小学一年级第一学期,老师就带着学生跑遍学校所在地区的各个角落,了解各项公共设施(邮局、公园、图书馆、博物馆、公共汽车站等),请邮递员、警察以及服务在各种设施的人乃至家长,给孩子们讲述社会各行业的故事。孩子们要把所见所闻画出来,涂上颜色。英国学生的社会访问,分为一周需住宿的访问和一天或半天的访问;六年级以上学生由老师带领到外地访问一周,四年级至少要参加一次。在法国,除了日常的各种社会活动,一般从小学三年级起,学校就组织学生每年到外地去,离开家长的照顾过一段集体生活。外出期间,也学些文化课,更多的是爬山、骑马、游泳、采集标本、了解当地风土人情等,让孩子们充分接触大自然、了解社会、了解学校之外的广阔世界。经过数年这样的学习和实践,学生们对实际的社会和生活(包括自然世界)都会有切身的体会、感受与了解。①

七、劳动活动

树立劳动的观念,培养劳动的习惯,是开展劳动活动的重要目的。

1. 自我服务性劳动

一是家务劳动,要求学生在家中自己的事情自己做,学会并承担收拾房间、洗衣、洗刷餐具、做饭等家务。二是学校内的自我服务性劳动,如班上值日、饭厅值日、宿舍值日以及建校劳动等。

---

① 朱希祥.补平"社会化教育"这块短板[N].文汇报,2009-07-10(3).

2. 社会公益劳动

班主任根据学生年龄特点和社会需要,组织宣传遵守交通秩序,节假日帮助社区整理环境、打扫卫生,帮助军烈属、孤寡老人、病残人打扫卫生,以及种花、植树、除虫等活动。

3. 组织服务性劳动小组

如学雷锋小组、理发组、木工维修组、自行车修理组、修鞋组等。

至于学校根据有关规定安排的劳动技术课、生产劳动和社会实践活动,班主任要坚持组织学生积极参加,并达到规定的要求。班级活动的形式灵活多样,重要的是班主任要充分发挥自己和学生的创造性,使班级活动丰富多彩。

 资料贴吧

儿童劳动时间国际比较[①]

有关方面曾对各国小学生每天劳动时间做过统计:美国孩子每天的家务劳动时间是1.2小时,韩国孩子每天0.7小时,英国孩子每天0.6小时,日本0.4小时,中国孩子每天家务劳动时间约为0.2小时。哈佛大学学者在进行了二十多年的跟踪研究后,得出一个结论:爱干家务的孩子与不爱干家务的孩子相比,成人后失业率比为1∶15,犯罪率比为1∶10,离婚率与心理患病率也有明显差别。由此可见,参加家务劳动不仅仅是孩子为父母分忧的权宜之计,更重要的是它关系到孩子今后的就业成才和生活幸福。

德国法律规定儿童有劳动义务[②]

在德国,孩子们的劳动义务被写进法律,6岁以上的孩子必须帮助父母做家务。孩子们常常为家中花园浇水、翻地和除草,还要帮助父母洗餐具、收拾房间、擦洗家人的鞋子。每逢暑假,一些孩子还要顶着炎炎烈日,骑着自行车挨家挨户地送报纸。一些父母认为:"与其让孩子坐着享受,不如教给他们劳动的技能。"

德国的学校也开设劳动课程。小学每周有两节手工课,内容包括纸工、编织、木工、制作,还要学会缝纫等技巧。德国中小学都设有劳动专用教室,分为金属加工、木加工、烹饪、缝纫、编织五大类。

---

① 古人伏,等.小学班队工作:原理与实践[M].第2版.上海:华东师范大学出版社,2010:184.
② 古人伏,等.小学班队工作:原理与实践[M].第2版.上海:华东师范大学出版社,2010:184-185.

八、游戏活动

（一）游戏活动的意义和类型

1. 游戏活动的意义

在为儿童组织活动时，常常忘记那些最为学生喜闻乐见的游戏活动。游戏是人类最基本的、对人的发展具有重大影响作用的活动。游戏可以愉悦儿童的情绪，同时能够给予儿童许多知识，培养儿童良好的品格。在游戏中，由于游戏本身的趣味性，它吸引儿童积极探索和操作，发展了儿童的主动性；由于每种游戏都有必要的规则，这样就能使儿童养成合作、公正、诚实的品格；游戏中，要求同学之间相互配合，这对培养集体纪律、团结精神有重要的作用；游戏尤其是其趣味性特点成为发展儿童智慧的绝好途径。儿童入学以后不会立刻改变他们爱玩的天性，也不会忘记他们游戏的体验，他们仍渴望着游戏。因此，应该让儿童得到有趣而愉快的游戏，保持儿童对生活的乐趣。游戏比学习更适合儿童的年龄，在教学过程中，利用游戏能不知不觉地使儿童从自由生活方式转入学校生活方式。

儿童时期的游戏是人生创造事业的源泉。因此，如何通过组织有益的游戏活动，促使学生的个性发展，培养他们的创造才能，这是教育者必须认真思考和着力解决的现实问题。目前欧美国家的一些小学中，几乎看不到传统的课堂授课形式，他们的课堂几乎就是一个游戏室，课本的内容几乎就是一个个游戏。这是值得我们思考的。

2. 游戏活动的类型

依照不同的标准，可以将游戏活动分成不同的类型，教育者可以根据教育的需要进行选择。依据游戏的教育目的，可把游戏分成智力游戏和体育游戏。智力游戏主要是指以发展学生智力为主的游戏。体育游戏主要是指为发展学生体力而进行的游戏。不论何种类型的游戏，其中都包含道德教育内容。另外，依据载体的不同，游戏还可分为印刷游戏和电脑游戏。

（二）组织游戏活动的要求

游戏活动不同于一般的儿童玩耍，要使它有教育意义，教育者必须给予认真而细致的指导。考察国内外学者对组织学生游戏活动的要求，教育者必须做到以下几点：①不要"以指使方式"布置游戏。"指使"会使儿童游戏的情绪服从于教师的命令，是不利于培养儿童的独立性和创造性的。因此，游戏活动中也应该尽可能避免对游戏者的指责。②游戏应该是容易被人理解的。③对游戏的规则应该正确地说明。规则不能太多。④游戏的内容应该与教学内容和学生水平相适应,照顾不同学生的水平。⑤游戏要难易交替,使需要活动的游戏与静止坐着的游戏配合。⑥自愿参与原则。集体游戏不要强迫某些不具备游戏能力的学生参与,否则会伤害他们的自尊。

班主任要根据不同的教育要求,选择不同的游戏方式。按选定的游戏,确定场地,选配和准备器材。在开展游戏之前应解说游戏规则,然后安排、确定学生活动的先后顺序,或不同人员的组合方式。游戏活动过程中,教师还要充当游戏活动的"警察",监督学生遵守规则的情况以及维持游戏场所的秩序。游戏结束后,可以让学生自己总结和评价。

案例 6-8

> **小游戏:击鼓传花**[①]
>
> 师生围成圆圈,一人背向众人击鼓。鼓声响起时,众人顺时针传花;鼓声停时,拿着花的同学要讲讲自己的兴趣爱好、特长、愿为集体做的事情等。一轮之后,请同学复述旁边同学讲的内容。
>
> 这个游戏主要适用于新组建的班集体或新接班的班主任。它有助于学生加深彼此的了解,强化集体主义意识,也能让教师很快形成对学生的初步印象。

案例 6-9

> **小游戏:我们的好朋友**[②]
>
> 森林里想选出两个大家最喜欢的好朋友,被选出的这两个小动物,不仅可以得到人类和所有动物的欢迎和尊重,而且还可以成为所有动物的好朋友,从此过上幸福的生活。
>
> 老师手上有 10 张纸条,每张纸条上面都有一种小动物以及它最典型的特点,请上 10 位同学,每人抽一张,抽到什么就扮演什么来参加竞选,老师可以把事先准备好的头饰戴在他们头上。

---

① 邓艳红.小学班级管理[M].上海:华东师范大学出版社,2010:101.
② 邓艳红.小学班级管理[M].上海:华东师范大学出版社,2010:105.

参加竞选时每个人都只讲小纸条上所说的特点。可以说这个特点给自己带来的好处,也可以说给大家或整个森林带来的好处。演讲的人要站起来演讲,其他人在纸上记录演讲人所说动物的名字和它具有的特点。

最后对照10种小动物的特点,写下你最愿意和它们做好朋友的两种小动物的名字。

公布评选结果,动物电视台的主持人现场采访:最希望和哪两种动物做朋友?它有什么特点?你为什么愿意和它做朋友?现在你身边的朋友也是一些具有这些特点的人吗?

此游戏适合在小学中低年级开展。

 **课堂活动**

1. 我的第一堂班会

现在你新接任一个班的班主任,请你为你的第一堂班会设计一个发言稿。

2. 我设计的主题班会活动方案(采用小组合作的方式来完成)

● 活动方案参考题目

你是我的好朋友

勤俭是咱传家宝

自救自护,健康成长

科技在我身边

我是小小理财家

我在悄悄长大

● 方案主要围绕以下几个方面设计

活动背景

活动目的

活动准备

活动过程

总结与启示

● 交流

各小组汇报主题班会活动方案,同学点评,教师做总结。

【实践活动】

1. 参加一次当地小学的班级活动,从活动的教育意义、活动的形式、活动的效果等写一份活动总结,要求写出你的思考与收获。

2. 浏览"中国班主任网(《班主任》杂志官方网站)"(http://www.banzhuren.com/)。

3. 观看任小艾讲座《班主任如何创造性地开展班级活动》。

【读书指导】

1. 张永明.课程理念与实践[M].北京:北京大学出版社,2013.

2. 李学农.班级管理[M].第2版.北京:高等教育出版社,2010.

3. 古人伏,等.小学班队工作:原理与实践[M].第2版.上海:华东师范大学出版社,2010.

4. 邓艳红.小学班级管理[M].上海:华东师范大学出版社,2010.

第七章

小学班级文化管理
——充满成长气息

 内容提要

文化管理的核心是"以人为本"。班级文化包括物质形态的班级文化、精神形态的班级文化、制度形态文化。班级文化对班级集体的建设及其班级成员的发展具有非常深刻的影响。班级文化具有规范功能、陶冶功能、审美功能、同化功能、辐射功能等。班级文化建设的原则主要有人本性原则、滋养性原则、活动性原则、和谐性原则等。特色班级文化建设,是一项细致、重要而持久的工程,在学生的终身发展中起着举足轻重的作用。

学习目标

1. 了解班级文化建设的内涵及其在育人工作中的重要意义。
2. 掌握班级文化的一般建构途径。
3. 能初步设计行之有效的班级文化建设方案。

 教育写真

《小木桥》(节选)①

一、《小木桥》的缘起

万老师在班级里尝试"日记教学",起初只是为了提高学生的写作水平。渐渐地,她开始把对学生品格教育、问题儿童教育的思考融入到这种"笔头"交流的方式

---

① 邓艳红.小学班级管理[M].上海:华东师范大学出版社,2010:156.

中,班级刊物《小木桥》就应运而生了。

以"小木桥"命名,是因为"在没有路的时候,有个木头搭在那儿就能过了。桥就是路,是此端到彼端的一条路,我们每一个人心与心之间,需要的就是一条路。不用很费劲,搭一根棍儿我们就可以沟通了,所以,小木桥就是最好的一个小桥,因为这个小桥,连着师生之间彼此的心"。另外,"一位聪明的教师绝不会完全依赖自己的家长们,但是也绝不会'孤军作战'","《小木桥》应该就是打匀鸡蛋的那双筷子吧,我们用它把班集体师、生、家长的心彼此融合在一起"。

二、班级博客《小木桥》

(一)"e时代"《小木桥》的诞生

2006年,万平老师在搜狐网为所带的史家小学五(2)班建立了班级博客《小木桥》。在班级博客中,万老师为"蓝喵呜",各位学生则为"小青咪";班级博客被大家亲切地称为"咪咪乐园"。开博的宗旨主要是:

1. 实现了积极有效地与各位"咪咪"以及家长在"第一时间"有所交流、沟通。

2. 咪咪们在课余时间拥有了一个有趣、有益的网络学习、生活空间。

3. "众咪"同心,与时俱进,共建"e时代"和谐网络家园。

很快,家长们参与进来了,孩子们行动起来了,五(2)班的全体同学拥有了一个全天候开放的"咪咪乐园"。

(二)班级博客《小木桥》的建设者

万老师注册开博后,学生们都很感兴趣,纷纷申请做"小斑竹"(某个板块的设计者、开发者、主办者)。许多原本在班级生活中看似"平淡无奇"的孩子成了"小斑竹"明星,小小的角色使他们拥有了责任感与使命感。而"小斑竹"后面是"博导"——家长的支持。家长们不仅积极关注,而且对网络比较熟练的家长还提供了大量的技术支持(如音乐、图片相关链接等),有五位家长被聘为"特约博导"。网络版的《小木桥》成了一个更加开放的教师、学生、家长共创班级文化的平台。

(三)班级博客《小木桥》的栏目设置

班级博客《小木桥》除了有日志、留言、评论、相册等功能外,还设置了"小桥讲堂""小桥自习"等。

(四)班级博客《小木桥》的成就

2007年4月23日,班级博客《小木桥》点击达到50000次;8月27日《小木桥》博客创建一周年时,点击已过100000次。《小木桥》点击达50000次时的喵呜感谢日志如下:

此刻,最想感谢的,是我的家长朋友们!在将近两年的时间内,我们由陌生到了解,从理解到支持,从支持再到近乎无条件的同行、援手,一次一次又一次!

资料中的《小木桥》把班集体师、生、家长的心彼此融合在一起,成了一个更加开放的教师、学生、家长共创班级文化的平台。

人总是生活在文化中,文化是人类的精神活动及其产品的总称。文化的本质即人化,是人类在改造自然、社会和人自身的历史过程中,赋予物质和精神产品以人化形式的特殊活动,是人类所创造的"人工世界"及其人化的形式。学校文化是学校的灵魂。文化管理就是"人化管理",就是以人为根本出发点,并以实现人的价值为最终目的的尊重人性的管理。文化管理的核心是"以人为本"。班级文化是学校文化的重要组成部分。班级是一种组织群体,是学校教育的基本单位。班级教育作为文化传承的一条重要途径,归根结底也是一种文化,它是班级的灵魂所在,是班级发展的动力和班集体建设成功的关键。建设班级文化对于班集体建设和学生素质发展具有十分重要的意义。

第一节　小学班级文化概述

一、班级文化的概念及内涵

班级文化是由班级成员(包括教师和学生)在学习和交往活动过程中所形成的理想信念、价值取向、情感态度、思维方式、行为方式及其物质表现形式。具体地说,班级文化既包括物质形态的班级文化,如班级教室的布置、活动的设施及其文化意蕴,也包括精神形态的班级文化,如班级学生的信念、价值观、态度等;既包括显性的班级文化,如班级的规章制度、行为准则等,也包括隐性的班级文化,如师生的精神面貌、班风、舆论、人际关系和相应的心理氛围等;既包括班级群体文化,即班级群体在活动中共同表现出来的观念体系和行为模式,也包括班级个体文化,即学生个体的观念体系和行为模式;既包括制度文化,即符合社会期待班级应有的文化,也包括班级中存在的社会期待以外的文化。基于上述对班级文化内涵的理解,可以说班级文化的结构是由两个层面的多个要素构成的动态系统。一是显性层面的班级文化,它包括三个要素,即班级物质文化、班级制度文化和班级组织文化;二是隐性层面的班级文化,它包括两个要素,即班级观念文化和班级心理文化。这两个层面的文化及其要素互相影响、互相制约,共同构成班级文化的整体,深刻地影响班级学生的身心发展,制约着班级学生的社会化。

二、班级文化的特点

班级文化是学校文化的一部分,因而具有学校文化的共性。班级文化又是一个生命成长空间相对独立的系统,所以也具有自己的特性,具体表现在如下几个方面。

(一)班级文化的整体性

班级文化体现在班级学习和活动的各个方面,是以整体的形式表现出来的,从而形成一个独特的系统。其一,班级文化具有丰富的来源。有来自社会的大文化的影响,有来自学校文化的影响,有来自学生家庭文化(通过学生个体反映到班级)的影响,还有教师群体、个体文化的影响以及学生群体文化的影响等。但是班级文化并非由来自方方面面的文化直接拼凑而成,而是在班级整合功能的作用下逐渐对各方面文化进行有机整合,形成自己独特的文化体系。其二,班级文化具有多元的特性。由于班级文化来源的渠道多种多样,决定了这些文化对学生影响的多元化倾向,其中既有积极文化,也有消极文化;既有主流文化,也有非主流文化;既有物质文化,也有精神文化;既有本土文化,也有外来文化。这就必然会对学生产生各种各样的影响,特别是现代社会,各种信息传播很快,学校、班级也更加开放,班级成为一个微型的社会,学生所受到的影响更加复杂,呈现出多层次、多元化的特点。其三,班级文化具有丰富的内涵。这表现在班级文化是由两个层面的多个要素共同组成的,这在前文已有论述。总之,班级文化是以整体的形式出现,因此说班级文化具有整体性。

(二)班级文化的导向性

班级文化体现着班级的整体风貌,而且也代表着班级的价值取向和行为趋向。这就是班级文化的导向性特点。具体说,其一,班级文化体现着班级的价值取向,反映了大多数班级成员共同认同的价值观、道德观以及对班级各种活动的态度倾向,是班级成员认识水平的反映,是班级成员在活动和交往中形成和发展起来的共同意识的体现,代表着班级文化发展的方向。其二,班级文化反映了大部分班级成员的行为模式,为班级成员提供了行为的基本准则及模仿的依据和评价的标准,并

且在班级成员的心理上形成一种定式,进而引导着学生的行为,促进其行为习惯的形成。所以说,班级文化具有导向性。

(三)班级文化的潜隐性

班级文化既具有显性的特征,但更多的是潜隐的特点。其一,班级文化主要是以精神形态的形式出现的,潜藏在班级成员的思想意识、行为习惯、班风、舆论及班级成员的人格中,只有通过班级学生的言谈举止、待人处世以及对班级活动的参与程度等方面,才能看出一个班级的班级文化发展水平、发展方向及其对班级学生的影响力。其二,班级文化对学生的影响是在潜移默化中产生和发展的,班级学生在班级环境中受到感染和同化,产生一定的情感体验,使其作出一定的判断和选择,这些主要也是在非自觉的、无意识的过程中实现的,它体现为一定的"场"影响并作用于学生。

(四)班级文化的动态性

班级文化不是一成不变的,而是表现为动态的、渐进的、发展变化的过程。其一,班级文化是在班级成员的活动和交往过程中逐渐发展和丰富起来的,是一个不断积累和不断完善的过程。这是一个动态的发展过程,所以班级文化总是会发生新的变化,产生新的内涵。其二,班级文化与学校文化、社区文化有很密切的联系,社会上的文化潮流、时尚,人们的价值取向、道德观念、行为模式的变化,也会反映到班级中来,构成班级文化的新特点。其三,作为班级文化主体的班级成员,其个人的价值观、生活态度、思维方式和行为方式也受到很多方面因素的影响,特别是改革开放以来,由于外来的各种思潮以及互联网上各种流行文化的影响,班级个体文化更加多姿多彩,更加具有个性,使班级文化的动态性特点更加突出。

三、班级文化的功能

班级文化对班级集体的建设及班级成员的发展都具有非常深刻的影响,发挥着重要的功能。

(一)规范功能

班级文化的规范功能是指班级文化具有规范学生言行的作用。班级文化中的制度文化符合社会发展对学生的期望要求,这部分的文化既通过学校教育影响学生,如学校制定的各种规章制度、常规的教学活动、学校的课外活动、社会实践活动等等,规范着班级学生的发展方向;也通过班级大量的其他活动潜移默化地影响着学生,如班会、团队会、班级各种竞赛活动、文体活动、劳动等等,使学生在各种活动中逐步形成符合制度文化要求的思想、观念、行为习惯,并形成一定的心理氛围。班级文化中的组织文化对学生也有明显的规范作用,由于班级学生都归属于一定的组织,他们都有被承认和被接纳的心理需要,他们总是自觉或不自觉地要根据一定组织的要求(其中不少是不成文的规定)来规范自己的言行,从而对学生行为起着协调和制约的作用。另一方面,班级文化是班级成员价值取向的反映,它代表了大多数人的观点,它所反映出来的行为模式是为大多数人所认同,因而对班级成员具有一定的调节和约束作用,并且成为他们评价自己及他人言行的标准。这种观念及评价标准会随着班级活动的开展和班集体的发展更加深入人心,发挥更大的、更深的影响。由此可见,班级文化不但规范着学生的学习行为、交往行为,甚至还影响着学生的校外行为,乃至对学生今后在人生道路上、在社会生活中对各种问题的态度倾向、行为方式产生深刻的影响。

(二) 陶冶功能

班级文化的陶冶功能是指班级文化对学生具有潜移默化的浸染作用。班级文化具有潜隐性,其隐性层面的文化因素,如班级学生的价值观、人生观、道德观、审美观等,及其在班级活动和交往中发展和形成的班风、舆论、人际关系和相应的心理气氛、班级学生对班级中各种事件的态度倾向等,这些因素对班级学生的影响都是在潜移默化中实现的,从而把符合班级文化要求的思想意识和行为准则转化为自我的要求,并付诸行动。另一方面,班级文化中物质层面的因素,同样对班级学生具有潜移默化的影响。班级学生总是在一定的环境中活动的,在活动中他们既受到精神环境的影响,同时也受到物质环境及其所蕴涵的意念的感染,班级整洁的桌椅、干净的地面、合理的布置、美观的摆设、良好的设备、醒目的标语和板报、竞赛栏、图书角等等,无一不给学生透露出一定的信息,给予学生一种美的感受,让置身其中的学生油然而生一种积极向上、奋发图强的情感。而这种情感在班级学生之间互相感染,就会蔚然成风,形成班级良好文化的氛围。

(三) 审美功能

班级文化的审美功能也即是班级文化的美化功能,是指班级文化对培养学生感受美、鉴赏美和创造美的能力的作用。班级文化中存在着大量的美的因素,可以说美无处不在,美无时不在。班级文化中存在着物质层面文化的美,也存在着精神层面文化的美,物质层面文化的美主要体现在班级的物质环境中,是一种简洁的美、和谐的美。它不是杂乱无章、随机的拼凑,而是在简洁整齐中透露出美的韵味,给人一种赏心悦目的感受。而精神层面文化的美更多的是体现在班级成员的精神风貌中,如班级学生尊敬老师、关心集体、关心同学、团结互助;热爱科学、积极学习、刻苦钻研、勇于探索;敢于坚持真理、勇于改正错误;等等。可以说就是班级成员在学习、活动和交往中体现出来的道德美、语言美、情感美、人格美。这些美的因素对学生产生深刻的影响,使班级学生受到美的熏陶,从而逐渐形成美的思想、美的言行、美的情操。另外,班级的教师的身上也存在着许多美的因素,高尚的品格、严谨的作风、和蔼可亲的笑容、得体的打扮、高超的教学技艺等等,也无不透露出美的气息,对学生产生潜移默化的影响,使学生产生美的感受和美的体验。这些因素潜移默化影响的结果,必然使学生的审美能力得到不断的提高。

(四)同化功能

班级文化的同化功能是指班级文化对班级成员具有同化其思想观念、行为方式的作用,这是班级社会功能的重要体现。班级文化的同化功能的心理基础,就是班级成员之间的从众、服从、感染、认同、模仿和暗示等的心理效应,班级成员的思想意识、价值取向、兴趣爱好等是在互相影响和互相感染中而逐渐发展成为班级的共同倾向的。班级的班风、舆论,也对班级成员产生一种无形的压力,对班级成员的行为作出无形的裁判,在从众心理的作用下,大多数学生都会选择服从班级利益行为,因为班风、舆论代表着大多数人的观点,而且学生一般都有归属的心理需要,只有服从集体,才能得到集体的认同。另外,班级的规范、人际关系和心理气氛对学生也产生一定的制约和感染作用,发挥一定的同化力,这主要是暗示和感染所产生的效应对某一观念的认同、对某一行为的赞许,都是在班级成员之间互相影响、互相作用而形成的。

(五)辐射功能

班级文化的突出特征,它不仅会在班级内发挥作用,而且会通过各种途径对班级之外的环境(如其他班级、学生家长等)产生影响。

任何事物都有两面性,班级文化也不例外。以上功能是班级文化的正功能,班级文化也具有负功能——变革的障碍。当班级文化与学校文化不相符合时,或当班级文化与新一任班主任个人价值观不相符合时,班级文化便成了班级变革的束缚和继任班主任的工作障碍。

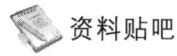 **资料贴吧**

  "文化"一词是出现得相当频繁的一个词。"文化"也是社会学、人类学、哲学研究的对象。"文化"有多种多样的定义,据一些学者统计,已不下二三百种。现在和今后还可能会有更多的定义和理解。在众多的文化定义中,一般都把文化分为物质文化和精神文化两部分,而把重点放在精神文化方面。多门学科都在研究文化,而其重点是不同的。社会学关注的是文化的普适性方面,人类学关注的是地区、国家、种族之间文化的差异方面,哲学则着重探究文化形成的根据。学科的特点、研究者的兴趣,使文化研究多种多样,形成了多种观点、多种学派。

  在文化研究中,有几点似乎是研究者们的共识:文化是学而知之的;文化是由构成人类存在的生物学成分、环境科学成分、心理学成分以及历史学成分衍生而来的;文化具有结构;文化分为各个方面;文化是动态的;文化是可变的;文化显示出规律性,它可借助科学方法加以分析;文化是个人适应其整个环境的工具,是表达其创造性的手段。

  文化是一种复杂的社会现象。在研究文化时,需要对文化作适当的分析,其分类又是多种多样的。例如,将文化分为精神文化、制度文化和组织文化。精神文化指的是价值取向、思想观念、行为规范、伦理道德、宗教信仰、思维方式、审美情趣、系统知识等。制度文化指在一定的社会制度中蕴涵的文化。组织文化是集团内部的行动标准中表现出来的文化。又如,将文化分为显型文化和隐型文化。显型文化包含群体生存式样的各种性质,既有文化的内容又有文化的形式,如行为模式、规范模式、倾向性、文化范畴以及文化公设。它是可以描述和观察得到的。隐型文化就最普遍的意义讲,"就是给定系统中各单元之间的关系,也就是由整体的普遍性质所支配的各单元之间的关系"。它是要经过推理才能获得的。再如,把文化分为普遍性文化与特殊文化。普遍性文化指特定区域内普适性的文化。特殊文化则指在某区域内特殊适用的文化。[①]

[①] 金一鸣.教育原理[M].北京:高等教育出版社,2002:98.

第二节　小学班级文化管理的原则与策略

　　班级文化管理的出发点和归宿应是学生的全面发展和个性发展。班级每一位学生健康、全面、和谐的发展应是班级文化管理建设的最终目标。班级文化管理原则是班级文化建设中的基本要求。班级文化管理策略反映班级文化建设的整体思路。班主任在班级的文化管理建设中要体现时代先进文化精神和育人规律,为学生精神人格健康的长远发展奠定良好基础。

一、班级文化建设的原则

　　1. 人本性原则

　　班级文化建设应坚持以人为本,以学生为本,以学生的发展为本的原则,尊重学生的需要和个性特长。开展各项活动,都应该凸显学生这一活动的主体,从而调动他们学习生活的积极性,促进他们健康快乐地成长。

　　2. 滋养性原则

　　制度管理虽然也发挥相当有效的作用,但情感交流、人格影响更会让学生受到熏陶感染,教育不应是急风暴雨的说教,而应是通过"润物无声"的氛围,让学生不知不觉地受到感悟,得到提高,增进自律。

　　3. 活动性原则

　　班级活动是班级文化的一个重要组成部分,学生的身心发展也离不开活动的演练、体验,所以,精心设计组织活动是展示班级文化的重要内容,而活动的成效高低也关系到班级文化的影响大小。

　　4. 和谐性原则

　　建设班级文化必须协调合作,不能我行我素,各行其是,从而造成不应有的认识盲区和交流空白,让学生无所适从。

二、班级文化建设的策略

　　(一) 班级环境文化建设

　　教室环境是班级形象的标志之一。美化教室环境,既能显示良好的班级形象,

第七章 小学班级文化管理

也可以用优美的环境陶冶人。心理学研究表明,自然环境、社会现实会对人的心理产生巨大影响。优美的教室环境能给学生增添生活和学习的乐趣,消除学习后的疲劳。更重要的是,优美的学习环境有助于激发学生热爱班级、热爱学校的情感,促进学生奋发向上,增强班级的凝聚力。

1. 教室的净化

教室卫生是班级的窗口,是文明的标志。要保持干净的教室环境,需要培养学生良好的卫生习惯,制定严格的卫生制度,人人参与,加强检查和监督,保持教室的清洁和美观。

2. 教室的绿化

绿色象征青春和活力,代表着希望。在教室的前面和后面摆放一些绿色的植物,如盆景、花草等,让教室充满绿色,充满青春的气息。

3. 教室的美化

发动学生精心设计,巧妙布置,力求教室和谐、高雅。教室布置包括:班级发展目标(可贴于教室显眼的地方);班级文化宣传内容(板报、班训、名人名言、学习园地等,可分别布置于教室的不同地方)。

(二) 班级制度文化建设

班级制度文化建设,要以中学生日常行为规范和学校的相关制度为依据,同时根据班级实际来进行,要体现班级特色。班级制度文化建设是形成良好班风的必要条件,应引起重视。制定和实施制度应从以下四个方面加以注意。

1. 抓好开头

俗话说"好的开始等于成功了一半"。新生入校之际,班级成立之初是制度建设的好时机。学生刚入校门,就要做好入校教育,要让每一位学生了解规范,重视行为规范的落实,同时制定班级的规章制度。

2. 重视学生意见

学校教育的主体是学生,学生是班级的主人,所以在班级制度文化建设过程中,要充分尊重学生的意见。班级制度可以通过学生讨论,班委修改,最后全班学生投票的方式来制定。这样制定出来的制度才会得到学生的认可,才会有生命力和实效性。

3. 制度的实施要持之以恒

制度的执行一定要长期坚持,不能朝令夕改,更不能只制定不执行。要长期坚持,要注重落实。

4. 制度的实施要公开、公平、公正

班级制度是针对全体学生的,不能因为某些学生成绩好或者老师偏爱某个学生,就对他的问题回避或从轻处理。一定要保证规章制度的公开、公平、公正。

(三) 班级精神文化建设

班级精神文化属于观念形态,是班级文化的核心内容,包括班级精神、班级凝聚力、团队意识、班级文化活动等内容。这些内容反映了价值观、人生观等深层次的文化。

1. 班级精神的培养

一个班级要有班魂,也就是班级精神。这种精神要在班级成立之初有意识地培养,逐步让学生理解并接受,植根在全体学生的心里。

2. 班级凝聚力的培养

班级凝聚力是在多因素共同作用下形成的。如利用学校举行的歌咏比赛、运动会等活动来培养学生的集体荣誉感,增强班级的凝聚力。

3. 班级活动的开展

人的能力在活动中得到培养和锻炼。班级活动是班级文化建设的有效途径之一。班级活动一般可分为两类:一类是学校组织的活动,如军训、运动会、艺术周等。这类活动规模大,影响深,对于形成健康向上、团结进取的班级团队精神起很大作用。另一类是班级自己组织的活动,如班队活动、班会活动、学生兴趣小组、才艺表演活动等。这类活动易开展,自主性强,灵活性大,对于促进学生的全面发展和个性发展,培养学生积极健康的人格具有重要促进作用。

4. 优化人际关系

构建和谐的人际关系对精神文化建设有着重要意义。班级里有两种非常重要的人际关系要处理好:生生关系和师生关系。教育学生处理好同学关系,包括以下内容:提倡助人为乐;心中有他人;看人要先看别人的优点和长处;正视自己的缺点和不足;培养学生的幽默感;要有团队意识和合作精神。处理好师生关系,则要注意以下几个问题:教师首先要热爱学生;教师要提高自身素养和人格魅力,让学生喜欢自己;教师应通过自己的言行树立威信;教师要培养民主作风;教师要了解学生的心理特点,用发展的眼光看待学生;教师对学生不抱成见和偏见,公平对待全体学生;当与学生发生冲突时,要善于理解学生。

班级文化建设是系统工程,在现代教育中,受到越来越多的教育工作者的关注,作为班主任,必须在班级文化建设上进行大胆的探索,不断创新,以适应现代教育的发展。

 案例 7-1

书香班级文化建设的实践探索①

关奇霞

苏霍姆林斯基说:"学校应当成为书籍的王国,要天天看书,终生以书籍为友,这是一天也不能断流的潺潺小溪,它充实着思想的江河。"班级是学生社会化过程中重要的物质和精神环境,在学生的情感、智力等方面的成长上起着非常重要的作用。为了让学生能够在班级中健康、和谐地成长,我们有必要将班级建设成为学生书香生活的栖息地,创设良好的阅读环境和浓厚的读书氛围,推广优秀读物,开展形式多样的阅读活动,培养强烈的阅读兴趣和良好的阅读习惯,让阅读成为生活的方式。

一、营造书香世界,感悟阅读情怀

读书要有氛围,班级里应当洋溢着浓郁的书香气息,这样才有利于调动学生阅读的积极性,让班级成为一个读书世界的熏陶场和磁性场。

1. 种植古诗树,漫步诗林

古诗永远是我国传统文化的精粹,它所反映出来的是作者的眼睛和心灵,给后人以美的熏陶和启迪。当风雪漫天之时,雪莱却在《西风歌》中唱道"冬天来了,春天还会远吗?"苏轼漂泊异乡,在月圆之夜思念家乡和亲人,写下了"但愿人长久,千里共婵娟"的千古名句;杜甫面对只能引起许多人一怀愁绪的山雪和江船,却写下了如诗如画的诗"窗含西岭千秋雪,门泊东吴万里船"。而这一切无一不是对学生进行教育和文化熏陶的好素材。

我让学生根据各自喜爱的诗人分组,分别在教室的墙上种下自己的古诗树。同学们自由组合,分工合作,有的搜集资料,有的制作大树,有的剪苹果,有的负责把打印好的古诗贴在苹果上……通过努力,教室俨然成了一片古诗的绿色森林。看着自己辛勤种植的古诗林,学生更会用心品读这其中的内容,自由地漫步在绿意盎然的古诗林中。

2. 建设图书角,徜徉书海

"书犹药也,善读之可以医愚。"我在班级成立了图书角,让它成为博览群书的阵地。在建设图书角之初,我让同学们每人带3—5本自己的藏书到班级图

---

① 关奇霞.书香班级文化建设的实践探索[J].现代校长,2007(9):27.

书角和同学们交换阅读。同学们带来的书籍丰富多样,有梅子涵、杨红樱、曹文轩等优秀作家创作的学生喜爱的儿童读物,还有《史记》《假如给我三天光明》《上下五千年》等励志明理的读物。还组织了图书管理小组,制定了图书管理借阅条例,大家一起给图书编号,每位同学自制一张个性借书卡。这样各司其职,自主管理,每天中午都安排半小时的阅读课,学生可以自由、安静地借书、读书。在这样的氛围中学生感受到了读书的快乐。

3. 创设诵读园,诵读经典

经典是具有生命力的作品,小学生目前不可能读懂其内涵和价值,但是随着年龄的增长、生活经验和知识经验的丰富,我们种下的种子就会萌芽、开花、结果。最有效的途径就是诵读,利用每天的晨会课,我就选择《弟子规》《论语》《三字经》等古典名作或摘抄一两句名人名言,和同学们一起诵读、交流,让学生在朗朗诵读声中净化心灵,快乐成长。

二、搭建展示平台,分享阅读收获

书香班级应该是学生的精神家园和展示自我的平台。学生可以在这里自由表达,展示自己的才华,抒写对生活的理解。这样,通过展示表达,学生心灵得以升华,还增强了自信心。阅读生活一旦被学生用文字、图画等形式加以记录留下痕迹,它将是孩子们今后生活的积累结晶。

1. 创办班级手抄报,精神家园伴我行

一直以来,图文并茂的读物深受学生的喜爱,我就抓住学生这一爱好,经常结合语文课文和节日进行教育,创办了班级手抄报,让学生通过图画、文字结合的形式表达自己的感受。如学过《永远的白衣战士》一课结合护士节举办了以"白衣天使"为主题的手抄报;学过《特殊的葬礼》《沙漠中的绿洲》《云雀的心愿》等有关环境保护的课文就举办了以"保护地球母亲"为主题的手抄报。学生的想象力和创造力真是丰富,他们呈现的作品不但让我耳目一新,更是让我为之震撼。

2. 开展好书推荐会,读书笔记伴我行

学生有了浓厚的阅读兴趣,又有了阅读的方法和技巧。在班级我又开始培养学生自主阅读,即提倡学生根据自己的兴趣,选择自己喜欢的读物自主阅读。班级开展了好书推荐会,同学们分别把自己读的好书推荐给大家并交流读书心得。好书推荐会为学生筑起了一道防火墙,培养了学生对读物的选择能力,通过推荐书的演讲,提高了同学们的表达能力。大家阅读自己感兴趣的书,可以用读书笔记的形式记录自己的阅读过程,读书笔记可以摘抄优美的词语句子和段落,也可以记录自己的感悟和提出自己的不同见解,还可以配以优美的图画表达自己对文章的理解。每周都利用一节课交流读书笔记,同学们兴趣盎然且效果显著。

班级是学生成长的土壤,通过开展这些阅读活动,我欣喜地看到书香班级开始真正成为学生的精神乐园,学生的精神已经不断提升,我和学生们共同享受阅读的快乐,一起快乐地成长。

点评:班级文化建设是班主任工作的一个重要内容,它对学生的影响是潜在的、深远的。有人说企业文化是企业的核心竞争力,我们也可以说,班级文化是班级的重要的生长力。一个优秀的班集体应该有自己独特的班级文化。那么,如何建设一个独具特色的班级文化呢?关老师的《书香班级文化建设的实践探索》给了我们有益的启示。学校是知识的乐园,班级也应该充满着浓郁的书香味,关老师正是以此为出发点来加强班级文化建设的。"种植古诗树""建设图书角""创设诵读园",为班级营造了一个充满魅力的书香世界,"创办班级手抄报""开展好书推荐会"让学生真正走进书香天地。其实,当班级漾起浓浓的书香味道的时候,一种文化的力量已悄然产生了。

资料贴吧

"新教育实验"理论结构[①]

一、核心理念

为了一切的人,为了人的一切。

二、五大观点

1. 无限相信学生与教师的潜力;

2. 注重精神状态,倡导成功体验;

3. 强调个性发展,注重特色教育;

4. 教给孩子一生有用的东西;

5. 让师生与人类崇高精神对话。

---

① 张荣伟.当代基础教育改革[M].福州:福建教育出版社,2007:282.

三、价值取向

追寻理想,超越自我;成长着,并快乐着;只要行动,就有收获。

四、七项行动

1. 营造书香校园;

2. 师生共写随笔;

3. 聆听窗外声音;

4. 培养卓越口才(双语口才训练);

5. 构筑理想课堂;

6. 建筑数码社区;

7. 优化学校合作(建设新父母学校)。

五、基本原则

1. 实践性原则,强调操作;

2. 生成性原则,强调过程;

3. 发展性原则,强调创新;

4. 客观性原则,强调真实;

5. 公益性原则,强调开放。

六、四重境界

1. 让实验成为教师实现专业发展的理想舞台;

2. 让实验成为学校提升教育品质的理想平台;

3. 通过实验让学校成为学生享受成长快乐的理想乐园;

4. 通过实验让学校成为"新教育共同体"的"精神家园"和共同成长的"理想村落"。

七、三大假设

1. "六加一行动"即"七项行动"是"教育共同体及其生活世界改造"的理想通道;

2. 理想的教育实验不仅会改变作为因变量的被试,而且会促成实验活动主体自身的不断提高和完善;

3. 随着实验的不断推进,多元的、不同层级的教育共同体会在交往理性与交往道德上达成共识,会逐步形成这支团队所特有的科研机制与制度文化,进而形成自己特有的理论话语和实践范式,诞生"新教育学派"。

> 八、四大改变
>
> 1. 改变学生的生存状态;
>
> 2. 改变学校的发展模式;
>
> 3. 改变传统的教育改革和教育科研范式。
>
> 九、十大领域
>
> 理想的德育、智育、体育、美育、劳动技术教育,以及理想的学校、教师、校长、学生、父母。

 课堂活动

请同学们以小组合作方式完成一份班级板报设计,要求主题鲜明、结构完整、体现时代精神。(板报主题自定)

【实践活动】

1. 谈谈当前我国小学班级文化管理中存在的问题与对策。

2. 自定年级对象,设计一份班级文化建设方案。

【读书指导】

1. 邓艳红.小学班级管理[M].上海:华东师范大学出版社,2010.

2. 吴云鹏.教育学综合案例教学[M].北京:中国人民大学出版社,2010.

3. 张永明.课程理念与实践[M].北京:北京大学出版社,2013.

4. 刘旭东.生活世界理论与基础教育课程改革[J].教育理论与实践,1999(7).

第八章

小学班级偶发事件的管理
——教师生命智慧的显现

 内容提要

课堂中的偶发事件常常会影响教学的正常进行。教师如果不能及时化解这些偶发事件,必带来不良预期。

本章在揭示了小学班级偶发事件是什么的基础上,论述了小学班级偶发事件的特点及其类型,小学班级偶发事件的处理原则,最后讨论了作为小学教师应该如何处理小学班级管理中出现的偶发事件。

 学习目标

1. 识记"偶发事件""效应"的概念,掌握解决班级偶发事件的意义,提升对班级管理的认识。

2. 领会小学班级偶发事件的特点。

3. 了解小学班级偶发事件的类型。

4. 能根据班级偶发事件的处理原则和方法来分析现实班级管理中出现的问题。

 教育写真

课堂上的手机声①

余清叶

有一次,我正在上课,这是一节练习课,学生正在专心地做练习,我在班里来回

---

① 余清叶.课堂上偶发事件及应对策略[EB/OL].(2011-11-16).http://www.5156edu.com/page/11-11-16/71679.html.

第八章 小学班级偶发事件的管理

巡视,正当我给某一同学讲题的时候,忽然教室里传来了手机铃声,这种声音很少见,通常学生是不允许带手机进班的。听到这种声音,同学们都东瞅西看,寻找声音的来源,有的同学开始窃窃私语。我也很生气,环顾整个班级,同学们也是你瞅我,我瞅你,然后他们都瞅着我,看我怎样处理这件事。我发现有一个同学,埋着头,也不瞅别人,一只手伸入课桌里,另一只手紧握着笔,看来在奋笔疾书,其实脸涨得通红,看到这种情况,我完全明白了,刚才还很生气,但我心里在说:"克制克制,并迅速地在大脑里寻找解决的办法,如果硬碰硬,肯定不行,这是个聪明且自尊心特强的男孩,如果直接让他拿出手机,他肯定不肯,事件闹大不说,还影响彼此的情绪,我不想让彼此难堪,怎么办?"我的大脑飞速运转,同学们也都在看着我,突然,走上讲台,一拍脑门,说:"看我这记性,上语文课怎么忘带语文书了(其实我根本用不着书),某某,快去办公室把我的语文书拿来,并顺便看看你们班主任在不在,告诉他我待会有点事找他。"这位同学闻言,赶紧将手快速从抽桌里拿出来,并迅速把手插进上衣口袋里,快步走出教室。

一会儿,这位同学拿着我的语文书,很高兴很轻松的样子(看来他已经将手机关机了),说:"老师,我把书给您拿来了。"我说:"谢谢!"这位同学赶紧回到座位上又做起题来,我拿着课本,佯装找我的内容,并继续走到刚才那位同学面前,继续讲题,同学们看我不理会这件事,就继续做起题来。

事后,这个学生主动找到我给我承认了错误,我也没有把这件事告诉班主任,学生很感激我,以后每周一把手机放在班主任那儿,有事需要用的时候再找班主任要。

从此这样的事情再也没在课堂上发生过。

一个由几十个人组成的班级,不可能永远似一泓池水,风平浪静。于是,在日常教学中,时不时就会出现一些偶发事件,诸如失窃、受伤、离家出走、打架斗殴等等。偶发事件是班主任最头痛的事,处理班级偶发事件是对班主任工作艺术的考验。偶发事件虽然是偶发的,但往往影响很大,处理不好常常会造成十分严重的后果。因此,作为班主任,必须学会及时妥善地处理好班级偶发事件,才能为班集体消除隐患或不稳定因素,防止某些不良影响的蔓延。

那么,如何智慧地处理班级偶发事件,变被动为主动、化消极为积极,甚至变"坏事"为"好事"呢?

作为教育工作者应时刻牢记,我们面对的对象是非常特殊的,他们是一群活生生的人,要时刻为学生着想,处处以学生的成长为最高目标,遇事冷静、机智,做好班主任应该做的一切。偶发事件有其发生的偶然性,但更多地隐藏着一些必然因素。班主任要注意研究偶发事件的特点、成因、处理方法,努力防患于未然,即使偶发事件突发,班主任心中也会有备而无患。

第一节 小学班级偶发事件概述

一、偶发事件的概念

所谓偶发事件,是指班级学生中发生的事先没有估计到、出人意料的一些事件,主要是指违反学校教育教学管理制度且具有突发性、变化快、影响大等特点的一种比较严重的违纪事件。[①]

偶发事件大多发生在校内,有的在校外;有的在课上,有的在课余;有的是师生之间,有的是生生之间;有的是与本班同学的矛盾,有的是与外班、外校,甚至是与社会上的其他人冲突;有的属于一般问题,有的性质严重,甚至是恶性事件;有的是个人间的鸡毛蒜皮小事,有的则影响着全班、全校的大局;有的发生在一两个人之间,有的涉及面很广;有的是口水之战,有的是拳脚相加;有的事件好处理,有的则十分棘手。作为一个班集体,由于学生的多元化,班级偶发事件难以避免。偶发事件的发生往往对班级工作、对教学、对课堂秩序产生较大的影响,所以教师应防微杜渐,尽量使偶发事件少发生或不发生;同时若偶发事件发生了,应沉着冷静,妥善解决。

一般在比较正常的班集体中和比较生动的课堂上偶发事件不易发生,为此,教师应该较为深入地了解学生,加强班级管理,使学生在良好的学习氛围中学习;另外,教师应该努力研究教学方法,把自己的课上得更精彩,让学生全身心投入到教学中。

二、偶发事件的特点

1. 随机性

课堂偶发事件的发生具有随机性,即这些事件发生在谁身上,什么时候发生,

---

① 姚明运.如何处理班级偶发事件[J].广西师范学院学报:哲学社会科学版,2010(S1):164.

发生在什么场合,往往带有一定突发性特点,有时甚至完全是一种偶然,事先很难预料。对于这种事件,教师很难事先做好具体应变的准备,要求教师根据具体情况,具有随机应变的能力。

2. 突发性

偶发事件是一种特殊的遭遇、特殊的矛盾,常常和社会上的重大事件、周围环境或者本人的意外境遇联系在一起。由于事出偶然没有预先的思想准备,也往往是一个发生、发展急剧变化的过程,使教师没有充裕的时间仔细思考处理的对策,因而偶发事件给人出乎意料的感觉。

3. 破坏性

一般来说,班主任开展教育活动都是在计划的指导下,有条不紊、按部就班地循序进行的,而偶发事件则会打乱原有的部署,使原本井井有条的教育活动无法按计划进行,活动的效果会大打折扣,甚至背道而驰。同时,由于偶发事件的起因比较复杂和难以预料,处理起来有相当的难度,一旦处理不当,就会造成严重的后果,或师生关系紧张、对立,或同学矛盾越发加深,或学生心理受到挫伤,或班级集体受到破坏。因此,班主任面对偶发事件,一定要谨慎处理,不可造次。

4. 紧迫性

偶发事件发生必须要求班主任马上作出判断,因势利导,随机应变,防止事态的进一步扩大,使事件的影响得到及时控制。

5. 多元性

课堂中发生的偶发事件,具有多元性。从其发生原因可分为主观和客观因素,从性质可分为良性和恶性事件,从处理的方式可分为冷处理和热处理。某一随机事件突然出现,要求教师迅速敏锐地作出判断,不容迟疑也不容拖拉,要抓住时机,因势利导。如果处理不及时,不恰当,就可能导致课堂秩序的混乱。

6. 巧妙性

在教学过程中,尽管教师做了周密的安排计划,也常常会出现一些意想不到的"偶发"事件。这就需要教师依靠高超的教育机智,果断迅速处理。"偶发"事件处理得好,能保证课的顺利进行,甚至起到锦上添花的作用。"偶发"事件处理得不好,课就难以顺利进行。这就要求教师要有应变的策略,做到适时、适度、适情,巧中见奇,奇中生效。①

---

① 张爱华.课堂教学中偶发事件的处理[J].河北师范大学校报,2009(5):173.

三、小学班级偶发事件的类型

班级管理中,由于学生的知识水平、兴趣爱好、性格特点各异,表现必然会千差万别,加之外界环境影响,班级管理中出现偶发事件、意外情况是难免的。

1. 外部干扰型——来自大自然的干扰

即"自然灾害"。班级管理不是封闭的,因此,不可能完全隔断外界的干扰,在"真空"中毫无干扰地学习和生活。比如,教室内正在上课,忽然室外一辆汽车呼啸奔驰而过;或天气骤变,影响了室内光线;或是蜜蜂小鸟作为"不速之客"飞进教室,"叽叽喳喳"地叫个不停,顿时,教室里可能就会乱作一团,尤其是低年级的课堂。

2. 内部困扰型——来自学生的各种因素

即"不速之客"的偶发事件,在班级管理中经常出现。如在思想政治课涉及某些高度抽象的概念时,如矛盾、物质等,学生无法理解,就会互相观望,或小声议论。这对教师的课堂就会形成困扰。

 案例 8-1

> 一次音乐课,刚上课不久,严老师刚提出一个问题,话音刚落,突然听到一名学生大声喊道:"老师,某某把我掉下来的橡皮拾了就不给我了!"只见这个学生一副气急败坏的样子扭身对着全班同学喊叫着。课堂轰一下就乱了,学生们你一言我一语地议论着,然后又把目光齐刷刷地投向严老师,期待着老师的评判。严老师是我们学校有着十几年工作经验的音乐老师,学生对于音乐课可能不太像对待语文、数学那样专心,如果一味地发火只会破坏了音乐课的气氛,严老师想了想,突然笑了起来,走到那个同学面前说道:"其实他是想先帮你拾起来,下课再还给你,因为现在是上课时间。"转过脸来,对那个拾到橡皮的同学说:"是不是?"那个同学没说话,点了点头……课堂中的这个小事件就这样被严老师机智地解决了。这节课的教学任务顺利完成了,而且课堂气氛特别活跃,学生思考问题、回答问题也非常积极主动,达到了预期的教学效果。
> ——摘自甘肃省陇南市万名教师培训《课程理念与实践》作业

3. "人为疏忽"——由于教师本身的疏忽

老师们可能都有这样的体会,一节课,无论课前做了多么充足的准备,在课堂中有时候就会出现一些意想不到的情况。比如,某个教学用具忘拿了;使用多媒体教学时,电脑突然失灵了,特别是上公开课前,老师们总是做了充足的准备,一遍又一遍地完善教案,精心挑选教学用具,计算好每个环节的时间……但有时候,往往越是到了这种大场合,关键时候,越是会出现意料不到的突发事件。

四、处理班级偶发事件的意义

偶发事件往往都是些棘手的事件。如果班主任对偶发事件处理得好,可以迅速有效地平息事端,化干戈为玉帛,变坏事为好事,能提高教师的威信,增进师生的了解和感情,又是对全班学生进行思想教育的一个契机。而一旦处理不当,则极易使事态激化,导致师生矛盾冲突,甚至发展成难以挽救的恶性事件,对学生的身心造成伤害。偶发事件看似偶然,其实在偶然中也蕴藏着必然发生的原因。所以,班主任要有敏锐的洞察力,有处理偶发事件的心理准备,多总结偶发事件处理的经验,多探索处理偶发事件的技能。

案例 8-2

《乌鸦喝水》的新难题

壶镇小学　金晓艳

在组织引导学生学习《乌鸦喝水》的第3课时,我为了落实三维目标的情感目标,即让学生明白乌鸦会动脑筋解决困难,在生活中也应该像乌鸦学习。通过我的启发,大部分学生都形成了乌鸦真聪明,通过投石子,终于喝到了水的共识!唯有一位学生提出了异议——乌鸦不一定喝到水!那是一个虎头虎脑的小男生,稚气的脸上满是执著。平时总是乱说一气,令我反感。这会儿,他一语惊人,认真倾听的孩子们都低声交谈起来。我有些惊慌失措,但感到意外的高兴,"你为何这样说?"我追问。"因为石子会把水淹没!"孩子忽闪着大眼睛。教室内静得出奇,我也是满腹狐疑。"石子怎么会淹没水呢?你给我们说说好吗?"他眨着忽闪的眼睛,难以启齿的样子令我着急,因为时间快到下课了。果然,没等他开口,铃声即响,本想拖延两分钟,可又担心学校领导检查扣分,于是来不及小结就下命令下课了,那孩子默默地坐了下去,沮丧的神色中透出一丝不服。

课后,我独自找到了他,向他请教:"乌鸦为何不一定喝到水?"开始他十分胆怯,不信任地看着我。经我再三鼓励,他终于道出了原委。"昨天我和康康玩过了,他的瓶里装的水多,投进石子后,水满到了瓶口;我的瓶里装的水少,石子反而把水淹没了。只有瓶中盛着大半瓶水的时候,乌鸦才能喝到水。而书中只说瓶里有半瓶水,若是少半瓶的话,乌鸦就喝不到水了。""真聪明!"我摸着他圆圆的小脑袋,由衷地赞道:"今天你使我学到了许多知识,谢谢你,小老师!"孩子终于自豪地笑了,神采中更多了一份自信。

不说"乌鸦不一定喝到水!"是否一定正确,但它却充分表现了学生大胆的怀疑精神,从实践中得出结论更是一种求实的科学品质。不正是由于这种精神、这种品质,才有伽利略的两个铁球同时着地的真理吗?一句富有新意的"石子把水淹没了!"是一个极富创造力的见解,学生的创新精神和创新意识在此萌芽。我珍惜这样难能可贵的教学资源,可是时间的安排不受限制了学生个性的张扬。事后的真心交流延续了课堂,我的做法是对的,教学本是一种对话,对话中既没有无所不知的圣人,也没有完全无知的愚人。师生双方相互平等,在对话中相互尊重、相互学习。在以上教学中,我能尊重学生的观点,愿意聆听学生的见解,并肯定"乌鸦不一定喝到水"的正确性,只是遗憾对学生大胆的怀疑精神和求实的科学品质没有及时作出赞赏,没让这段精彩在课堂绽放。如果时间可以,也许学生的思维会超出乌鸦能否喝到水的问题……

——摘自浙江省缙云县第二实验小学课堂偶发事例记录表

第二节 处理小学班级偶发事件的原则与方法

偶发事件因其突发性和难以预料性,常常令班主任措手不及。偶发事件出现的机会较少,但随即作出的反应可以全面测试班主任的思想修养、情感意志、思维品质、组织能力等等。在处理事件的过程中,班主任要沉着冷静,不乱阵脚。不能只停留于某件事情的表象,应全方面地了解事态发生的情况,有的放矢地对学生加强教育,因势利导,抓住契机,提高学生的思想认识,引导他们从内心严格要求自己。

德国教育家第斯多惠曾说:"教学的艺术不在于传授本领,而在于激励、唤醒、鼓舞。"偶发事件往往是教育的契机。抓住这些最佳时机,常可收到意想不到的教育效果。因此每个班主任都必须学会正确地处理偶发事件。

一、处理小学班级偶发事件的原则

在一个班级中,偶发事件都不同程度、不可避免地存在着,如何处理班级内的偶发事件,关系到一个班级的稳定发展,也反映出班主任的管理能力和艺术。处理偶发事件,一看能力,二凭经验,这是班主任教育机智的一个基本体现。处理偶发事件应遵循一定的原则,所谓原则既是班级工作实践经验的总结,也反映处理偶发事件时对各种基本矛盾关系的调整与把握的基本规律。班主任只有正确地理解并掌握整个原则体系,才能在处理偶发事件中立于不败之地,进而卓有成效地做好班级工作。

1. 教育性原则

这是处理偶发事件的首要原则。班主任必须抱着教育的目的和心态对待偶发事件,本着教育从严、处理从宽、教育全班的精神,既不能一棒子打死,又不能草率行事。公平、公正地对待学生,用科学的态度深入了解调查,从动因分析到全面评估,这样才能达到惩前毖后的目的。

2. 目的性原则

处理偶发事件,目的要明确,既不能仅仅就事论事,敷衍搪塞,也不可小题大做,无限上纲。班主任面对的是全体学生,应该让受教育的学生本人明确教育帮助的目的,什么是对,什么是错,要达到什么样的目的,从根本上医治学生心灵深处的创伤。

3. 客观性原则

一个班级中的学生之间有很大差异,同一个学生有优点,也有缺点,那么就要求班主任在处理问题时,要坚持客观性的原则,不能受班主任"定式思维"的影响,避免主观随意性导致处理问题不公,从而影响到学生成长和发展,使其越错越远。

4. 针对性原则

班主任应该在弄清楚事情的性质后再着手解决。用不同的方法解决不同的问题,不能用一种模式。注意事情不同层面的差别和不同个体之间的差异。针对性要强,切不可"眉毛胡子一把抓""一刀切"。太宽泛和针对性不强的教育形同虚设。

5. 启发性原则

学生接受教育不是消极被动的,应该是主观能动的。处理偶发事件尤为重要的一条原则就是要随时注意启发学生改正错误的自觉性。班主任在处理问题时不要一听到或一看到就下结论,一定要留有"余地",调动学生接受教育的内驱力,让学生充分认识到自己所犯错误的性质和危害,诱导他们依靠自身的积极因素去克服消极因素。

案例 8-3

课堂上的小鸟

有一次,一年级的潘老师在上教研课时,课堂上突然飞进一只小鸟,一下子吸引了所有学生的注意力。这时,只见潘老师十分镇定地停下课,打开门窗,把小鸟放了出去。然后还很幽默地说:连小鸟都想来参加我们的学习了,可见学习本身是很有趣、很有吸引力的。让我们珍惜时间,好好学习吧!接着继续上课。像这样处理,可以培养学生排除干扰、专心学习的能力,以及爱护鸟类的环保意识。

——摘自甘肃省陇南市万名教师培训《课程理念与实践》作业

6. 有效性原则

教育的关键在"育",在处理问题时,要注意所采取的方法,既不能简单粗暴,也不能主观武断,更不能烦琐而无实际意义。处理或教育重要的是看效果,采取灵活有效的方式,往往事半功倍。

7. 一致性原则

一致性原则是要求班主任在处理偶发事件时,一定要顾及学校、家庭、社会环境等各方面的因素。各种因素的力量步调要一致,相互配合。对学生形成连续不断、步调一致的教育,才能达到良好效果。

8. 可接受原则

处理偶发事件不可忽视的一条就是看当事双方对处理意见或结果能否心悦诚服地接受,不能强加于人,处理流于形式。要让受教育的对象从内心深处接受,认识到错误,进而改正。

9. 冷处理原则

冷处理,是对班主任自身而言,在处理突发事件时不能急于表态和下结论,要弄清楚事件的来龙去脉。太过于草率和盲目,往往会使自己陷于被动。保持冷静、公平、宽容、服务的心态,那么班主任工作就顺利得多。

> **心理学效应**
>
> 1. 蝴蝶效应。美国麻省理工学院气象学家洛伦兹(Lorenz)认定他发现了新的现象:"对初始值的极端不稳定性。"又称"蝴蝶效应",亚洲蝴蝶拍拍翅膀,将使美洲几个月后出现比狂风还厉害的龙卷风! 蝴蝶效应说的就是"一件事"对结果的影响,就像只改动了一点,数据计算的结果都会相差十万八千里。
>
> 2. 晕轮效应。人们对人的认知和判断往往只从局部出发,扩散而得出整体印象,也即常常以偏概全。一个人如果被标明是好的,他就会被一种积极肯定的光环笼罩,并被赋予一切都好的品质;如果一个人被标明是坏的,他就被一种消极否定的光环所笼罩,并被认为具有各种坏品质。
>
> 3. 第一印象效应。让两个学生都做对30道题中的一半,但是让学生A做对的题目尽量出现在前15题,而让学生B做对的题目尽量出现在后15道题,然后让一些被试对两个学生进行评价:两相比较,谁更聪明一些? 结果发现,多数被试都认为学生A更聪明。这就是第一印象效应。人与人第一次交往中给人留下的印象,在对方的头脑中形成并占据着主导地位,这种效应即为第一印象效应。
>
> 4. 皮格马利翁效应(自验预言)。暗示在本质上,是人的情感和观念,会不同程度地受到别人下意识的影响。人们会不自觉地接受自己喜欢、钦佩、信任和崇拜的人的影响和暗示。而这种暗示,正是让你梦想成真的基石之一……
>
> 5. 马太效应(Matthew Effect),是指好的愈好,坏的愈坏,多的愈多,少的愈少的一种现象。名字来自于《圣经·马太福音》中的一则寓言。罗伯特·莫顿归纳"马太效应"为:任何个体、群体或地区,一旦在某一个方面(如金钱、名誉、地位等)获得成功和进步,就会产生一种积累优势,就会有更多的机会取得更大的成功和进步。此术语后为经济学界所借用,反映贫者愈贫,富者愈富,赢家通吃的经济学中收入分配不公的现象。

二、处理小学班级偶发事件的方法

1. 降温处理法

就是对班级中发生的偶发事件,采取淡化的方法,暂时"搁置"起来;或是稍作处理,留待以后再从容处理的方法。这种方法多用在学生与学生之间、学生与教师之间发生了争执对立,或课堂教学中个别学生发生了一些较严重的违纪事件时。

因为发生偶发事件后,学生多半头脑发热,情绪不稳,很难心平气和地接受教育,有时甚至会产生严重的逆反情绪,使局面难以收拾;而教师也容易心理失衡,缺乏充分的心理准备和冷静的分析,如果贸然进行"热处理",难免发生失误或难以取得最佳的教育效果。例如,一位教师上课时,刚走进教室就看见同座位的小王和小张在打架,你推我拉,互不相让。这位教师没有慌张,也没有大声训斥学生,而是微笑着说:"怎么啦,你们俩,都已经是高中生了,有了小矛盾还不会处理?双方冷静一下,相信你们能够自己解决的。好,我们开始上课。"随着教师的话语,同学们松了一口气,小王和小张也松开了手,不好意思地低下了头。一场"龙虎斗"平息了下来。这种方法既避免了事态的激化,又没有浪费教学时间,更主要的是让学生自己解决纠纷,体现了这位教师的现代教育意识。

因此,对待偶发事件,常用的办法就是冷处理。冷处理是从班主任和学生的心理状态的角度提出的,也是从提高教育效果的角度提出的。实施冷处理,并不是对事件不作处理,也不是拖拖拉拉不及时处理,而是尽量减少偶发事件的负面影响,争取调查了解的时间,等待最佳的教育时机,为全面、干净、彻底解决偶发事件,做好充分准备。

2. 幽默化解法

有些偶发事件,形成了一定的尴尬局面,但却不值得争个曲直长短,如果非追究下去不可的话,结果只能是越搞越糟。遇到这种情况,聪明的办法就是用幽默来进行化解。运用幽默,不仅是为调节情绪,缓解冲突,更主要的是,它本身就是教育的武器。幽默是智慧的表现,也许能将一场冲突消于无形,"谈笑间,樯橹灰飞烟灭"。一次上课的时候,老师用多媒体给同学们放科普录像,孩子们都在认真地看着。老师突然发现一个同学趴在桌子上,双手在抽屉里不停地玩着什么。走近一看,原来他在玩眼镜。老师有点恼了,可是反过来一想,老师这时批评,会伤害这位同学的自尊心。于是老师弯下腰,掏了一块手帕递给他,说:"怎么了?看不清,把眼镜擦一擦,就好了。"孩子的脸红了,用手帕擦了眼镜,认真地看起录像来。

像这样的处理,寓教于笑,妙趣横生,学生感受到的只会是春风拂面,只会是诙谐和机智,从而发出会心的一笑,投入到正常的学习中去。

3. 以变应变法

当课堂教学超出原来的设想,突然出现意料不到的情况,且影响到正常的教学时,教师可以采取以变应变的方式。例如,著名特级教师于漪老师上课时,几只蝴蝶飞进了教室,吸引了同学们的注意力。于漪老师是这样处理的:她首先让学生把蝴蝶赶走,然后让学生以蝴蝶飞进教室为题打一词牌名,同学们苦思冥想不得其解时,于漪老师给出了答案:"'蝶恋花'啊,因为你们都是祖国的花朵!"在同学们会意的笑声中,于漪老师又开始了她的讲课。

4. 借题发挥法

把课堂教学中的偶发事件巧妙地融进自己的教学中,利用课堂教学中出现的意外情况,借题发挥大做"文章"。一位政治特级教师也碰到过麻雀飞进教室的情况,他借"不速之客"麻雀的出现,给大家讲了一个"麻雀的冤案"的故事:"20世纪五六十年代,我国曾经把麻雀与苍蝇、蚊子一起列入害虫名单,在全国开展消灭麻雀的运动,理由是麻雀偷吃掉大量的粮食。但事后的实践表明,麻雀蒙受了冤屈,因为麻雀对人类的益处远远大于它对人类的危害。"之后,他又以此为题,让学生运用所学的哲学道理加以分析。同学们反应热烈,兴趣十足。有的从矛盾主次方面的角度,说明麻雀对人类有利有弊,但利大于弊,看问题应抓住本质和主流;有的运用普遍联系的原理,分析消灭麻雀会破坏生态平衡;还有的从认识发展的角度,说明人类对麻雀的认识经历了一个不断深化的过程……这样,这位教师巧妙地借麻雀的出现,引导学生复习巩固了所学知识。

5. 因势利导法

所谓"势",是指事情发展所表现出来的趋向。处理偶发事件时,要注意发现和挖掘事件本身所表现出来的积极意义,然后或顺势把学生引向正路,或逆势把学生拉向正轨。曾有学生在粉笔盒里放了一条冬眠的蛇,希望给新接班的女教师一个下马威。但那位教师巧妙地运用了这种方法,将消极因素转化成了积极因素。她待同学们安静下来后,带着余悸平缓地说:"据说每位接我们班的新老师,都收到一份大家赠送的特殊礼物,王老师的灰老鼠、郑老师的大王蜂……而我呢,你们送了一条水蛇。"她微微笑了笑,指着那条蛇说:"我是第一次这么近看到蛇,刚才还摸到它,着实吓了一跳。不过我觉得捕捉这条蛇的同学挺勇敢,至少有一定的捕蛇经验……我相信,凭他们的能力,不仅仅能做到勇敢,还应该做出点其他什么,老师相信你们。"那几个调皮的学生原本等着看"戏"挨训,却没料到老师还表扬了自己,那可是非常难得的,可不知为什么他们就是高兴不起来,只是呆呆地听老师讲有关蛇的知识……第二天早晨,这位教师又踩着铃声走进教室,一股清香扑鼻而来,她惊喜地看到,讲台上的粉笔盒里插着一束野菊花,教室里鸦雀无声……从此,这个班变了。

6. 爱心感化法

偶发事件经常发生在一些"学困生"身上,他们自尊心强,同时自卑心理也较重,他们十分渴望得到教师的信任和尊重,即使有了差错,也希望得到谅解。作为

教师,应坚信每个学生都是可以教育好的。在处理偶发事件时,注意把严肃、善意的批评与信任、鼓励结合起来,把"尽量多的要求"与"尽可能多的尊重"结合起来,切不可感情用事,用训斥甚至是体罚或变相体罚等方法简单粗暴地处理,以免激起师生之间的矛盾,造成师生之间对立情绪的扩大。这正如苏霍姆林斯基所说:"教育,这首先是关怀备至地、深思熟虑地、小心翼翼地触及年轻的心灵。在这里,谁更有细致和耐心,谁就能获得成功。"

7. 巧妙暗示法

多用在那些上课注意力不集中、思想开小差的学生身上。当偶发事件发生时,教师可视情况用语言、眼神、手势等作暗示。如果暗示不起作用,教师可换用个别提醒法,可以边讲课边走到该生身边,或亲切地摸摸他的头,或轻轻地敲敲他的书本和课桌。如果以上两种方法都不见效,还可以尝试重点提问法,通过个别提问,强迫学生把注意力转移过来。如发现有学生打瞌睡,教师随即说了句:"春风吹得书生醉,莫把课堂当睡堂。"同学们一笑,那位同学睡意全无。再如对个别开小差的学生,可提醒道:"唯物辩证法告诉我们,任何事物都是一分为二的,但唯有一心不可二用,上课时一定要集中精力。"

8. 停顿休整法

当学生精神疲劳,无法集中精力学习时,教师可暂时停下来,让学生闭目养神休息几分钟,或做做小游戏,或唱上一支歌,或讲个幽默风趣的小故事……待学生精力恢复,注意力集中时,再讲课,效率会大大提高。

在课堂上,只要教师能根据不同的情况,因势利导,采取相应的应变方法,就一定能够处理好各类偶发事件,取得良好的教学效果。

第三节 小学班级管理中偶发事件的应对

班级出现种种"偶发事件",有偶然性,也有一定的必然性。班主任只有站在学生心灵成长与心智发展的高度,来查验一个个"偶发事件"背后的诱因与心理"构件",在理解与尊重的前提下,运用艺术化的方式来合理解决才能化"险"为"夷",变"弊"为"利",将突发的矛盾甚至是充满"火药味"的对峙衍化为促进心灵成长与进步的教育平台。

一、日常管理中偶发事件的应对

教育活动是活生生的,有时常常会碰到一些"干扰"正常教育进程的偶发事件,这需要教师具备优秀的教育机智和良好的应变能力,具备精湛的教学艺术和强烈的创新精神,变不利为有利,化被动为主动,将偶发事件融入教学活动中来,化解成为新的教育契机,让教育更生动、更精彩,虽"偶发"而"自然"。即便是那些恶性的、消极的偶发事件,只要教师冷静沉着、善于引导,同样可以成为教育的新亮点。巧妙、艺术地处理偶发事件,反映了教师的教育创新,这也是新课改对教师提出的挑战与要求。

 案例 8-4

讲台上的洞

一天上课,李老师刚进教室,就惊讶地发现刚换来两天的讲台被砸了个小窟窿。"弄坏新讲台居然没人吱声",看在眼里,气在心里,他暗暗发誓一定要挖出这个"毒瘤",但又觉得不能操之过急。短暂的犹豫之后,开始若无其事地讲课……下课铃一响,他满脸微笑地转身离去,好像什么事也没有发生似的。常言道:欲速则不达。班集体犹如人的肌体,有些"小恙",也经常不治自愈。事情虽然过去两天了,李老师仍然心平气和,可班里却有些异样,几个班干部也有些忙忙碌碌。直到第三天上午,当他走进教室的时候,随意地用眼睛瞥了一下那个小窟窿——啊,讲台已经完好如初了。这时的他,脸上虽然是严肃的,可心里却是微笑的。就在李老师上完课要离开教室的时候,班里平时很守纪的小聪跟了过来:"老师,是我不小心把讲台打烂的。"他的声音小得几乎让老师听不见,"我……我本来不想让你知道,可是……"老师什么也没说,一边用宽容的态度倾听着他的自我悔悟,一边拍着他的肩膀往办公室走去……

孩子的心就像是玻璃做的,一旦不小心打碎了它,是很难修复的。处理这样的突发事件应十分小心,不要动不动就把孩子的某些过失暴露无遗,可采取欲擒故纵的方法,即将事情暂时放在一边不予理睬,让孩子自我反省,知错改错,这既是道德的规范,也是我们教育的目的。

——摘自甘肃省陇南市万名教师培训《课程理念与实践》作业

二、师生冲突的应对

师生关系蕴涵着权力运作,现代权力具有的关系性、网络化、非中心等特征在师生权力互动中明显存在,既与传统权力形成矛盾,又因规训权力的泛滥成为师生冲突的诱因。① 虽然师生冲突行为属于师生内部矛盾,但如果得不到妥善处理,将会造成不必要的伤害,甚至影响社会稳定。

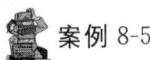
案例 8-5

> **咆哮的小成**
>
> 学生小成平时经常迟到,并且不交作业。属于虚心接受,坚决不改型学生。上学期接近期末时,该生连续迟到数日,有一天甚至出现了不穿校服的现象。放学后,班主任王老师把他留了下来。他先是闪烁其词,而后突然两眼充满泪水,歇斯底里地大声咆哮:"你们就问吧!问吧!我出车祸被人撞死了也不会有人管我的!"
>
> 被学生这一吼,老师忽然一愣,难道我错了吗?回想自己并没有任何不适当的言辞,老师马上又恢复了镇定,暂停了说话,让他坐下,冷静一会。
>
> 小成是特困生,父母离异,今天情绪这么反常,王老师决定联系一下他的母亲。他母亲告诉我,最近小成看到广告,可以免费培训日语,帮助获得去日留学的机会。在没有和母亲商量的情况下,他逐个地去了舅舅家,声泪俱下地分析自身家庭的不幸和自己立志好好学习,竟然说服舅舅,如果通过考试,就资助他去日本学习。所以,这段时间,小成可能一直沉浸在去日留学的梦想中,放松了在校的行为常规。至于歇斯底里的吼叫,小成母亲说已经有过好几次了。
>
> 听了小成母亲的话,王老师首先和母亲针对小成的情况进行了分析,希望家长在鼓励孩子的同时,不能放松现在在读学校的各项纪律。家长表示支持老师的观点,并会对孩子进行教育。挂了电话,小成的情绪恢复得差不多了,也不想再激情上演什么节目了,老师开始和他聊起来。虽然不太看好学生的出国梦,但是,王老师首先还是肯定了他的这种美好愿望和为之进行的付出。然后强调了他是在读学生,梦想实现前还是要严格遵守在读学校的规章制度……学

---

① 田国秀.师生冲突:基于福柯的微观权力视角的分析[J].比较教育研究,2007(8):18.

生表示理解、同意老师的观点。聊完已经将近6点了,学生嘟囔着说:今天家里没有剩饭,身上又没钱,得饿肚子了。于是王老师拉着他解决了眼前的这顿晚餐。

这件事后,小成在校的表现进步了很多,特别是迟到和校服问题几乎没有再发生。

[反思]事件中,学生的情绪前后变化很快、很大。从最后的处理结果来看,这些情绪变化可能是学生掩饰错误,引起教师错觉的一种方法。这类学生的家庭养育通常有问题,学生可能习惯于用此类错误的方法蒙混已犯的错误。在处理此类事件的过程中,教师首先要调整好自己的心态,注意自己的言辞;然后通盘了解根本原因所在;最后,教师要秉着特有的耐心和爱心,让学生既了解到自己的症结所在,又感受到老师对他的关心。这样,教师才能慢慢将学生导入到正确面对错误、积极改正错误的正途上去。

——摘自甘肃省陇南市万名教师培训《课程理念与实践》作业

三、学生自身偶发事件的处理

对学生而言,班级即是一个儿童社会,"是社会影响学生个人和个人进入社会的重要通道之一"。在这样一个"微型社会"里,各"社会成员"身上所具有的个体差异性必然会产生这样那样的矛盾。和现实社会一样,班级也是各种矛盾的对立统一体。有时,个体与个体之间的矛盾会趋于缓和,有时,这种矛盾又会激化,以一些偶发事件的形式出现。小学生心智尚未发育完全,自我意识尚未成熟,所以,在他们的成长过程中,经常会出现偶发事件。

案例 8-6

小龙的头发

学生小龙平时在校表现不错,只是在头发问题上总是较难沟通。有一天,学生的头发明显呈现出微微的波浪形,张老师让他回去整改。双休过去了,学生的头发没有改变。按照要求,张老师让其立刻回去整改,并通知了学生母亲。

没想到,下午快放学时,学生和他的姨妈来到了学校。学生的头发没有任何变化,他的姨妈怒气冲冲,指责老师不该让其回去整改,整改的时间按旷课处理对学生太过严厉,并说学生的头发是家长允许的,孩子长大了,稍微做个头,

又不是很明显,这是定型不是烫发染发,有什么不可以。

老师首先肯定了家长对学校纪律处理的重视,有如此重视学校纪律的家长,孩子也会因此特别理解纪律的严肃性。然后解释了中学生日常行为规范对中学生仪表的要求,不论是定型还是烫发染发,性质都是一样的。这会在一定程度上干扰学生正常的学习生活。

最后,针对家长的情绪,张老师也做了让步,可以考虑是否取消旷课纪律处理,但前提是学生必须在家长陪同下在规定时间内整改好头发。

处理完毕后,学生家长和学生满意地离开。学生也如期整改好头发。

[反思]心理学研究表明,外界的教育作用,在人们情绪激动时,常表现为零效应,甚至产生负效应。发生了突发事件,学生犯了错误,家长情绪激动时,班主任不可急于批评,而是有意"拖延",耐心"等待",以退为进,有时会收到意想不到的好效果。

事件中,如果教师和家长顶牛,各执一词,"战争"只会爆发得更猛烈。因此,要处理好双方的矛盾,必须首先平息对方的怒火,待对方平静下来后,抓紧了解事件发生的经过,抓住主要矛盾,寻求解决问题的突破口。最后,指出解决问题应当寻求的正确途径和方法。这样,便可使对方的认识得到提高,问题得到圆满解决。

——摘自甘肃省陇南市万名教师培训《课程理念与实践》作业

四、学生意外伤害事故的应对

小学班级工作千头万绪,教育目标、内容的多样性,学生身心特征的复杂性,教育过程中的生成性,都决定了班级工作不可能都按照事先设定的程序运行,肯定会遇到许许多多的偶发事件。在班级管理中,学生伤害事故的预防与处理问题总是处于最焦点的位置,它是学校得以和谐发展、学生得以健康成长的关键。在遇到班级意外伤害事件时,班主任应该冷静沉着、因势利导、重在教育学生而不是借机批评。

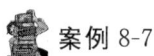

学生的战斗

一天下午体育课,上课不久,有学生到办公室向我汇报,说教室内有两名同学在打架,打得很凶,有一个甚至耳朵被打出了血。我闻讯赶到教室,只见郑××与张××正气势汹汹地对峙着,若不是周围几名同学拉着,"大战"仍不会停息。周围的"战场"一片"狼藉":几张课桌歪歪斜斜,几个书包被丢在地上,里面的书撒满一地。见此情景,我不由火冒三丈,但还是决定"冷处理"。叫走其他几个同学,我吩咐两人并排坐在我面前,足足有五分钟,我看着他们,一句话也没说。郑××先还显得激动未平,后来见我这番情景,马上平静下来,和张××一起疑惑地看着我。见已经"冷"得差不多了,我就让两人说说情况,但不能说"他对我怎么怎么样了",必须说"我对他怎么怎么样了"。于是两人便吞吞吐吐地说自己在"战斗"中的表现,说着说着,两个人便低下了头。紧接着,我从"一个巴掌拍不响"开始,联系刚学过的《跳水》一课对他们进行了一番教育,说得他们心服口服。最后,他们握手言欢,并相互为对方收拾起书包和课桌。这件事我没有在班内当众批评,也没有向双方的家长通报,但从这几个月反馈的情况来看,两名同学再也没有相互或与他人发生过争执。

[反思]四年级的学生实际上已经有了一定的自我评价能力,能够用道德准则评价自我和他人的行为。因为自我监控能力不强,所以会产生过激行为。偶发事件中,有不少正处于"鼎沸"的热点,班主任稍有不慎就会"火上浇油"。以这件事为例,在当时相互对峙的情况下,如果班主任直接介入,当众大声呵斥这两名同学,或不分青红皂白直接请学生家长到校配合教育,会极大伤害学生的自尊心。而自我意识的培养最重要的就是对学生自尊心的培养和呵护。假如在学生自我意识萌生之初被重伤了自尊心,可能导致的直接后果就是逐步产生逆反心理。所以,将"热点"事件冷一冷,人工降温,再顺势让学生进行自我评价与反思,晓之以理,动之以情,既能有效化解"危机",又能增强学生的自我认识、自我监控能力。在一个星期后的家长会上郑××与张××的家长分别找我谈了这件事,都说学生当天回家就主动向他们讲了事情的经过,并向家长承认了错误。

——摘自甘肃省陇南市万名教师培训《课程理念与实践》作业

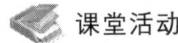 课堂活动

我是小小班主任

现在假设学生新接任一个班的班主任,请学生阅读案例来设计一个处理方案。(采用小组合作模式)

1. 活动方案参考案例：

咆哮的小成

课堂上的手机声

学生的战斗

2. 处理方案主要围绕以下几个方面设计：

事件背景

处理程序

学生反馈

总结与启示

3. 交流

各小组汇报处理方案,同学点评,教师做总结。

【实践活动】

1. 参加一次当地小学的班会活动,要求学生写观后感,要求写出学生自己的思考与收获。

2. 浏览"中国班主任网（《班主任》杂志官方网站）"（http://www.banzhuren.com/）。

【读书指导】

1. 张永明.课程理念与实践[M].北京:北京大学出版社,2013.

2. 李学农.班级管理[M].第2版.北京:高等教育出版社,2010.

3. 古人伏,等.小学班队工作:原理与实践[M].第2版.上海:华东师范大学出版社,2010.

4. [美]埃弗森,[美]埃默,[美]沃瑟姆.有效地管理你的课堂——小学教师的课堂管理[M].第七版.吴慧燕,王敏婕,译.北京:中国轻工业出版社,2006.

第九章

小学班级管理过程中学校与家庭、社区的合作
——班主任工作精彩、轻松、有效的秘诀

内容提要

加强学校与家庭、社区的教育合作可以促进学校教育、家庭教育、社区教育的有机结合,从而发挥出三方在儿童教育上的最大合力。本章分别论述了学校与家庭、社区合作的意义、原则、方式。旨在有效指导学生全面了解学校和家庭、社区进行合作的具体方式方法。

学习目标

1. 识记"社区""社区教育"的概念,了解社区教育的产生及其未来发展的趋势。
2. 理解学校与家庭、社区合作的意义和原则。
3. 掌握学校与家庭、社区进行有效合作的方式方法。

教育写真

学校家庭社区"无缝对接"
——京口未成年人教育"三位一体"[①]

每天下午放学后,家住京口区四牌楼街道江滨新村第一社区的孩子们,总是喜欢奔向社区开办的"滨江校外校",与小伙伴们一同玩耍、学习,校外校的志愿者大姐姐、大哥哥们还给他们讲故事、辅导功课。这是京口区整合各方资源,实现学校、

---

① 钟程发.学校家庭社区"无缝对接"——京口未成年人教育"三位一体"[N]镇江日报,2008-11-26(3).

家庭、社区三者"无缝对接"的举措之一。

今年以来,这个区营造全社会关心未成年人健康成长的良好环境,以社区为桥梁纽带,以各种形式的"校外假日课堂"为载体,使广大青少年离校不离家、离校不离管,时时有关爱,处处有指导,使未成年人更好地接受科学知识、社会知识教育,践行道德礼仪。

京口区通过建设、撤并、共建等多种形式,加大投入,先后建成社区图书馆、京口文化馆、康盛折子戏剧场等文化设施,并且整合社会资源,建立镇江博物馆、梦溪园、宗泽墓、瑞京农业科技示范园等十大青少年思想道德教育实践基地,满足青少年体验教育和道德教育需求。目前,每个社区挂钩建立的校外教育基地和实践活动基地都在十个以上。

各社区通过建立组织网络、建立信息反馈卡和对接制度等,使学校的思想道德教育在时间上保持了连续性,在空间上得到了拓展和延伸;并且通过举办家长学校、建立家庭教育服务指导中心、建立家庭教育咨询站等,与家长联手互动,对家庭教育起到了组织、引导和推动作用。目前,各社区创新设立了各式校外教育辅导站、校外假日课堂等,既充分利用了辖区资源,又彰显社区的优势和特色。

各社区聘请和组织了 980 名"五老",针对全区 480 多户特殊群体的青少年家庭,进行"结对双帮"。同时通过开展法制教育、心理疏导、"三位一体"联手矫正等措施,对有不良行为的青少年进行帮教。目前,这个区直接参与关心下一代工作的"五老"已达 7300 多人,每个社区的"五老"队伍和志愿者都在 150 名以上。

法国的孟德斯鸠曾说:"我们接受三种教育:一种来自父母,一种来自教师,另一种来自社会。"当今世界各国已普遍认识到,青少年儿童的教育仅靠学校单方面的力量是难以完成的,尤其是家庭的通力合作,二者合作的好坏直接影响着教育目的能否实现,同时还需要社会的鼎力协助。

第一节　学校与家庭的合作

 资料贴吧

> 儿童只有在这样的条件下才能实现和谐的全面发展,就是两个"教育者"——学校和家庭,不仅要一致行动,要向儿童提出同样的要求,而且要志同道合,抱着一致的信念,始终从同样的原则出发,无论在教育的目的、过程还是手段上,都不能发生分歧。
>
> ——苏霍姆林斯基

一、学校与家庭合作的意义

(一) 有利于协调家校双方教育力量,产生合力

家校合作可避免家庭教育与学校教育的相互削弱与抵消,这一点是显而易见的。家校一致可防止社会不良现象对学生的侵害,避免给不良影响以可乘之机,使学校教育发挥出最大效能。当学生感觉到教师和家长在为自己的进步而协同努力时,他们会因这种关注而受到极大鼓舞,产生向上的动力。一般而言,凡是在家庭中受到不良影响的孩子,往往就是学校中最难教育的学生,而在学校里表现欠佳的学生,一旦其家长参与转化工作,往往进步显著。

学校尽管是一种专门性的教育机构,它可以对影响学生成长的校内环境进行有效控制,但它很难对校外环境进行有效控制。由于中小学生有相当一部分时间是在家中度过的,这段时间若没有良好的家庭环境控制,学校教育的效果就得不到呼应或强化。

(二) 有利于促进学生健康、和谐的发展

家校合作的初衷与最终目标便是学生,一切教育的策略研究都是为了学生成为最终受益人而服务。现代社会中,学生享有的权利不仅包括家庭教育的权利,也包括对公共教育中是否实现教育公平和对儿童最大利益保护的监督权。家校合

作,使家长可以通过家长委员会或其他相关组织机构行使对学校教育的监督权,最大限度地保障学生的权利,使学校可以通过家长学校、家长共建机构等对学生的教育实现效能最大化。这样,家校合作将更有助于增进孩子的综合成长,使学生身心愉悦地投入到生活中来,心智得到长远发展。

(三) 有利于实现学校对家庭教育的引导与提升

家庭教育更侧重于血缘关系的亲情教育,无可避免地是感性大于理性的。"慈爱冲动"出现时,教育的偏差便随之而来,甚至成为学生长远进步的阻力。而学校作为专门的教育机构,可以从学生的年龄、生理、心理特点,在学生的教育理念与方法上对家长进行专业、有效的信息共享和指引。因此,家校合作能够实现学校对家庭教育的引导与提升,从而提高家长的教育水平和素养,与学校教育达成共识,为学生的整体发展打下坚实的基础。

(四) 有利于增强家庭对学校教育的管理与共建

首先,学生最初的启蒙教育便来源于家庭,他们更能从亲情的角度了解学生的真实想法,缺少家庭对学校教育的管理,不利于学校从综合的角度宏观衡量教育现状及隐性问题,从而滞缓对学生的教育教学的发展。第二,家长来自于社会的各个行业,更可以成为丰厚的教育资源。学校教育对家长资源的开发与利用尚未得到重视。家校合作可以使家庭作为独立的参与体走进学校的工作来,从被动的参与者到行使权利的决策主体,意识与行动的质变转化会使家庭对学校教育的管理与共建得到增强。

(五) 有利于迈向学习化社会

联合国教科文组织早在20世纪70年代发表的《学会生存》报告中就提出了终身教育和学习社会的概念。家校合作正是促成学习社会化、教育社会化的一个重要方面。在现今这个时代,受教育不再是人生特定年龄阶段的事情,也不再仅限学校的事情。社会本身正逐渐演变成一个大学校,每个人都能在他需要的时候,随时随地得到合适的教育机会,学习成为每个人的生活需要,或成为每个人基本的生活方式。每个人既是教育者,同时又是受教育者。

家校合作是一个家庭与学校相互学习、相互教育的过程。家校合作对于家长是一个受教育的过程。在家校合作中,家长不仅可以向教师学习,也可向其他家长学习,并与他们交流、分享教子女的经验。家校合作对于教育者也是一个受教育的过程。由于家长们的职业、经历和社会背景各不相同,他们可向学校提供大量的信息,教育者可以从中学到许多他们所不知道的东西,并分享家长的独特经验,甚至可以帮助教师反思自己的教育经验。

 资料贴吧

家庭是学生成长的第一个环境,家庭环境对孩子的成长产生直接的影响。家庭对人各个阶段的发展都有着或大或小的影响,影响最大的时期是童年时期,并且这种影响将持续人的一生。所以,家庭教育是儿童社会化的重要途径,在家庭中,由于家长和子女之间的特殊关系,父母的言谈、举止、态度都对儿童产生潜移默化的影响。社会的规范、价值标准通过父母这一中介作用到儿童身上,儿童接受并加以内化的社会规范、价值标准,在很大程度上取决于父母。特别是父母对孩子的教养方式、对子女的期望,以及家庭环境(家庭结构、经济状况、成员之间的关系、生活方式)等,都对学生产生重要的影响。

表 9-1 父母亲的养育态度和儿童性格之间的关系[①]

父母亲的态度	儿童性格
支配型的	消极、顺从、依赖性、缺乏独立性
溺爱的	任性、骄傲、利己主义、缺乏独立精神、情绪不稳定
过于保护的	缺乏社会性、依赖、被动、胆怯、深思、沉默
过于严厉的(经常打骂)	顽固、冷酷、独立;或者怯懦、盲从、不实、缺乏自信心和自尊心
忽视的	嫉妒、情绪不安、创造力差甚至有厌世轻生情绪
民主的	独立、直爽、协作、亲切、机灵、安全、快乐、坚持、大胆、有毅力和创造精神
父母意见有分歧的	易生气、警惕性高,或有两面讨好、投机取巧、说谎的习惯

---

① 李山川.小学儿童教育心理学[M].合肥:中国科学技术大学出版社,1995:102.

二、学校与家庭合作的原则

(一) 尊重与平等的原则

尊重与平等是基于真正对人尊严的认可和维护的信念,是家校合作沟通的重要前提和保障。对部分小学生家长而言,在参与学校管理时,受个人职业、家庭收入、文化程度、传统观念等背景条件的限制,缺乏相关经验,自信心不足。因此,这就更需要学校的行政人员与教师群体用平等、尊重的眼光看待家长,真正把他们看做是推动学校发展、促进学生成长的一份子,尊重他们在参与过程中的意见和建议。具体而言,"平等尊重"首先是话语权平等,即家校双方在有关学校管理的各项事务上都有平等发言的权利。第二,学生为本。当家校之间发生意见分歧时,在尊重双方意见的基础上,要本着以学生为本的原则,立足于最大限度地促进学生发展,实现最大限度上的公正和彼此尊重。家校合作只有通过尊重与平等的沟通交流,才能够使家庭教育与学校教育站在同一个平面上相互理解与配合,在深入的探索合作中达成共识并采取有效策略,以便实现共同的教育目标。

(二) 责任与权利的原则

家长与学校在合作中,双方应当共同担当责任并享有应有的权利。在英国,父母把孩子送进学校,就会与校方签订一份具有法律效力的合同,包括学校对家长做出的承诺及家长和学生对学校做出的承诺两部分。在中国香港,1999年教育署就鼓励各校自行制定《家校合作宣言》,明确规定家长、教师、学生的责任及各自要承担的义务。共同担当责任,会使家长与学校共同面对学生的教育问题,担负起各自对于学生不可推卸的责任,使得家庭教育与学校教育的优势发挥出来,进行有效地协调配合。分享权利,会使合作中的家长与学校均体现出教育的主体性,共同享有教育权利,保障双方彼此的教育权益。这样保证了家庭与学校合作的积极主动性,避免合作的消极情绪产生,是防止教育合力削减的重要原则。

(三) 沟通与互动的原则

沟通是人类社会交往的基本行为。家庭和学校为了实现共同的教育目标,必须通过沟通与互动,进行信息的传递与思想的交流。例如,通过定期填写家校沟通卡、开通手机"家校通"业务、建立家校网络平台等方式丰富家校沟通的途径,家校的积极互动使家校双方能够随时了解对方在学生的教育上存在的问题和困惑,并通过双方的合作提出解决的方法,这样更有助于教育效能的提升。遵循沟通与互

第九章 小学班级管理过程中学校与家庭、社区的合作

动的原则,能够让家庭与学校得到彼此的真实想法与意愿,避免无谓的猜忌、误解,及时的沟通互动更能促进双方在教育过程中的参与热情,从而采取策略,提高两者教育力量的作用。

(四) 互助与兼容的原则

不同的知识结构、社会层次等因素都会影响一个人对事物的理解与处理问题的方式,所以家庭与学校合作时应当采取互助兼容的原则。家长可以根据自身的资源优势,按照个体的特长及能力酌情参与到学校的共建活动中来。具有专业知识的家长可以对学生进行专业知识的日常简单培训;具有社会实践技能的家长可以对学生进行教辅活动的参与等。通过这样的方式,家长们不仅能发挥特长,而且更有效地参与到学校的管理活动当中来。这既是对学校资源的开发,更提高了学校的管理效能。同时,学校也可以根据教育的专业性,对家长进行资源的共享和供给(如家长成功教育培训、定期开展家校论坛等)。这些都能缩短家校距离,帮助家长走出教育的误区。家校合作的每一方,都本着站在对方的角度考虑事情,能够以兼容的态度面对双方事务,那么家校合作便会化解更多不必要的矛盾,沟通会更亲和、更顺畅,合作会更和谐、更有实效性,教育合力会更强。

三、学校与家庭合作的方式

(一) 构建良好的家校合作氛围

营造家校合作的文化氛围,可以使学校、家长、学生在潜意识中产生积极的熏陶作用,让合作的意识、团队的精神渗透到彼此的教育关系中来,消除人际间的心理防备与抵触,让三方在家校合作的氛围中拥有参与的认同感和归属感。学校的态度是欢迎家长积极主动参与到学校的活动中来,还是认为家长过于干涉了学校的教育管理,或者认为学校和家长应当各司其职,各尽其责呢?积极的做法应该是学校教职员工主动积极地接纳家长为合作伙伴,学校能够尽其所能让家长真正参与到学校的事务合作中,从而建立一种良好的家校合作氛围。

家长如果有空,想来学校了解孩子一天的学习,可以随时提出要求,只要提前几天预约,可以根据自己的意愿决定听几节课或全程参与一天的活动。对于大多数家长来说,总是习惯于学校发出邀请才来听课,能主动预约听课需要建立在家长已非常主动参与学校工作的基础之上。许多家长也往往会有一些顾虑,想到这样做会不会留下一个不信任老师的坏印象。因此,可以把这项工作交给班级的家长委员会,由他们提出。同时做好教师的思想工作,消除他们的误解。这样做,可以

弥补一些家长因不能参加一学期一次的家长开放日活动的遗憾,又让家长感受到自己的权利得到尊重。家长们通过一天的全程参与,对自己的孩子会有一个更全面的了解,从老师的教学中学习一些有效的教育方法,感受教师工作的辛苦,从而更体谅老师。

（二）成立家长组织

成立家长组织是非常有效的发挥家长作用的工作方式,其职责是协调班主任与家长的关系,沟通学校和家庭的联系,监督学校教育工作,为学校和班级的工作提出要求、提供帮助,协助班级做好有关工作。

首先,学校可以建立一个"家长资源中心",欢迎家长参与学校活动。学校可提供房间,供家长们作为活动场所。屋内的设施如沙发、桌子、水瓶、公告牌,可由家长集资购买。班主任可以在班级建立"家长角",将当天作业情况、班级活动情况、给家长的通知放置其中,让家长可以在适当的时间到该班级了解学生情况。家长还可在家长中心和教师进行短暂的会谈,与孩子交流情况等。

其次,推选"家长代言人"。可以年级为单位,由家长自愿报名,通过民主选举的方式,由学校和家长们共同在报名家长中选出一定数量的家长,来直接参与家校沟通与合作。"家长代言人"行使的权利和义务主要有以下几点。

(1) 让"代言人"代表广大家长,成为学校教育决策的参与者。家长参与学校决策的全过程,即决策形成、决策执行和决策监督。美国学者赫钦斯认为,家长有参与决策的理论基础。首先,人们对没有参与制定的决策,在执行过程中缺乏责任感;其次,整理信息、决策及推行的过程本身,就具有教育意义。家长、学校相互学习,有益于改进管理技能;再次,家长最了解孩子所处的家庭环境,也最了解孩子的个人情况。因此,参与到孩子的教育过程的规划是极其必要的。如此可把低层次的合作,逐步演变为高层次的合作形式。

(2) 学生或家长有意见和建议又不便直接与学校对话时,可向"家长代言人"反映,由"代言人"直接与学校对话。

(3) "家长代言人"负责收集、提供家长们的教育资源信息,协助并督促学校办学的进一步规范化。

(4) "家长代言人"向学校反映情况的方式,可以有多种,如可以打电话,可以填写手上持有的对学校意见表、建议卡。放入校长、教师信箱,也可以直接上门对话等。

(5) "家长代言人"可组织学校活动的自愿参与者,自愿为学校提供无偿服务。

这类家校合作的方式主要有辅助班主任、家长报告会、课外辅导,以及参加不与学生直接打交道的工作,如在图书室、负责家长室的工作、设计或整理课堂资料和学习游戏等。显然,这种类型的参与,已经渗透到学校日常的教育活动甚至课堂教学之中。自愿参与者也不仅仅限于学生的家长,还可以是其他一些与学校家庭没有联系,却具有教育意义的典型人物。以这种角色身份参与的家长,关注的不仅仅只是自己孩子的教育,而且学校的整体教育也成了他考虑的一部分。但是,以这种身份进行的参与活动,对学校和家庭都有较高的要求。家长须有较高的文化素质和修养,甚至在某方面具有一定专长,要有积极的参与欲望,教师或其他专职人员须有较强的组织才能和合作技能。

(三)家长会

家长会是传统的家校合作方式。传统的家长会,通常会在学期末进行,以班级为单位,由教师介绍班级学生一学期以来的表现、成绩等。一般单向交流多,双方共同交流少。理论上说,家长会不仅仅是向家长通报学习成绩这一项,还应当将学校、班级开展的一些活动,教师的教育情况都向家长说明,让家长对自己的孩子在校表现有全方位的了解。具体可以从以下这些方面考虑。

(1)近期班级情况概述。一般家长来学校,比较关心学校的事情,每次开家长会时,都会看到家长在走廊里看学生展板或翻看自己孩子的书桌等,寻找一些信息。所以,班主任应把学校和班级近期的基本情况作一个概略的介绍,以便使学生家长了解学生情况,了解孩子所在学校和班级的基本安排,为开好家长会做一个铺垫。

(2)家长之间的交流与学习。一个优秀学生的背后,常常有着优秀的家长。在家长会上,可让优秀学生的家长谈一下自己的教育方法等,可以起到良好的带动作用。也可以专门抽出时间,让家长们互相交流思想与体会,或者针对某个热点,如就学生在什么时候可以玩电脑、青春期异性交往等问题展开讨论。

(3)通过家长会向家长了解孩子在校外的信息。家长会一般都是家长向老师了解孩子的表现。其实,家长会也是班主任通过家长进一步了解学生情况的一个重要途径。例如发放家长问卷调查表,是教师向学生家长了解孩子情况的常见方法。发放家长问卷调查表,主要目的是更好地增强家校之间的了解,内容涉及学生在家的表现以及与家庭其他成员间的交流等。还可以让家长对孩子留言,对班主任提出一些建议和要求,等等。通过这样的调查,不仅可以从中了解到一些未能了解的情况,还能体现出教师对学生家长的尊重与理解,增强师生和家长之间的沟通。

(4) 家长会的形式可以更灵活多样。家长会可以大胆尝试让学生主持,可以开成圆桌会议,也可以开成由家长、教师、学生一起参加的联欢会等形式。

 **资料贴吧**

家长会大盘点[①]

吴永红

一、教师主角式家长会

教师主角式家长会不是教师唱独角戏,可由学生主持,班主任和任课教师汇报本班各方面情况。准备好学生平时的试卷和作业本,供家长翻看。这种传统形式的家长会要避免开成"告状会",只要精心准备,组织得当,效果也会很不错。

二、学生主角式家长会

学生主角式家长会是在班主任的指导下,从准备到召开全由学生负责,主持人由大家推荐,发言代表也由大家决定。从内容到形式集思广益,精心设计,往往可以达到意想不到的效果。比如,在一次家长会上,学生每人事先写好一封致家长的信,摆放在课桌上,家长来了之后第一件事就是拆开信看。看完之后,有的家长被感动得热泪盈眶,反省自己平时对自己孩子了解太少。这种形式的家长会既加强了孩子与家长的沟通,又锻炼了学生的组织能力。

三、家长主角式家长会

开好这种形式的家长会,前提是先要组建好班级家长委员会,由家长委员会负责组织和主持。一次家长会上家长委员会拟定了如下话题:怎样让温室中的孩子刻苦学习?如何关注孩子们的心理成长?如何帮孩子戒除网瘾?等等。家长们交流心得,各抒己见,甚至有家长主动提出为班级做点事。以家长为主角的家长会效果不言自明。

四、成果展示式家长会

要成功召开成果展示式家长会,需要教师,特别是班主任平时多开展以提高学生素质为目的的课外活动和班级竞赛评比活动,在丰富多彩的活动中注重积累学生活动的素材,并建立好学生的成长档案。家长会上,班主任首先向家长汇报本班素质教育的情况和取得的丰硕成果。然后家长自由观看学生展示

[①] 吴永红.家长会大盘点[J].班主任之友,2007(4):20-21.

第九章 小学班级管理过程中学校与家庭、社区的合作

的成果(学生成长档案、习作、书法、绘画、手工、摄影、手抄报、班级荣誉、学生荣誉等),家长和学生们自由交谈,共叙心得体会。成果展示式家长会,增强了家长的育人意识,增强了学生的自信心,也使教师、学生、家长之间的关系更加和谐。

五、专题讲座式家长会

针对家长对家庭教育的忽视或缺乏方法,班主任可组织家庭教育专题讲座形式的家长会,邀请心理学专家、家庭教育专家作报告。这种家长会的特点是报告主题明确,理论有权威性,具有明显的教育和导向作用,容易取得较好的效果。但是在组织这类家长会时,班主任要能了解家长的思想动态,选择家长最关心的问题和渴望解决的困惑;还要选择好主讲人,因为这类家长会的效果在很大程度上取决于主讲人的水平和影响力。

六、咨询答疑式家长会

家长对学校、班级、教师了解得越多,越利于他们配合学校和教师的工作。家长们有很多问题需要与学校和教师沟通,平时除了与班主任有交流机会,很难与学校领导及任课教师交流。针对这一问题,可召开以咨询答疑为主要形式的家长会,邀请任课教师、学生代表、学校领导或心理学和教育学的专家学者为答疑的人选,答疑人根据自身的经验、了解的情况和掌握的理论进行解答,帮助家长排除一些误解和困惑,可以增进家长对学校和教师的信任和理解。

七、亲子联谊式家长会

重大节日到了,班级组织形式新颖、娱乐性强的主题班会,邀请家长参加,就成了亲子联谊家长会。为开好家长会,学生各自准备了拿手节目,也动员家长作准备,形式有小品、合唱、独唱、诗歌朗诵、乐器演奏、舞蹈等,并穿插一些轻松活泼的游戏,一次别开生面的家长会就大功告成了。这种形式的家长会有助于增进家长和孩子的感情,也有助于增强班级的凝聚力。

八、座谈交流式家长会

这种形式的家长会,教师与家长都是主角,家长为班级管理献计,教师为家庭教育支招,家长之间交流教子经验,大家相互借鉴,取长补短,只为让班级管理上台阶,让孩子们健康成长。家长会前可以请几位素质较高、育子有方的家长做些准备,在家长会上作经验介绍,教师也可准备几个问题让大家讨论。

九、分类分层式家长会

班级学生根据成绩和行为可分为若干层级和类别,各层级和类别的学生都有共同的特性。优势层学生最受瞩目和关注,但往往对失败充满恐惧;边缘层最受孤立,他们处处感到低人一等,自卑感强,常以抵触情绪抗争;中间层最易被忽视,他们往往学习方法欠缺,学习动力不足。根据这些特点,可以考虑分类分层召开临时的小型家长会。这种家长会主题明确,目标具体,针对性强,作用明显。

十、网络媒体式家长会

有条件的学校可以利用网络媒体组织家长会。家长来校可以通过校内闭路电视系统听学校领导讲话,或观看家庭教育音像资料。家长在家也可以通过互联网与学校或教师进行网络互动。这种家长会,信息量大,反馈及时,操作方便,家长之间、家长与教师之间随时可以交流,不足之处是具有一定局限性。

(四)家庭访问

班主任的家访是学校工作的一个重要方面。通过与家长的联系,教师可以了解学生家庭的情况及其在家庭中的表现,有利于教师针对学生家庭环境的异同,因材施教地开展教育工作,不使学校教育与家庭教育脱轨。目前,在学校教育中,定期家访的教师已经很少,大部分教师都是打电话把家长请到学校来。教师家访其实是很受家长欢迎的,表明教师对该学生的重视与关怀,从情感上较电话联系更胜一筹。但是也有教师家访不受欢迎的现象。例如有的教师进行的是"告状式"家访,到了学生家里时,不分青红皂白地数落学生家长没有把学生工作做好,或是学生考试成绩太差,影响了班级的及格率,等等,最后双方也没有找出症结,达成共识。结果教师走后,家长一生气,学生遭打。从此,家长对于教师的家访便心存戒心,学生也产生抵触情绪。显然这种家访是达不到效果的。

所以,教师在家访时应该注意如下问题。

(1)班主任在家访前要认真准备。根据学生的特点和家长的情况,想好家访内容,确定家访目的。对家访学生的在校表现、各科学习、兴趣爱好、习惯、优缺点等,都要全面了解,以便家访时能信手拈来,提高家访的实效。对学习有困难、经济有困难的学生、单亲家庭或者是生病较严重的学生,家访前要准备得更加充分,可以买些食品、文具或是书籍,表明教师的爱心和关怀。

(2)班主任家访切忌形式化。首先,教师家访前,一定要先与家长预约,不做

第九章 小学班级管理过程中学校与家庭、社区的合作

"不速之客",以免使家长因教师的突然来访而不自在。其次,教师不要凳子还没有坐热就起身告辞。这样的家访不但达不到家访的目的,甚至还会造成不良的影响,使家长感到教师是应付差事、完成任务的。这不仅有损于教师的形象,更为重要的是不利于今后工作的开展。

(3) 分片访问。教师可在风和日丽、阳光灿烂的季节,对学生家长分片访问。首先,教师先做好分片访问计划,根据学生的家庭住址,按远近分片划分。再将约定的时间与地点告知家长。见面的地点,可以选择在学生家附近的街心公园或是其他安静的地方。在约定的时间里教师陪伴该学生一起回家,在约定的地点与家长一起交谈。这种谈话的气氛通常是非常轻松自然的,就像几个老友在聊天,谈论自己的家庭和子女,如此可以增强教师和家长之间的友好之情。

另外,校方可用物质奖励鼓励教师家访。现在很多教师不常去学生家家访,主要是因为日常工作繁忙,家访通常会占用教师的额外时间。教师也是正常人,也有自己的家庭生活,对于在休假时间还去学生家庭家访的教师,校方应当表扬,或为教师补偿休假日期,或补发加班工资以促进教师更好地开展家校合作工作。例如美国新泽西矿山学区委员会规定每周向教师提供两个课时的时间与家长联系。学校要允许教师在工作时间家访,业余时间电话访谈要给予教师一定的补贴。对于家长,社会也要给家长提供参与学校教育的时间,诸如北京市就曾规定"各单位要支持职工参加家庭教育的有关活动,并将所占工时计入公假"。这些均有待于在实践中日臻完善。

(五) 网络是家校沟通的另一重要渠道

近年来,随着信息产业的不断发展、网络的普及,计算机已经成为人们生活中不可缺少的一项工具。人们可以在网上浏览信息,依托网络开展交流,使网络变成联结家庭与学校的桥梁,可从根本上改变传统家校联系中普遍存在的学校向家庭单方传递信息的状况。而且在交流时间上也比较灵活,可以在双休日、晚上,随时保持联系。学校可以建立校园网站,班级可以建立班级网站,或是在 QQ 里面建立群聊等方式,向家长通报学校近期开展的各项活动,家长也可以向教师反馈学生校外的情况,互相交流,互相补充,并可以根据自己的需要有针对地搜集信息。还可以以班级为单位建立聊天角、讨论区,采用网上发帖子等方式,作为班级的交流平台,让学生也可以参与到教师与家长的交流当中。作为受教育者,学生也可以不受限制地参与讨论,促进师生、家长间换位思考。由于网络的虚拟性,学生往往也更乐于真实地表达从而使教育者更容易了解真实的信息。这种民主的交流氛围,更容易使学生体会到被尊重,更宜取得最佳教育效果。这种互动化的交流,既克服了传统单向交流的弊端,也因为符合家长的实际需求,所以必将受到家长的欢迎。

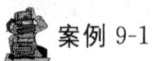
案例 9-1

旧金山学区的家校合作[①]

旧金山学区的负责人格温·陈(Gwen Chan)认为,家长、监护人与学校的合作不仅仅是支持学生的学习,还要参与到学校发展目标和使命的制定中来。而家长平时的一些支持,例如监督学生完成家庭作业以及保证他们能准时到达学校等,对于他们在学习上取得进步是至关重要的。她还建议家长们可以采用其他方式参与教育,例如会见学生的指导教师,成为学校的志愿者,或者参与学校的理事会等。旧金山学区家长关系办公室出版了2006—2007年度的学区日历。该日历为家长提供了便捷的参考信息,它囊括了旧金山学区所有重要事情的日期,例如旧金山学区的测试日期、学区活动日期(包括返校之夜和家长教师会议)等。家长可以在日历空白的位置填写学生在学校的特殊事件。此外,该日历还为家长提供特定的信息,确保学生能从学校教育中得到最大的收获。例如,日历上的每个月份(不包含假期)都有相应的健康教育主题:

九月——健康的习惯;

十月——警惕毒品;

十一月——预防癌症;

十二月——性传播疾病和青少年早孕预防知识;

一月——关注心理健康;

二月——保护牙齿;

三月——糖尿病知识和阻止虐待儿童;

四月——推进安全和有礼貌的交流;

五月——哮喘病知识;

六月——防晒知识。

这份日历对于家长参与学校教育提出了八个方面的问题,并就每个问题给出了相应的建议。

---

① 贾晓燕.透视国外家校合作形式[J].网络科技时代,2008(3):68-70.

第九章 小学班级管理过程中学校与家庭、社区的合作

1. 家长如何帮助学生更好地完成家庭作业

(1) 规定完成家庭作业的时间。父母要尽量为自己的孩子考虑,在家庭日常的作息中空出一段时间,减少娱乐时间。

(2) 选择一个固定的地点。如果你的孩子有学习的专用桌那是最好不过了,否则可以在特定的时间将餐桌作为学习桌。

(3) 制作一个家庭作业工具箱。里面要有诸如铅笔、钢笔、纸、字典、铅笔刀、橡皮、蜡笔、胶水、尺子和剪刀之类的东西。

(4) 作业时间分配。帮助孩子合理分配作业任务,形成时间表。

(5) 了解你的孩子怎样学习会更有效。例如是通过视觉、听觉还是触觉。

(6) 给予鼓励。孩子需要从家长那里得到鼓励和表扬,要知道孩子最重视他们自己父母的观点和意见。

(7) 家长要做一个好榜样。如果孩子看到家长在阅读、写作或者做一些需要自己努力才能完成的事情,他们也会去效仿。

(8) 尽最大努力和孩子的指导教师保持联系。

2. 如何使家长—教师会议更有效率

家长—教师会议是了解孩子在校取得进步的最好机会。家长为这个会议准备得越充分,那么和教师的合作就会越好,会有助于学生在学年的学习中取得更大的进步。一般情况下,家长—教师会议会在春季和秋季召开,家长也可以在其他时间请求召开会议。在会议前,家长要预约一个时间(确保可以参加会议);了解孩子最喜欢学校的哪些活动以及他是否在学校遇到了一些麻烦;将一些重要的事情详细列表,方便与教师进行探讨。

在会议中,家长要仔细听,对感到惊奇的事情做好笔记;然后提问关于家庭作业的标准、特殊的计划以及孩子在学术和社会领域内取得的成功之类的问题,了解孩子是否前进或者退步,并找出支撑孩子在学校努力学习的动机以及家长可以帮助他的策略和方式。在会议后,家长和孩子讨论会议的内容,解释家长即将要做的一些事情;尝试将提出的策略付诸实践;继续与教师保持联系,确保孩子在学校获得了所需要的支持。

3. 培养孩子积极的人生观、价值观和健康的心理素质

家长在孩子的生活中起着至关重要的作用。不管是在校内、校外还是在家,家长都要培养孩子与人团结、严格要求自己等积极的人生观和价值观。家

长要建立明确的制度监督孩子的行为;教授他们化解冲突的方法;帮助孩子建立积极的价值观,做到诚实守信、勇于承担个人责任;帮助孩子学会提前计划并作出决定;与孩子谈论目标设定、决策制定以及抵制消极行为和危险状况的方法;为孩子提供参与家庭活动和决策的机会;让孩子学会遵守承诺;鼓励他们在学校里做得更好。

4. 学校的学术计划

每年的一月到四月,每所学校都会制订学术计划和发展预算。学术计划包含了学术成绩的目标以及学校的安全、家长的参与(其中包括家长为支持学校发展所参加的活动)。学校的教职工和家长都会聚集起来商讨如何制定有意义的、全面的学术计划和发展预算。计划完成之后,由学校理事会监督贯彻并予以执行。

5. 家长的参与是学校成功的关键

从图书馆到运动场再到放学后的活动,家长和社区志愿者在学校各个领域中起着积极的作用。事实上,家长在学校积极参与的一切都对孩子的成功起着至关重要的作用。家长积极参与活动的相关方式有辅助教师工作、在学校图书馆工作、在休息和午餐时间协助教师、为其他家长提供咨询、筹款,以及参与学校理事会和咨询委员会等。当然,其中最重要的方法之一就是家长要在家里教育孩子。通过在家里的教育和学习,要让孩子懂得教育的价值,为他们能在未来学校中取得成果作准备。此外,家长应该与教师保持积极的联系,坚持进行积极的对话,参加家长教师会议和学校的重大活动。

6. 测试的重要性

参加标准化测验是进入学校的必要环节。从二年级开始一直到高中、大学,学生每年都要参加考试。学区为家长提供了一些建议可以帮助孩子将考试当做测量学习进步的有效工具,减轻孩子在考试上面对的压力。考试前,家长要确保孩子能有充足的睡眠,保证他们在考试当天吃过早餐并按时到校,以及让学生知道家长希望他能在考试中取得成功。考试后,家长要奖励孩子,并与他们讨论从考试中学到的东西,讨论如果考试再进行一次,他应该怎么做以及下一次考试之前他可以做什么,如能更努力地学习功课或者在上课时能更认真地听讲。当知道考试成绩时,家长要将孩子看做是一个独立的个体,不要将他的表现与兄弟姐妹、朋友或者邻居进行比较,并且要和教师进行及时的沟通。

7. 家长要认识到教师工作的重要性,学会感激教师

教师会改变学生的一生。有研究发现,在影响学生学习成绩的所有因素中,教学质量是最重要的。然而,教师为了学生所付出的努力却常常被忽视或不被认同。感恩教师周定于五月的第一周。在这一周中(也可以是在全年),家长要让孩子的教师知道,你很感激他们所付出的一切,并提交一份教师报告。教师报告是一份来自家长或者学生的个人笔记。在报告中,家长要感激教师为孩子所做的一些具体的事情,例如他们花在教育孩子上的时间,对孩子进步进行的有条理的引导,以及对于他们的进步经常与家长保持联系等。

8. 如何给孩子创造一个良好的学习环境

家长有责任帮助孩子在学校做好学习的准备,但这并不意味着仅仅是让他们正常或按时到校,还包括帮助他们在体力和精神上都做好学习的准备。因此,家长要确保孩子有正常的作息时间,确保他们有充足的睡眠;为孩子选择饮食比较好的学校,确保他有健康的、均衡的饮食;为孩子选择一个安静而充满快乐的学校,要知道暴力和物质欲望对孩子健康道德观念的养成有着强烈的刺激,家长有责任让这些压力远离孩子的生活;家长要对他们的功课表现出极大的兴趣,与孩子交流你对他成绩所持的较高期望;培养他们无论在学校还是家里都要遵守规则的重要意识。

第二节 学校与社区的合作

一、社区及社区教育的概念

(一)社区

"社区"是一个社会学名词。基于多学科、多角度聚焦社区,据有关统计,目前对社区的定义有一百多种,但在社区基本构成要素方面形成了大体一致的观点。根据《辞海》的定义,社区指居住在一个地区里进行共同生活的人群,他们进行互相联系的经济和政治活动,形成一个共同生活的集体,具有一定程度上相同的价值观念和相同的认同意识。① 社会学大百科全书指出:"社区是指以一定地理区域为基础的社会群体。"②国外诸多学者对"社区"的概念作了阐释。如美国学者F·M·罗吉斯表明,"社区是一种简单群体,其成员之间的关系是建立在地域的基础之上,他们所强调的是共同利益、共同地域和简单群体"③。在我国,费孝通指出:"社区是若干个社会群体或社会组织聚集在某一地域里形成的一个在生活上相互关联的大集体。"④

从以上观点来看,社区实质上是一个区域性社会,是一定地域范围内(在我国主要以街道、社区居委会、村委会为基本地域单元),以特定社会活动和社会关系为纽带,并具有地缘上的归属感和心理、文化上的认同感的人群所组成的社会生活共同体。

(二) 社区教育

社区教育是在社区中开发、利用各种教育资源,以社区全体成员为对象,开展旨在提高成员的素质和生活质量,促进成员的全面发展和社区可持续发展的教育活动。

我国社区教育从20世纪80年代中期兴起以来,已从提高青少年素质的学校社区教育拓展为提高社区全体成员(包括青少年)的素质、生活质量和发展社区的社区教育,以适应教育与社会的相互需要。社区教育要走向未来,实现学习化社会,其途径是教育要走向社会,社会要教育化。这也是社区教育的必由之路,而社区教育的共同参与,社区与学校的双向服务便是社区教育今后的发展趋势。一方面,学校要敞开大门,吸引社会力量参与办学,参与学校的监督、评价和管理,参与学校重大决策,参与学校发展规划,以及参与培养与教育学生;另一方面,学校向全体社区成员开放,服务于社区成员,回报社会。

目前,随着社会经济、教育、体制改革的不断深化,学校与社区的合作不断推进。1993年颁布并实施的《中国教育改革和发展纲要》明确指出:"支持和鼓励中小学同附近的企事业单位、街道或村民委员会建立社区教育组织,吸收社会各界支持学校建设,参与学校管理,优化育人环境,探索出符合中小学特点的教育与社会

---

① 夏征农.辞海(增补本)[M].上海:上海辞书出版社,1983:467.
② 中国大百科全书总编辑委员会《社会学》编辑委员会.中国大百科全书(社会学卷)[M].北京:中国大百科全书出版社,1991:356.
③ [美]F.M.罗吉斯,[美]L.J.伯德格.农村社会变迁[M].王晓毅,等译.杭州:浙江人民出版社,1988:164.
④ 费孝通.乡土中国[M].上海:生活·读书·新知三联书店,1985:94.

结合的形式。"而经过这一时期的发展,学校与社区的合作已经从最初社区支援学校的阶段向学校回报社会的阶段,进而发展到学校与社区互动的阶段。这种趋势体现在学校与社区合作的具体内容上,就是由最初将社区作为学校的德育基地而帮助青少年学生形成良好的道德品质,拓展到学校利用自身教育、文化等优势参与社区建设,帮助社区发展,再到目前学校与社区双向服务,互相促进,其中典型的就是学校体育与社区体育的一体化发展。

二、社区力量在班级管理中的作用

以前,我们往往忽视社区在班级管理中的作用,甚至根本就不涉及这方面的内容,但随着时代的发展,全方位的立体式教育越来越凸显其优势,社区教育的力量也开始逐渐被关注。

(一) 为学生提供社会实践的场所

1. 社区可提供的资源

社区拥有众多的机关、企业事业单位等组织,相对于学校,社区也具有明显的教育资源优势,包括社区环境资源(包括自然资源、人文环境资源)、社区文化教育设施设备的物质资源(包括学校、图书馆、文化馆、革命遗址、博物馆、体育馆、影剧院等)、社区人力资源(包括教师、社区教育工作者、各行各业专业技术人员、先进劳模、老一辈革命家、离退休干部等)、社区组(包括社医协会、社团组织、研究机构、企事业单位等)。

2. 利用社区资源可开展的活动

社区资源包括社区内的教育活动场所、教育设施设备以及文化特质资源。我们应该扬长避短,充分协调,对社区内各种资源加以有效整合,以发挥最大效能。街道、社区可以为中小学德育工作提供新资源,为进行有丰富内容的思想教育创造条件。比如,除定期邀请社区工作者、社区警务室干警到校举办讲座,对在校学生开展法制教育、理想教育、思想教育外,还可以组织学生到社区开展志愿者服务活动,让青少年感知社区的变化、社区的发展。在这些活动中,社区青少年不仅增长了知识,而且在自然美、科学美、社会美的氛围中,潜移默化地受到熏陶影响。

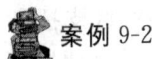

案例 9-2

打开孩子观察世界的"窗"
——记甘井子区盐岛小学系列社会实践教育主题活动①

李虹

甘井子区盐岛小学近年来开展"打开孩子观察世界的窗"系列活动,充分挖掘周边教育资源,努力扩展学校的教育,给学生提供一个个鲜活的教育场景,让学生通过自主体验,获得自我教育和自我激励的机会,此举收到良好的效果,颇受家长们的欢迎。

11月12日,大连市的第一场雪悄然而至,气温骤降,但是甘井子区盐岛小学的音乐教室内却热情如火,不时传来孩子们清脆的歌声和阵阵欢笑。原来东北大学大连艺术学院的大学生们正在给不同年级的孩子们上音乐课。这是盐岛小学近年来开展"打开孩子观察世界的窗"系列活动中的一个环节:理想之窗——走进大学,与大学生哥哥、姐姐手拉手。

德育之窗:在"雷锋纪念日""八一建军节""红军长征胜利纪念日""抗日战争胜利纪念日""奥运来了""改革开放30年"等重大纪念日里,盐岛小学都与前盐图书馆联手开展丰富多彩的活动,共同制作"人民军队忠于党""红军长征的故事""八荣八耻""百年梦想,奥运来了""我看改革开放30年"展板。孩子们听过讲座、看过展板、读过书后,受到了鼓舞与启迪。

环保之窗:盐岛小学的孩子们居住在前盐和后盐,前盐地处大连湾海港,面朝大海;后盐有一条地下清泉,缓缓地流过后盐社区。学生们非常热爱自己美丽的家园。他们常和学校的教师一起上网搜索环保知识,制成环保宣传单、宣传画等,定期在社区宣传,增强社区居民环保自觉性和社会责任感。盐岛小学的每个班级都有环保护卫队,每当节假日他们总会自发地组织各种环保活动,如在社区内捡拾垃圾、清扫居民楼、清理广告、帮清洁工人清理小河等,做到"洁我社区,从我做起"。

(二) 有利于家庭教育指导工作的开展

小学生都生活在街道、小区居委会、村民委员会的组织内,社区干部串百家门、知百家情、办百家事,他们对各家各户的情况比学校更加清楚。众所周知,不同的

---

① 李虹.打开孩子观察世界的"窗"[N].大连日报,2008-11-24(B1).

家庭有着不同的结构和不同的生活习性,而教师在对学生的教育过程中难以做到全面了解。在开展对青少年的教育时需要有一个沟通社会、家庭、学校的关系的协调机构,这个机构可以在配合学校抓后进生转化、抓特殊家庭子女的教育等方面的工作中发挥巨大作用。例如,社区可配合学校开设假期功课学习班,举办家长学校,组织各种主题的文体活动等。

(三) 使班级管理得以延伸

1. 班主任对学生社会实践的指导

社会实践和社会服务的场所有别于学生熟悉的校园,活动目的和可能遇到的困难也会异于平常,所以班主任要注重对学生的指导。具体如下。

(1) 安全教育:去社区开展活动经常会出现分组活动的情况,学生会远离教师的视线,所以安全意识一定要强,教师要对可能遇到的情况有所预测,并有针对性地提醒学生,同时一定要避免学生单独行动,活动范围也要有所规定。

(2) 礼仪教育:进入社区后,学生面对的主要是成年人,需要懂得一定的礼仪。因此,对各种礼仪,在学校内最好能有所操练。

(3) 亲和教育:学生到社区活动时,往往会产生羞涩、局促、回避等心理特征,班主任一方面要帮助学生做好充分的物质准备,另一方面要鼓励学生勇敢、大方地与人接触,要学会随机应变,在人员安排时,注意不同性格的孩子互补搭配。

2. 班级在社区开展活动时的策略

(1) 选择时机:班级在社区内开展活动可以选择有纪念性的日子,这样把活动和节日、纪念日等结合起来,不但使活动的主题更鲜明,更具有教育意义,也可以使社区的居民对于活动的开展更理解、更支持,如"学雷锋日"到社区做好事,"三八"妇女节慰问女民警、女护士,重阳节为敬老院的爷爷、奶奶表演节目,"六一"儿童节为幼儿园的弟弟、妹妹讲故事。

(2) 做足准备:到社区开展活动,班主任首先要和社区的相关部门取得联系,共同制订活动计划,明确活动主题。进入社区前,要组织好学生进行充分的准备,要让学生掌握必要的礼仪知识。

(3) 以学生为主体:进入社区后,班主任要鼓励学生独立开展活动,并且活动以小组为单位,遇到困难要培养学生解决问题的能力。

(4) 注意积累资料:班主任要有积累资料的意识,摄影、录像、随笔、学生作品……这些不仅便于学生总结学习,还对今后开展活动有帮助,同时,这些资料还可以提供给社区,为其宣传提供资料。

三、学校与社区合作的原则

(一)育人为本的原则

育人为本的原则主要体现在以下三个方面。

(1) 有利于少年儿童的社会化。其主要内容为基本生活技能的教导、社会规范的训练、生活目标的指点、社会角色的培养等。

(2) 有利于德育工作的一体化。青少年的思想政治工作从整体上说是一项全社会性的系统工程,应由学校、家庭、社会三方面来共同构建,只有统筹三者的教育优势,形成德育的合力,才能充分发挥德育的整体效益。

(3) 有利于人的个性化。在我国推进社区教育的发展中,首先应积极构建学习型社会的理念,只有这样,才能以尊重人性为出发点,使人人均具有可贵而独立的个性,在平等的基础上,鼓励人人朝向有意义的学习,进而发展人的个性。

(二)互动性原则

学校与社区的互动,是指学校与社区和社区成员、机构、组织之间的双向交流与合作关系。一方面,要使社区,包括成员、机构与组织理解、支持和帮助学校,以便有效地实施教育目标;另一方面,学校应该支持社区、面向社区,向社区开放、服务社区,形成学校与社区的互动,双方建立良好关系,把学校带向生活,把生活引入学校,形成一股合力,共同培育学生和社区居民。

四、学校与社区合作的方式

(一)学校参与社区教育的几种主要形式

1. 学校教育资源面向社区开放

这是学校参与社区教育最主要的体现。为适应社区居民终身学习、下岗职工再就业技能培训以及提高居民休闲生活质量等需要,学校的图书室、实验室、礼堂、运动场地以及其他教学设施,均可以在不影响正常教学秩序的前提下,有条件地向社区居民开放。有的社区组织提出让学校"清晨闹起来,晚上亮起来"的口号,即早上学校打开大门,让社区老年人进去打拳做操,锻炼身体,晚上把教室变成各种社区学校,开展文化补习、技能培训以及各种文化娱乐活动等,这样做不仅可以充分发挥学校教育投资的效益,而且能使居民感到学校是自己的学校,从而更自觉地关心支持学校的各项工作和建设事业。学校应成为推行社区教育的中心基地,并在创建学习化社区过程中发挥示范及引导作用。

2. 发挥学校的优势,承担一定的社区教育责任

这就是以学校为依托,从本社区的实际需要出发,依靠社区内各类学校本身的师资力量和教育优势,面向社区开展各类专门培训,如开设适应社区发展需要的课程或讲座,举办各种技能培训班,为社区内的企事业单位培养专业人才,提高劳动者素质,帮助下岗待业人员重新上岗就业;举办各类家长学校、女子家政学校、老年学校、外来民工学校、文明市民学校,对社区居民进行合格家长教育、文明市民教育等,使得社区居民在生活方式、社会交往、文化娱乐、自身素养、自我管理等各个方面都得到提高。此外,学校还可以在力所能及的范围内,倡导、牵头组织开展某些社区活动,如利用学校的体育设施场地和师资力量,开展社区卫生保健活动、社区体育运动会、社区文化休闲娱乐活动等,增进社区居民的相互理解与相互交往,培养社区认同感与归属感,增强居民的社区意识。

3. 学校可组织学生开展社区服务活动

利用寒暑假、节假日等组织学生定期或不定期地开展社区公益服务活动,如帮助当地社区居民美化社区生活环境,给社区有特殊困难的居民提供小学生力所能及的特殊服务等,所有这些均在于培养小学生的社区认同意识和增强社会责任感。

4. 开设内容密切联系社区生活实际的课程,体现社区特色

可选择社区所熟悉的社区生活题材或社区生活中所面临的重大问题作为课程学习的内容,这是加强学校与社区联系的最好办法之一。

(二) 社区参与学校教育的几种途径及形式

1. 将一切可能的社区教育资源对学校开放

在社区教育组织的帮助下,学校可充分利用社区内现成的或潜在的教育资源,广泛地开展校外课外活动或社会实践活动,为实现学校育人目标服务。这些教育资源归纳起来,可以分为人和物两大类。

就物而言,社区内的一切文化设施,包括公园、电影院、文化馆、体育馆、博物馆、图书馆、历史文化遗址、革命历史纪念地、科研机构、敬老院以及工厂、农村、部队等等,都是一种教育资源,学校都可以依靠社区教育组织加以开发利用,作为社会考察调查基地、社会服务基地、军训基地和革命传统教育基地等,让学生走出校门广泛参与各种社会实践活动,进行社会调查、社会考察,参加社会公益劳动和工农业生产劳动,和有关社区单位共建社会主义精神文明,建设文明小区等,这些措施对于学生接触社会、了解社会,加深对书本知识的理解,培养运用书本知识解决

实际问题的能力,等等,都是大有好处的。

就人而言,每个社区都会拥有一些热心于青少年教育事业,愿意无偿为学校提供教育服务的人士、各条战线的英雄模范人物、先进分子、知名人士、社会贤达、能工巧匠等,这些均是学校可资利用的宝贵教育资源。学校可根据自己的需要,适时地把他们请进来,给学生作报告、开讲座,任兼职教师。这样不仅充分利用了社会教育资源,还极大地丰富了学校教育的内容,开拓了学校教育的视野。另外,社区还可以帮助学校筹措资金,改善办学条件。

假期里,社区可以以菜单的形式列出青少年活动的主题及内容,提供给学生,使学生根据自己的兴趣爱好选择参加自己喜欢的活动。

2. 建立社区人士定期访问学校的制度

社区各界人士可选择在学校专门开设的"接待日"访问学校。访问的形式与内容可以多种多样,如参观学校举办的展览,随堂听课,出席学校举办的座谈会或专题会议,出席学校举行的特殊纪念活动等,在这些活动中,社区应选派代表积极参与其中,倾听学校的呼声,与学校一起分担责任,为学校排忧解难。

3. 建立社区—学校合作性组织

通过这一组织可以使社区参与学校教育事务。社区组织、团体或个人都可以某种方式介入学校决策或运作过程,做到"帮忙不添乱,到位不越位"。此外,还可以社区为纽带,打破学校、班级界限,以街道、居委会、乡镇、自然村为单位,建立社区性的少先队组织,如社区少先队大队、中队、小队,将同一社区内各学校的少先队组织联合起来,共同完成某些大型的、跨学校的合作性活动。

案例 9-3

南京建邺区学校与社区"双向服务"
——居民健身到学校 学生实践进社区[①]

南北 谢伟

"我每天晚上都要到南湖一中的操场上跑两圈,离家近,场地条件又好,真不错!"近来,南京市建邺区文体西路的张大爷习惯了到离家不远的学校里去锻炼身体。

[①] 南北,谢伟.南京建邺区学校与社区"双向服务"——居民健身到学校 学生实践进社区[N].江苏教育报,2009-04-09(3).

今年开学不久,南京市建邺区推出学校与社区"双向服务"活动,区内28所中小学与41个社区签署协议,社区充分挖掘各种资源配合学校开展第二课堂活动,而学校也发挥自身优势,向社区开放活动场地、会议场所及设施设备。目前,该区的"双向服务"已全面启动。像南湖一中建有标准健身场地,定时开放后深受周边居民的欢迎。致远外国语学校的办学条件也很不错,有250米的跑道和室内体育馆,该校副校长季锋说,社区内单位、居民如果想开运动会,只要不和教学冲突,学校都可以安排。莫愁中专学校向居民开放了图书馆,奥体小学邀请社区居民来校观看防震录像,南湖三小为社区居民开设"帮助家长培养学生良好学习习惯和行为习惯"专题讲座。据悉,在"双向服务"活动中,该区学校将充分发挥几名特优教师的示范作用,通过社区大讲堂把知识、技能和智慧直接服务于社区百姓;中小学生也将在教师带领下走进社区,广泛开展志愿服务。

作为"双向服务"的一项具体内容,建邺区还将设立一批少年宫分宫,组织在职教师、退休教师等,为周边社区少年儿童提供公益性素质培训。学生凭学校发放的免费活动券,可在区域内自由选择参加不同的兴趣活动。

 课堂活动

【案例分析】

小傲上小学三年级了,人很机灵聪明,字写得不错。但不知为什么他的数学成绩忽然急剧下降,而且最近脾气很大,做事没有耐心。据同学们讲,大家都不敢惹他,惹火了他,他就会用脏话回击。老师了解了这一情况后,打算去小傲家做一次家访。

针对以上案例,同学们以小组合作方式讨论:假设你是小傲的老师,你怎样做好家校的有效沟通?

【实践活动】

1. 调查一所小学,了解这个学校家校合作的情况,写一个调查报告。

2. 据你所知,当地小学与社区开展合作的具体方式有哪些?针对这些方式,你有何评论与看法?

【读书指导】

1. 中共中央 国务院.关于进一步加强和改进未成年人思想道德建设的若干意见[J].中国德育,2004(4).

2. 张永明.小学教育学基础[M].北京:北京大学出版社,2013.

3. [英]洛克.教育漫话[M].傅任敢,译.北京:人民教育出版社,1985.

4. 李学农.班级管理[M].第2版.北京:高等教育出版社,2010.

5. 古人伏,等.小学班队工作:原理与实践[M].第2版.上海:华东师范大学出版社,2010.

6. 邓艳红.小学班级管理[M].上海:华东师范大学出版社,2010.

第十章 小学班级管理中的学生评价
——不只为过去,也是为未来

 内容提要

班级管理中对学生的评价是班主任工作的一项重要内容。本章主要分析了小学班级管理评价的含义、主要内容及意义,论述了小学班级管理评价的基本原则;在此基础上讨论了当前小学班级管理评价中存在的主要问题及当前小学班级管理中评价的主要方式。

 学习目标

1. 了解小学班级管理评价的主要内容、原则及意义。
2. 掌握当前小学班级管理评价中存在的问题及改革趋向。
3. 掌握"学生成长档案袋"、写操行评语等班级管理评价方法。

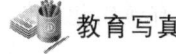 **教育写真**

"美丽的圈套"[①]

新学期开始,学校安排我任五年级一个班的班主任。这个班几乎不到一个学期就要更换一次班主任,有少数学生的逆反心理特别强,他们专门和老师对着干,甚至有个别学生曾经制造过事端,而学校因连带责任而被告上法庭。学校老师、学生家长过于严厉的训诫使部分学生自暴自弃,造成学生"破坏性行为"越来越严重。

我接班后最初不动声色,先观察并分析了班里几个影响最大的"调皮捣蛋学

---

① 唐迅.班集体教育实验的理论与方法[M].广州:广东教育出版社,2000:215.

生"的多方面因素,掌握了治理班级的第一手材料。在观察和分析中我发现有个叫王成的学生,不仅经常搞恶作剧,还三天两头地与男生打架,与女生逗贫嘴,对老师不讲礼貌,是扰乱班级秩序的"头号人物"。不过我也发现他身上的优点是"仗义"。为了降住这匹"烈马",我特意给他设了一个"美丽的圈套"。

一天放学时,我在二指宽的纸条上写了一句话:"家长同志,您的孩子助人为乐,见义勇为。"然后,我把王成叫到办公室,把折叠好的纸条交到他手上,对他说:"把这个纸条交给你的家长,让家长签字后明天早上再送给我,但送去和送回都不准拆开看。"想想看,小孩子能不看老师和家长写的是什么吗?

第二天,他第一个到校,喜滋滋地把家长写有"孩子有进步,我非常高兴,谢谢老师"的纸条交给我。那一天,我注意观察了他,一天中他特别规矩,也特别精神。我暗想:我的"圈套"奏效了!

从此,我和每个学生保持"单线联系",时不时地给他们一个纸条,上面根据学生的特点分别写有"您的孩子热爱劳动""您的孩子书读得很好""您的孩子作文写得很棒""您的孩子团结同学,讲文明、有礼貌",等等,并暗中与家长联系好,一定要写上鼓励性的回言,每次仍然要求学生不看纸条。

半个学期过去了,我从未惩罚过任何一个学生,我们班不仅班级秩序井然,而且好人好事层出不穷,纪律、卫生、文体活动样样争先。见此情景,老师们纷纷向我询问用了什么法术?我对他们说:"我设了一个'美丽的圈套',那就是……"

尽管我们很不愿意针对正在发展、成长着的小学生提及"差生""后进生"这样的字眼,但我们确实也回避不了这类学生的存在。虽然这类学生在广大学生群体中是很少的一部分,但他们经常表现出的对教育教学秩序的干扰作用是不可低估的。既然我们不能回避他们的存在,就更不能排斥他们,必须寻找出有效转化他们的教育对策。

美国著名心理学家威廉·詹姆斯(William James)有句名言:"人性最深刻的原则就是希望别人对自己加以赏识。"后进生不过是缺乏肥水的禾苗,沾着污垢的玉石,既有阴暗的消极面,又有潜在的闪光点,他们同优秀生、中等生一样渴望进步,也能成才。作为教育人的教育工作者,要有一双慧眼,善于从后进生身上了解他们的志趣和个性特征,观察发现他们时隐时现的闪光点,更要有一颗匠心,抓准教育转化他们的突破口和推动其前进的有力动因。

案例中的老师是睿智的,他能"不动声色"地"观察分析班里几个影响最大的'调皮捣蛋学生'的多方面因素""掌握治理班级的第一手材料",从而设计了一个

"美丽的圈套"。正是这"美丽的圈套",使得一个个"调皮捣蛋学生"、一匹匹"烈马"发掘出自身蕴藏的独特的个人潜能,并在宽容、鼓励、赏识的氛围中得到发扬光大。

杜威曾经说过,"尊重的欲望是人类天性的最深刻的冲动",中国俗话也说,"好言一句三冬暖",青少年学生血气方刚,自我意识、自尊心理尤为强烈,他们渴望被人理解,受人尊重。在生理、心理、行为上有缺陷的学生更是如此。案例中的班主任充分认识到这一点,他用其锐利的目光捕捉到学生稍纵即逝的闪光点,采取"单线联系"的独特方式,使学生由尊重得到肯定,由肯定产生信心,由信心形成自律,进而激发起努力向上的精神力量。

第一节 小学班级管理评价的意义、内容与原则

小学班级管理评价,是指小学班主任在班级管理过程中对小学生综合素质的评价。它是指小学班主任为了促进小学生全面、健康和和谐地发展,在系统、全面、准确掌握本班小学生发展过程与发展状况信息的基础上,对小学生的德、智、体、美、劳等各方面素质做出综合判断的过程。

对小学生的综合素质做出正确评价是小学班主任工作的核心内容,它不仅影响着小学生的身心发展,而且对班级管理工作的顺利开展起着至关重要的作用。

一、小学班级管理评价的意义与内容

(一)小学班级管理评价的意义

1. 班级管理评价有利于教育和促进学生的全面发展,也是学生成长的动力和源泉

班主任对学生综合素质评价不仅关注学生的"认知""结果"以及在校内表现的评价,同时重视学生的"行为""过程"的评价。改变单一评价主体现状,加强自评、他评,使评价成为教师、学生共同积极参与的交互活动。由于评价日常化,它可以清晰、全面地记录个体的成长;同时配合恰当、积极的反馈方式,让评价主体对自身建立更为客观、全面的认识,促进其进一步发展。个性化地关注学生的成长过程,让学生体验成功,并在这一过程中不断发现自己的长处和不足,及时改正,取长补短,完善自己。同时这种评价方式,还培养和锻炼了学生与人交往能力、自我管理

能力、评价能力、合作意识、主体意识、创新意识,建立良好的反思与总结习惯,等等,有利于学生的可持续发展。

2. 班级管理评价为学校提供了一个学生管理的新的手段

过去的班级管理主要是依靠各项规章制度进行刚性的约束,学生只是被动地执行,而新的评价制度通过目标的设立,引导学生主动地追求目标的实现,使得追求目标的过程成为自我约束的过程,实现了从被动约束到自觉遵守的转变,使得管理变得更容易。目前,班级开展形式多样的教育模式,有利于培养"品德高尚、学业优秀、身心健康、富有情感"的人,完全可以与六个维度(道德品质、公民素养、学习能力、交流与合作、运动与健康、审美与表现)全面接轨,这也为推行综合素质多元评价提供了非常有利的平台。

3. 班级管理评价为学生的自我完善和发展提供了一个制度保障

对于学生而言,它是一种全面的自我认识和自我展示,学生大多在这种认识和展示中受到一次教育;对于教师而言,它是全面认识学生的一次难得的机会。综合素质评价不仅提出了学生发展的方向,它也成为学生升学评价的重要参考依据,这正是目前学生成长过程中欠缺的东西。

总之,对小学生实施科学的有效评价,能保护学生的自尊心、自信心,能发挥其主观能动性,还能创新许多符合学生年龄特点和学情的评价方法,可以改变课程评价过分强调甄别与选拔的功能,发挥评价促进学生发展、激励学生上进、完善班级管理的功能。

(二) 小学班级管理评价的内容

班主任对小学生综合素质评价主要包括基础性发展目标和学科学习目标两项内容。

1. 基础性发展目标

(1) 道德品质与公民素养:培养爱国主义感情、社会主义道德品质(爱祖国、爱人民、爱劳动、爱家乡、爱科学、爱社会主义,遵纪守法、诚实守信、维护公德、关心集体、保护环境等),积极参加社会公益活动。主动维护民族团结,具有一定的社会责任感。逐步形成积极的人生态度和正确的价值观,提高文化品位和审美情趣。养成自信、自尊、自强、自律、勤奋的行为习惯。

(2) 学习愿望和能力:具有主动学习的愿望与兴趣,能够明确学习目的,端正学习态度,养成良好的学习习惯,能够结合所学的知识,运用已有的经验和技能,独立分析并解决问题,具有初步的研究与创新能力。

(3) 交流与合作：能够主动与他人交流与合作，积极参加各项文体及社会实践活动，勇于发表自己的意见。能认真听取他人的意见和建议，评价和约束自己的行为，并学会尊重和理解对方。

(4) 个性与情感：能够注重情感体验，逐步形成自己的精神世界，对生活、学习有积极的情感体验，能积极乐观地对待困难，逐步养成勤奋、自律、宽容、自强的个性品质。

(5) 创新意识和实践能力：具有初步的创新能力（包括创新精神、创造性思维和实践能力三个方面）和一定的收集、处理信息的能力。能主动参与教学环境，养成学习的独立性和自主性，具有乐于动手、勤于实践的意识。学会质疑、调查和探究，在实践中学习，在实践中成长，使学习成为在教师指导下主动的、富有个性的过程。

(6) 运动与健康：热爱体育运动，积极参加体育锻炼，掌握一定的运动技能，拥有健康的体魄。具有一定的安全、自我保护意识。养成良好的心理品质，形成健康的生活方式。

(7) 审美与表现：拥有健康的审美世界，学会欣赏美、感受美、表现美。积极参加各项艺术活动，能用适当方式进行艺术表现或有一项艺术特长。

2. 学科学习目标

学科学习目标即各学科课程标准中列出的学习目标和各个学段学生应该达到的目标。

二、小学班级管理评价的原则

1. 发展性原则

小学班级管理评价的目的就是为了改革传统评价中的弊端——过多地强调甄别与选拔功能，而忽略改进与激励功能，从而更好地促进小学生的成长。因此，突出评价的发展性功能是班级管理评价改革的核心。

班主任对小学生评价的根本目的不是为了甄别，更不是为了选拔，而是为了激励学生。在评价过程中，我们追求的不是下一个精确的结论，更不是与他人比较，而是强调诊断与调节功能，让学生通过评价了解自己在发展过程中的进步和不足，从而及时调整自己的发展计划，以便更好地实现自己的发展目标。同时，发展性评价有利于学生发挥自己的优势，更好地认识自我，建立自信，在原有水平上不断提高，从而达到促进发展的目的。

2. 全面性原则

班主任对小学生的日常评价,要坚持全面评价的原则。《教育部关于积极推进中小学评价与考试制度改革的通知》中指出:"要全面贯彻党的教育方针,从德、智、体、美等方面综合评价学生的发展,培养学生热爱党、热爱社会主义、热爱祖国、诚实守信、助人为乐的高尚道德品质,培养学生终身学习的愿望和能力,形成健壮的体魄和良好的心理素质以及健康的审美情趣。"对学生的评价内容要强调多元,既要重视学业成绩,也要重视学生的思想品德以及多方面的潜能发展,特别要落实"你在这点行,我在那点行"的"我能行"的教育理念。在学业评价中,不仅包括基础知识和基本技能,还应力求包括情感态度与价值观、学习过程与学习方法,注重学生的创新能力和实践能力以及个性的需求与发展。只有这样才能够体现评价的全面性。

3. 过程性原则

班级管理评价的重点是对学生发展过程的评价。在评价中,突出了学生在发展过程中付出的努力、获取的体验与取得的进步,而不是仅仅盯着最终的结果。在评价过程中,强调了学生对自己发展轨迹的记录,并及时帮助其认识优势和不足,使学生在调节和改进中获得发展。

评价的过程性还体现在对学生的评价不仅仅是学期末的终结性评价,而是从学期初确立发展目标开始,贯穿于日常的整个发展过程中,即时进行各种形式的评价。在评价过程中渗透了"今天若不行,明天争取行""能正视不行,也是我能行"等发展性理念,突出了发展中的体验与反思,从而真正使评价在学生的发展过程中发挥出应有的功能。

4. 主体性原则

班主任和学生都是评价的主体,必须改变以往校长评价教师、教师评价学生的传统模式,要体现学生也是学生评价的主体。

在实施评价的过程中,要引导学生自己设置发展目标,自己记录发展过程,自己对照相关标准监控自己的行为,自己通过反思矫正自己的行为或调整发展目标,最终使学生在评价过程中感受到发展的愉悦,激起继续确定新目标、继续发展的愿望。

除了进行自我评价外,学生也应积极地参与对他人的评价,从而更好地进行学习和交流,有利于其更好地分析自我的优势与不足。在实施发展性评价的过程中,要调动起学生的积极性,在一些具体的实施措施上也要尽量做到是在学生的主动参与中进行的,要始终力求体现学生在进行自我评价、自我教育、自我发展。外在力量只起到引导、帮助、督促的作用。只有这样,评价才能体现其"一切为了学生的发展"的理念。

5. 实用性原则

对学生的评价工作常常由于过于烦琐、在实践层面不好操作而流于形式。因此,对学生的评价必须与班级日常管理工作相结合。

班主任在制定评价方案、采取评价措施时,要将班级平时的许多常规性工作列入其中,尽量不要"另起炉灶",避免重复;对学生的评价,要坚持把学校的传统教育要求、其他传统的评价以及对学生常规的学习评价和体能评价综合在一起。这样既体现了教育的一贯性,也增强了评价工作的实效性,还减轻了师生不必要的"评价负担"。

在评价过程中,尽量少一些表格,次数尽量控制,如果天天评价,甚至节节课都评价,只能使本来有利于师生发展的评价变成师生望而生畏的"长卷经文",最后变成毫无意义的走过场。

总之,"评价方案"应该把学校日常管理和教学工作中能"整合"在一起的内容全部加以梳理,使评价尽量简化,便于使用,真正具有实效性。

第二节 小学班级管理评价的主要方式

一、传统小学班级管理评价中存在的主要问题

班级中的学生评价是课程实施的重要组成部分,由于其本身所具有的导向、质量监控和教育作用,对促进学生发展和成长有着重要的意义。近十几年来,许多小学的班主任在学生评价方面进行了一系列的改革和尝试。例如:关注学生发展的过程,提出形成性评价;关注学生综合素质的发展,提出综合学力考查、质量综合评定等;并尝试进行了小学考试取消百分数、实行等级制的探索,部分地区还试行"学生成长记录袋"等超越于简单的考试成绩的评价改革措施,注重学生发展过程中的日常评价。这些有益的探索与尝试取得了一些有价值的成果,对于班级管理评价发展做了积极的探索与尝试。但是,从整体小学班级管理的

评价看,还不能适应当前社会发展与学生发展的需要。审视班级管理中的评价,存在以下几方面的问题。

1. 重甄别选拔,轻激励改进

传统的班级管理评价的目的非常明确,就是班主任按各科考试成绩排名,并以此作为学生评优、写操行评语的依据。这种评价把学生分成三六九等,许多学生由于考试成绩较差,就永远处于"差生"地位,在集体中抬不起头来,自尊心受到很大伤害,有的失去了自信心。这样的评价又怎能促进小学生全面成长与健康发展呢?

2. 重结论,轻过程

一些班主任平时忽视对学生成长过程的关注,每到期末,就忙着给小学生写评语、登分、评成绩,家长会上发完成绩册则评价完毕。学业评价也是以期末的一次考试决定一学期学业的优劣。

近几年,部分地区在试用《学生素质综合评价手册》的过程中进行了有益的探索,但在实行过程中,由于观念没有转变,对于学生发展过程的评价没有很好地落实,甚至出现有的班主任在期末补填前面内容的现象,使这一改革的良好初衷大打折扣。至于对学生发展过程中的即时性评价,针对学生差异的个性化评价以及多元、多样的评价形式更是探索不够,或是从制度上得不到保障,结果使学生发展性评价体现甚少。

3. 重学习成绩,轻其他发展

学生的主要任务之一是学会学习,而要学会学习,就需要掌握必要的知识和技能,因此把学习成绩作为评价的重要内容是完全正确的,但一些班主任对班级学生的评价过于注重学生的学习成绩。在期末的"学生手册"中最被家长和学生关注的是各科期末考试的成绩,而对学生的思想道德、身体、心理、审美情趣以及学习能力等方面的关注不够。

基于上述原因,对学生的评价就以学科成绩为主要评价内容。只要学习成绩好就是好学生,就连德智体全面发展的三好学生,也常常在评选时以一概全,学习成绩好是硬指标,其他方面则是软指标。这些都导致了学校的教育、家长的关注、学生的追求偏离了全面发展的育人目标。

4. 重班主任"评判",轻学生参与

长期以来,班级对学生评价主要是由班主任来进行的,班主任是唯一的评价者。学生的评价标准以及综合素质评定都是由班主任一个人来实施的,学生处于被动地位,就连家长也是在家长会上通过教师的总结、成绩册,或是个别交谈中才得以了解孩子的评价结果,其实并没有参与对孩子的评价。这致使评价的功能只强化了甄别和选拔,而诊断、调节、激励、导向等功能得不到充分发挥。

 **资料贴吧**

班级管理评价案例①

班主任正确地评价学生是班主任工作中的一个重要任务。它是保证班主任工作能否顺利开展的关键。任何一个班主任都应该正确地评价自己班里的每一个学生,而要客观公正地评价学生却绝非易事,在评价的过程中应该做到以下几点。

1. 用真心树立形象

"教书育人,为人师表"是教师的基本准则,教师的言行举止对学生会产生一定的影响,班主任对学生的影响更为深刻。班主任形象的好坏与否,将直接关系到一个优秀班级的形象。写评语就是树立班主任形象工作的一个方面。假如班主任态度不够认真,敷衍塞责,用词不当,语句不通,必然会有损班主任在学生心目中的地位。因此,班主任老师要拿出"真心",实实在在地像对待自己的人生大事一样认真来办。对每一个学生的评价要慎之又慎,字句斟酌,情感真挚,书写规范,语句通畅,充分展现班主任对工作的一丝不苟,对学生关心负责的诚意,让学生时刻感受到老师在关注着自己的发展,班主任老师是自己真正的朋友。

2. 用"爱心"去品评

马卡连柯说过:"爱是教育的基础,没有爱就没有教育。"学校教育就是爱的教育,教师对学生要有一片爱心,要用"爱"去评价每一个学生,要表达出班主任对学生的关心、爱护和帮助,尽可能用亲切、温柔的语调肯定学生的进步,用鼓励、恰当的语言指出他们的不足和缺点,言语中要饱含班主任的热情,寄予深切的厚望,不能讽刺、挖苦、教训,要让学生读到自己的评语如同品味一杯香醇的牛奶,意味深长。

3. 观察细致,对症下药

班主任接手班级后的第一件事,就是要尽快地熟悉了解班里的学生,在尽量短的时间里叫出班里每个学生的名字,特别是后进生,这是给学生的第一份惊喜,可大大拉近师生之间的距离。班主任第一次走进新班级,不应该站在讲

① 姚文忠.自主教育与班主任工作[M].南京:江苏教育出版社,1998:56.

台上大讲特讲各种规章制度,而应走到学生中去和学生亲切交谈,了解学生的姓名、爱好和家在何处等,这一点很重要,可以使学生消除紧张情绪,让学生觉得班主任平易近人,可以成为他们的好朋友。之后再在讲台上做自我介绍,以坦诚的态度提出自己的期望和要求,这样可以为班主任以后开展工作、了解学生有个良好的开端。

4. 听其言,观其行

班主任可以通过班级活动、劳动、课堂表现等观察了解学生,"听其言,观其行"是了解学生的最基本方法,不可以凭一句话一件事去给学生做出评价。与学生交谈是班主任了解学生的另一重要手段,在谈话前班主任应有所准备,明确每次谈话的目的和中心内容,并要以坦诚的态度对待学生,这样才可以听到学生的真心话。

在工作中,通过写日记或QQ留言与学生交谈,是了解学生的好方式,很多不方便当面讲的话,通过写日记或QQ留言可以得到真情流露,我在批改日记或回QQ留言时写的批语往往多于学生写的字数,使学生深深体会到老师对他们的期望。

5. 与学生家长建立联系

通过与学生家长建立联系,了解学生在家的表现,可以帮助班主任全面了解学生,对学生做出全面正确的评价。家长对班主任也会产生信任感,很多班主任都有这种感觉,通过家访,很多家长、学生跟班主任的感情往往会进一步加强,对班主任的工作,他们也会积极配合与支持。由于全面了解学生,班主任给学生的评语也比较准确,当然写评语也要讲究艺术,要全面又要突出重点,更要鼓励,对于学生存在的缺点,可通过"希望……""相信会越做越好"等词来鼓励,避免使用"态度恶劣""屡教不改"等评语,从而使学生家长深深体会到老师的诚恳,这样的评语能得到家长的认可。

总之,做到给予学生正确评价,班主任工作才能顺利开展,这是做好班主任工作的前提。

二、当前小学班级管理评价中的主要评价形式

在现代班级管理评价中,学生的主体地位应该得到尊重,主体性应该得到发挥。在评价中,他们可以参与给自己写评语,参与同学之间相互评价,包括学习态

度、学习能力以及知识的掌握情况。在发展过程中教师要引导学生自己收集成长的相关资料,使学生从小学会反思自己的行为,并且给每个孩子提供充分展示自己的机会,以体验自己的成功。特别是《学生成长手册》《成长记录袋》等发展性评价方式的推出,进一步使学生在评价中成为积极主动的评价主体。

(一)学生成长记录袋

1. 学生成长记录袋的含义及意义

学生成长记录袋,也被一些学者翻译为"档案袋",主要是收集、记录学生自己、同伴、家长、教师做出评价的有关材料,以及学生的作品、反思,还有其他相关的证据与材料等,以此来评价学生学习和进步的状况。学生成长记录袋可以说是记录了学生在某一时期一系列的成长"故事",是评价学生进步过程、努力程度、反省能力及其最终发展水平的理想方式。这种质性的评价通常以描述性的内容为主,它不仅具体直观地描述出学生发展的独特性和差异性,而且较好地全面反映了学生发展的状况。这种评价方法对于新课程倡导关注学生的全面发展具有非常重要的价值。因为它真实、深入地再现学生发展的过程,相比之下,考试分数等量化的评价方法则更多地表现为数字,反映的是学生发展的结果。新课程强调关注学生的发展过程,那么,质性的评价方法无疑提供了非常有效的评价手段。学生成长记录袋成为目前班主任评价学生的一种主要方式。

学生成长记录袋可以全面反映学生道德品质、公民素养、学业成绩、学习能力、交流与合作能力、运动与健康、审美与表现的综合素质水平,有利于学生的自我教育、自我警醒、自我鞭策。

学生成长记录袋的主要意义在于:首先,学生通过自己的全程参与,学会了反思和判断自己的进步与否。因为学生有权决定成长记录袋的内容,特别是在作品展示或过程记录中,由学生自己负责判断提交作品或资料的质量和价值,而且在一定的条件下允许学生更换自己的最满意作品,从而使学生拥有了判断自己学习质量、进步、努力情况的机会,在学生中真正起了激励的作用。其次,成长记录袋为教师最大限度地提供了有关学生学习与发展的重要信息,既有助于教师形成对学生的准确预期,方便教师检查学生学习的过程和结果,更是将评价与教育教学融合在一起,与课程和学生的发展保持一致,提高了评价的效度。因此,学生成长记录袋评价具有反馈调节的功能、展示激励的功能、反思总结的功能、记录成长的功能、积极导向的功能。

2. 建立学生成长记录袋应遵循的原则

(1) 客观性原则

要求班主任必须深入调查,获得大量客观资料,以此为基础,对学生各方面的表现进行客观的价值判断,切忌主观随意性。

(2) 发展性原则

班主任一方面对学生已有的情感态度、表现过程、学习效果和学习质量进行客观评价,另一方面要用发展的眼光对学生发展的程度进行评价。因为,学生的发展是一个连续的动态过程,评价应在学生的发展中进行。

(3) 主体性原则

以自主性为核心、能动性为基础、创造性为灵魂。以人为本,为学生的发展提供广阔的时间和空间。学生成长记录袋的建立、使用、评价全过程都要体现学生为主、教师为辅。

(4) 开放性原则

学生成长记录袋建立的形式和内容应体现多元性和灵活性,评价的方式方法要体现足够的弹性和发展,给学生更多的选择空间,档案袋的内容要尽量体现学生各方面的最佳表现,因此,在一定的时期内允许学生更换资料,目的是给学生搭建更大的发展平台,让不同层次、不同个性的学生都能得到积极的鼓励,建立自信、促其发展。

(5) 过程性原则

以"学生成长记录袋"为平台,通过学生、教师、家长的互动、交流,使学生不仅能横向比较自己与他人的优势和不足,更重要的是通过记录其成长轨迹能够使之发现自己的努力和进步。从而促成每个学生身体、智慧、情感、价值观和社会适应能力的全面提高与和谐发展。

3. 建立学生成长记录袋应注意的问题

(1) 善于分工

学生成长记录袋的应用需要本已十分忙碌的班主任付出更多的时间和精力。但这取决于班主任如何把握自己在学生成长记录袋应用中的角色。通常,班主任感受到工作量增加的压力来自于学生成长记录袋的内容收集和进行评价两个环节。首先,学生成长记录袋内容的收集、编排和保存等工作主要应由学生自己来完成,班主任主要负责指导学生如何去操作,并监控整个过程。因此,建议班主任相信学生的能力,放手让学生自己去做,自己以指导和监控为主,而不要具体介入到学生操作的每一个环节和每一项内容之中。其次,学生成长记录袋鼓励的是学生的自省与反思,班主任主要负责定期主持召开学生成长记录袋的反思、交流与评价会议,并在会议中,发动学生自评、互评,充分发展学生的自省意识和能力。此外,还应该大力倡导家长参与互评活动,教师可灵活运用抽查、集体展示与评比、集体指导、答疑等方式进行监控、指导。

(2) 灵活应用

学生成长记录袋是一个很好的评价方法,应用得法,会成为非常有价值的评价手段。但是否每个学科都采用学生成长记录袋的方法,则要取决于评价的目的、教师的工作安排和学生的精力等种种因素。考虑到学生的投入,建议班主任不要盲目滥用学生成长记录袋的方法,使其成为学生的负担,甚至会把它变成垃圾袋。此外,要创造性地使用学生成长记录袋,如将其集中应用于某一学习阶段、专题或具体技能,而不必遍布到所有的学科,以减轻师生的负担。

4. 学生成长记录袋的评价方式

学生成长记录袋的评价方式采取学生自评、学生互评、教师督评、家长联评等多元评价,保证评价的公平性、科学性、全面性和发展性。突出学生个性,挖掘学生潜能,激励学生发展。学生成长记录袋采用多元化的评价方式,内容可包括"知识与技能""学习过程与方法""情感态度与价值观"等等,下面是一些小学常用的学生成长记录袋的评价方式。

(1) 我的计划书

学期初学生拟定的学习目标及措施,供以后比较,也可逐步修正、完善,学期初由学生自行完成,班主任指导,一学期至少一份。

(2) 个人小档案

由学生自行填写,班主任作指导,允许创意性的设计,放于学生成长记录袋的封面并作粘贴(参见表 10-1)。

表 10-1 个人小档案

班级:　　　　　　　　　　　　　　　　　　　　　　　　　　　年　　月　　日

姓　　名		性别		年龄	
政治面貌		职务			
家庭地址			联系电话		
我的座右铭					
我的理想					
我的偶像					

我的爱好	
我的特长	
我的烦恼和困惑	
我的简历	

(3) 我最满意的作品

包括平时最满意的作业簿一本、平时测试最满意的试卷一份、最满意的一篇作文,为学生提供一个自我展示亮点的平台和机会,由学生平时收集,学期内允许替换,以作激励。

(4) 我的心路历程

学期内收集一本日记或周记,也可以是月记,用来记录学生成长过程的所见、所闻、所想,了解学生的人生观、价值观或道德品质。

(5) 同学眼中的我

由学生互评,班主任指导(参见表10-2)。

表10-2 同学眼中的我

班级: 姓名: _____年____月____日

评价内容	评价等级			
	优	良	中	差
他能认真听老师上课,倾听同学发言吗?				
他经常举手发言吗?				
他回答问题的声音响亮吗?				
他能积极主动地参与小组活动,与同学友好相处吗?				
他能想出和别人不一样的想法吗?				
他能帮助同学吗?				
他能常提建议,勇于发表自己的见解吗?				
他能接受别人的批评吗?				
他有较强的集体观念吗?				

对他(她)还想说的话:

(6) 我的优点单

用来展示学生全期所做的好事,以突出优点为主,放于袋中,学生每周自行填写,班主任定期跟踪检查(参见表10-3)。

表 10-3　我的优点单

班级：　　　　　姓名：　　　　　　　　　　　　　　　　年　　　月　　　日

周次	引以为荣的事
一	
二	
三	
四	
五	
六	
七	
八	
九	
十	
十一	
十二	
十三	
十四	
十五	
十六	
十七	
十八	
十九	
二十	

（7）期末综合素质评价表

学期结束，对照学期初的学习目标和学习过程进行反思总结，采取学生自评、同学互评、家长参评、教师总评的形式，是期末的一份总结性材料，科任教师要协助班主任共同完成（参见表 10-4）。

表 10-4　期末综合素质评价表

班级：_____　　姓名：_____　　　　　　　　　_____年____月____日

科目	政治	语文	数学	英语	物理	化学	历史	地理	生物	电脑	体育	卫生	综合
平时成绩													
期末成绩													
自我鉴定													
学生评价													
教师评价													
家长评价													

(8) 教师眼中的我

主要由教师对学生平时学习的感受能力、质疑能力、解决问题能力进行评价，同时，也评价学生的学习习惯、学习方式、学习态度、创新能力等(参见表10-5)。

表 10-5　教师眼中的我

班级：_____　　姓名：_____　　　　　　　　　_____年____月____日

内容	评价等级			
	优	良	中	差
学习态度				
思想的独创性				
发言情况				
作业情况				
学习合作能力				
学科成绩				

老师的话：

(9) 爸爸妈妈眼中的我

主要是对学生在家中的学习态度、习惯、学习方法的评价。它促进家长全面地了解学生，引导家长科学地辅导学生，架起家长、学生与学校沟通的桥梁，促进学生全面发展(参见表10-6)。

第十章 小学班级管理中的学生评价

表 10-6　爸爸妈妈眼中的我

班级：　　　　姓名：　　　　　　　　　　　　　　年　　月　　日

评价内容	评价等级			
	优	良	中	差
您的孩子能主动和您谈学习、生活、心事吗？				
您的孩子在家能自觉学习吗？				
您的孩子做事有耐心、有条理吗？				
您的孩子在家能做力所能及的家务吗？				
您的孩子喜欢问为什么吗？				
您的孩子的优点是：				
您对孩子想说什么：				

（10）个人获得的表彰证书复印件

主要是学生在各种班级、学校组织的活动中获得的荣誉证书和在学期或学年评优中获得的荣誉证书等。

（11）合作中的我

学生在参加集体活动中的个人表现，注重倡导合作意识和集体荣誉感（参见表10-7）。

表 10-7　合作中的我

班级：　　　　姓名：　　　　　　　　　　　　　　年　　月　　日

活动时间		活动地点	
活动内容			
个人承担任务			
个人表现			
活动成效			

5．学生成长记录袋的实施步骤

第一阶段：准备阶段。组织学生学习发展性评价理念，转变思想观念，进行发动宣传工作和成立工作小组。（5周－9周）

第二阶段：初步探索阶段。资料收集及整理，设计学生成长记录袋的内容，制定具体的实施方案及细则，开展班级、小组的学习研讨活动。交流经验，修正完善方案。（10周－12周）

第三阶段:推广实施阶段。对学生成长记录袋的实施过程进行规范,在班级推广实施学生成长记录袋工作,对相应工作进行指导跟踪,形成阶段性成果。(13周—期末)

(二)评语评价

操行评语是班主任对学生一学期或一学年表现的综合性的评价,也是班主任工作的一项重要内容。操行评语的内容与评定的标准,应以《小学德育大纲》规定的教育目标、要求为依据,书写评语应结合《小学生守则》《小学生日常行为规范》以及学生本人在校具体表现,实事求是地评价学生在校情况,反映学生的整体面貌。

学生操行评语是帮助学生正确认识自我、发扬优点、改正缺点的重要德育手段,也是方便学生家长了解其子女在校各方面表现情况的重要依据,同时还具有向学生进行思想品德教育的功能。一份好的评语,应该能反映学生的个性特点,充分肯定学生,鼓励学生,又能适当指出缺点,既使学生能正确认识自己,明确今后努力的方向,体会到班主任评语的用意,又能使家长了解子女的情况,有效地配合学校。所以,班主任在书写评语时应力求做到以下几个方面。

1. 平时要注意积累、收集学生的个人素材

"巧妇难为无米之炊",积累、收集学生的个人素材,掌握学生的第一手资料,这是写好评语的重要前提。一要注意细心观察,积累学生的闪光点,为日后写评语准备素材。二要兼听各方面意见,尽量使素材充实丰富,全面中肯。班主任直接写评语,较为省事,但主观性强。为此可以向任课教师了解学生情况,充实评语素材。也可以让学生先自我评价,再让班委评价,充实评语素材。有时候,也不妨让每个学生写2—3个他最熟悉的同学的评语,学生的兴趣浓,积极性高,反馈过来的情况又可以充实素材。这样全员参与,有利于发挥教育集体的教育力量。而班主任兼听各方面意见,书写的评语也将趋于准确和中肯。

2. 以爱为主线

班主任对学生的爱体现在对学生的理解上,当学生接受了这种爱,就极易产生一种鞭策力,一种追求完美超越自我的动力。班主任的这种爱反映在平时,就是要经常深入班级,关注学生,了解学生,注意积累学生平时思想品德、学习成绩、健康状况方面的资料。在书写评语时,需从学生角度出发,尊重学生,理解学生,要用"角色替换"之原则,设身处地地为学生着想,对学生优点要充分给予肯定,对缺点要恰如其分地指出,不扩张、不联想。

人非草木,孰能无情。对学生付出爱,必能取得相应的回报。爱要有艺术却不

第十章 小学班级管理中的学生评价

能有区别,优秀生需要爱,中等生、学习有困难的学生更需要爱。平时将爱记在心头,时刻记得关心学生,到书写评语时才会有的放矢,学生看自己的评语也才会更深刻地体会到教师的爱而形成共鸣,从而达到我们预期的教育目的。

3. 抱以良好的期待

有一份期待的心焦,才会有成功的喜悦。皮格马利翁效应实验表明,如果教师对学生抱以良好的期待,那么被期待的学生必然产生喜悦,发奋图强,产生积极向上的信心,也必然增强学习的激情。因此,对每个学生均应抱以良好的期待与祝愿,给每个学生以勇气和信心,让他们知道教师在等待,当教师这份等待的心愿转化为学生本人的自我激励、自我期待时,教师的期待才可能转化为成功的喜悦。用激励的语言书写评语将会在学生心目中留下不可磨灭的印象。

4. 用清新、委婉的语言

对话形式的评语更容易拉近与学生心理上的距离,因此用清新、委婉的语言是小学班主任书写评语的重要特点。一般而言,在平等意义上的谈话更能打动人。从评语中,学生可以感受到教师诚恳的态度、殷切的希望,从而产生心灵上的共鸣,因此,评语的措辞至关重要,因简明清新、委婉生动而令评语富有情感。

学生操行评语具有教育意义,书写操行评语是德育工作的补充与延伸,因为德育过程是一个螺旋上升、不断反复的过程,所以这种教育就应延伸到学生平时的言与行中。好、中、差学生对自己评语的看法会有所不同,只有深入了解各层次学生的想法,并通过及时的反馈情况,才能完善评语的书写,也才能发挥评语的真正作用。

5. 评语要能反映出学生的个性特点

从心理学角度上看,学生期待班主任对自己有独到、新颖的评价。而传统评语的通病,空泛而雷同,千篇一律,没有个性,如"该生热爱祖国,尊敬师长,热爱集体,团结同学,礼貌待人……但上课听讲尚欠专心……希望今后改正缺点,更上一层楼"。评语一般化,往往不符合学生实际,不同学生的评语之间差别甚小,千人一面。评语要点出学生的闪光点,同时,又能指出该生自身存在的缺点,不会伤害学生的自尊心,具有一定的教育效果。家长看了,无疑也会很好地配合教师帮助孩子克服缺点。

6. 赠送警句、格言

格言,是人类智慧库中的瑰宝。评语中赠送警句、格言,或融进对人生哲理的思考,追求了评语的美育功能,含蓄隽永,耐人寻味。警句、格言针对性强,对学生会产生较大的影响力。

总之,写评语是一件十分繁重复杂但又很有意义的工作。评语不仅仅是评价学生,也反映出一个班主任的学识、素质和师德。所以班主任应不断更新教育思想、教育观念,力争使写出的评语产生最佳的教育效果。

 资料贴吧

班主任对学生的评语集锦①

1. 你脑子灵活,能出色地回答别人不能回答的问题,可是,不知什么时候,你结交了一个"坏朋友",它常常使你的考试考不好。哎,多可恨呀!想知道这个"坏朋友"是谁吗?它就是"粗心"。不过老师知道你会很快与它绝交的,交上"认真细心"这个朋友,你说是吗?

2. 老师很欣赏你的优异成绩,更欣赏你那顽强拼搏、坚韧不拔的毅力和性格。很多问题你都有着独特的见解和新鲜的感觉,你讲出来,让老师和小朋友一起分享好吗?我们期待着你!

3. 你是一只快活的喜鹊,走到哪儿,哪儿就响起你清脆的声音。课堂上你发言积极,课间你的小报告最多。尽管有时候你回答的准确率不高,你的小报告不切实际,但老师还是喜欢你!如果你能把更多的时间用在思考上,你将会更可爱。

4. 你是一位非常聪明、让人喜欢的孩子。你有自己的一套学习方法,接受能力强,反应快,而且总有创造性,老师为有你这样的学生而骄傲,可是又在心里有一些担心,担心你有时的马虎、松懈,你说老师的担心有必要吗?

5. 文文静静,是你美好的气质;朴朴实实,是你优秀的品格;勤勤恳恳,是你良好的学习习惯。你不多言,但你有辨别是非的能力;你不多语,但你懂得关心体贴别人。如果你能在各方面大胆泼辣些,就更棒了。

6. 时间过得真快,转眼就放寒假了。相处这么久,你给老师的感觉是:沉静、皱眉、不拘言笑。往日那聪明、活泼可爱、嬉笑着的"一休哥"到哪儿去了呢?小男子汉,望你在下学期能展笑眉、舒眉头,努力地学、尽情地笑!

7. 你是聪明活泼的孩子。不管是朗读,还是回答问题,声音最响的总是你,你还很热心地为班级做事,这样的你,老师和同学都喜欢。可是有些时候,你却调皮不遵守纪律,上课思想开小差,你知道老师和同学多着急呀!老师相信明年的你一定能让老师和同学刮目相看。

---

① 王宝祥.班主任工作全书[M].北京:书目文献出版社,1997:132.

8. 你是位聪明的学生,懂礼貌,爱劳动,讲卫生。课后,你总是默默不语,埋头读书,做作业,同学们都十分欣赏你。可是,在课堂上,你也沉默不语,这种"沉默",使你失去许多表达和思维训练的机会。我想,在课堂上,你不能再"沉默"下去了,老师真希望你能用自己心灵的力量去打开锁住的"金锁",使自己成为思维敏捷、嘴巴灵巧的孩子。

9. 无论在何时何地,遇到老师时,你总是亲昵地叫一声"老师好",你是一个有礼貌的孩子。无论在何种劳动场合,你的身影总是最为忙碌,可以说你是班里最热爱劳动的孩子。老师多么希望你对待学习能像对待劳动那样积极、主动、认真。如果这样你定将成为一个品学兼优的孩子。你的父母也会为你而自豪。

10. 全班五十位小朋友犹如五十朵怒放的鲜花,你却像某个墙角悄悄绽放的含羞草,不惹人注意,也不刻意追求,这是多么宝贵的美啊!老师期待有一天你也能大胆地举手流利地回答老师的提问;更期待有一天你犹如一朵绚丽多姿的玫瑰花,在集体的花园里昂首怒放。

11. 课堂上,每当老师讲到精彩处你的嘴角总会露出一丝微笑,你始终是老师忠实的听众。你热爱劳动,不管有没有轮到你值日,你总是主动留下来,经常是干得气喘吁吁,满头大汗。但是,你的学习有待提高,作业方面也存在问题。但只要肯努力,你也将会是老师眼中的一颗闪光的"星星"!

12. 小朋友们亲切地称呼你"班长",可见你在大家心中的地位有多么高,你不愧为班中的"领头雁"!成绩优异,工作出色,常令人赞叹不已,勤勤恳恳,踏踏实实是你一贯的工作作风,老师欣赏你的才华和工作能力,愿你的才华进一步升华。

13. 你是老师和小朋友心中的小能人,每位小朋友都很喜欢你。你身为小老师,检查作业总是那么及时,那么认真。每次老师交给你一项任务时,你总能认真完成,老师为有你这样一位好助手而感到自豪。

14. 你总是轻轻地回答,轻轻地问候,悄悄地学习,悄悄地思索,默默地观察!哪一天你也轻轻地举起你的右手,流利地回答老师的提问,哪一天你也跑在班级的最前面,到时候,同学们和老师会为见到一个不一样的你而高兴!

15. 老师欣赏你勤奋、谦虚,欣赏你善于思考的独立性格。每个人都佩服你小小年纪写一手好字,你就是小朋友们的榜样。唯一做得不够的就是不主动与其他小朋友讲话。假如你改掉了这个缺点,你就是好样的!新学期回来,老师希望你能扎扎实实地学习,取得更优异的成绩。

 课堂活动

【案例分析】

爱,无声的教育①

盘圭禅师是一位诲人不倦的禅宗良师。有一次他的一名弟子行窃,被当场抓获,其他弟子要求盘圭禅师把此人逐出,但盘圭没有理会。不久之后,那名弟子恶习难改,再次偷窃,又被当场抓住,众徒再度请求盘圭惩治,哪知盘圭依然不予发落。众徒十分不满,联合写了一张陈情书,表示若不将窃贼开除,他们就集体离开。盘圭读了陈情书,把弟子们全部召来,对他们说:"你们都是明智的人,知道什么是对什么是不对,只要你们高兴,到什么地方去学都可以。但是这位兄弟甚至连是非都还分不清,如果我不教他,谁来教他?我要把他留在这里,即使你们全部离开也一样。"

热泪从那位偷窃者的眼中涌出,涤净了他的心灵,从此偷窃的冲动如烟消散。

[评析]

读到这则故事,我们不禁被盘圭禅师大慈悲的胸怀所感动。

教育从本质上来说是一种以人为本的情怀,是一个生命对另一个生命的关怀。在现实中,不管教育表现形式多么纷繁复杂,但"爱"应该是它的核心。教育不能没有爱,可我们现在的教育由于种种原因,却逐渐偏离了这一核心。在我们现代有些老师的眼里,盘圭禅师无疑是傻的,他居然会放弃绝大多数好的成员,而去接受一个最差的成员;盘圭禅师也是一名最笨的教师,他不把精力放在能早出成绩、能提高自身知名度的"窍门"上,而是煞费苦心地去教化一个不值得教化的学生,多么迂拙!

是的,比起盘圭禅师,现代有些教师是聪明多了,可是也就是这样的"聪明",使我们的教育失去了根基。教育,需要呼唤爱的回归,需要一个充满爱的心灵去震撼另一个心灵。盘圭禅师的故事不仅向我们告知了这样一个真理,同时也用它完美的结局证实了——爱,是一种无声的教育。我们往往对成绩好的学生青睐有加,好的成绩"一白遮三丑",即使有些过错或缺点也往往视而不见,认为瑕不掩瑜,但若换作问题学生,稍有不足,教师往往按捺不住心中的厌恶,大声呵斥。苏霍姆林斯基指出:"有时宽容引起的道德震撼比惩罚更强。"人总有犯错误的时候,尤其是问题学生,犯错的几率更大。如何处理他们的错误是转化工作的一个重要契机。其

---

① 胡明根.影响教师的100个经典教育案例[M].北京:中国传媒大学出版社,2004:121.

中很重要一点,就是要保护他们的自尊心,予以适当的宽容。这里盘圭禅师给我们作了一个榜样。当然,宽容绝不是放任不管,而是蕴涵着教师对他的无限期望,它跟严格要求是相辅相成的。

在转化问题学生的工作中,只要我们掌握每一个人的特点,就能采取得力措施,像春风化雨一样对症下药。实践证明,以下方法行之有效。

第一,给予问题学生爱心。我国教育家夏丏尊认为:"教育上的水是什么?就是情,就是爱。教育没有了情爱,就成了无水的池。"可以说,爱是一种巨大的教育力量,是沟通思想的桥梁。作为教师,只有具备了深厚的爱生之情,才会时刻把学生放在心上,学生也才会向教师敞开自己的心扉,接受教师的爱,因此,教师应树立起正确的"学生观",热爱每一个学生,尤其是要偏爱问题学生,他们更需要爱。

第二,善于捕捉问题学生的闪光点。教育实践告诉我们,问题学生并不是每个方面都有问题,他们总有潜在的某一方面的才能和好的品格,每当这种光点闪烁时,也正是对他们引导的最好时机。因此,教师要善于使用"放大镜"寻找他们身上的每一个哪怕是十分微小的闪光点。当他们有点滴进步时,着力给予表扬、鼓励,让其产生一点"成功感"。

第三,转化问题学生要持之以恒。问题学生身上的不良行为,不是一日养成的,同样,转化工作不是一朝一夕可以做好,应有长期的思想准备,这是因为问题学生自治力差,易出现反复,那么他们出现反复的时候怎么办?这时切忌操之过急,简单粗暴地批评。欲速则不达,教师要有更大的耐心去帮助他、鼓励他,使之明白教师的良苦用心。凡事都要有个过程,要给问题学生一个再认识、再改正的机会,有针对性地采取恰当的教育方法,及时给予引导,使他们在认识过程中循序渐进地改正缺点。

[思考]

1. 如果盘圭禅师将偷盗之徒逐出师门,会出现什么后果?
2. 联系实际,谈谈如何对待"问题生"。

【实践活动】

1. 请每位学生走访一位优秀班主任,倾听他是如何评价小学生的。
2. 请你设计一个小学生日常评价的"学生成长记录袋"。

【读书指导】

1. 麦志强,潘海燕. 班主任工作培训读本[M]. 北京:中国轻工业出版社,2007.

2. 胡明根.影响教师的100个经典教育案例[M].北京:中国传媒大学出版社,2004.

3. 屠荣生,唐思群.师生沟通的艺术[M].北京:教育科学出版社,2007.

4. 孟繁华.赏识你的学生[M].海口:海南出版社,2006.

5. 李学农.班级管理[M].北京:高等教育出版社,2004.

6. 古人伏,等.小学班队工作:原理与实践[M].第2版.上海:华东师范大学出版社,2010.

7. 邓艳红.小学班级管理[M].上海:华东师范大学出版社,2010.

8. 董奇.小学生日常评价与期末考试改革的探索[M].西安:陕西师范大学出版社,2003.